アジア経済研究所叢書2

# ファミリービジネスのトップマネジメント
―― アジアとラテンアメリカにおける企業経営 ――

アジア経済研究所叢書
2

# ファミリービジネスのトップマネジメント

―― アジアとラテンアメリカにおける企業経営

星野妙子・末廣　昭 編

岩波書店

# アジア経済研究所叢書発刊に際して

　戦後日本は，東京オリンピックを期に高度成長を達成し，他のアジア経済の成長を雁行形態と呼ばれる形でリードした．続いてアジアの4つの龍であるシンガポール，韓国，台湾，香港が成長の輪を形作り，これにASEANと中国が加わって，世界銀行は，これを「東アジアの奇跡」と呼んだ．中国は「世界の工場」と呼ばれるまでに成長を続け，アジアが世界の成長センターとなった．こうして，アジアの地域統合が唱えられ，「アジア共同体」の形成が現実的に議論されるようになった．

　ヨーロッパでは，1952年のヨーロッパ石炭鉄鋼共同体（ECSC）に端を発する，EEC，ECの長い歴史を経て，EUが成立して統一通貨ユーロが誕生し，経済統合が実現した．また，北米ではカナダ，アメリカ，メキシコの「北米自由貿易協定」が締結され，さらにラテンアメリカとの南北統合による自由貿易協定も検討されている．これに対して，アフリカ地域は貧困からの脱出を課題として残したままであり，中東にもグローバル化に乗り遅れた国が多い．グローバル化と地域統合がもたらす所得格差の問題は，一国内問題ではなく，「地域間格差」の問題となっている．

　この間1991年にはソ連が崩壊し，冷戦の終焉と共に計画経済から市場経済に移行する国が相次いだ．また，イラクのクウェイト侵攻による湾岸戦争，タイの通貨下落に始まるアジア通貨危機，21世紀に入ってのイラク戦争などが発生した．石油価格の高騰は非産油国に大きく影響し，また投機資金が通貨価値の変動を左右した．これらは一地域の出来事でありながら，経済的な影響は世界に及んだ．21世紀は「情報の世紀」であるといわれているが，急激に情報通信革命の進むなかで，様々な問題を抱えたまま「グローバル化」が進んでいる．

　地域間格差が拡大するなかでのグローバル化のもとで，日本はアジア諸国とどのように共存するのか，また中国とどう共生していくのか．さらに，途上国の開発はどうすれば進められるのか．

アジア経済研究所叢書発刊に際して

　ジェトロ・アジア経済研究所は，国別の地域研究者の育成を1つの目的として設立されたが，上に示した途上国を巡り近年激しく変化する国際政治・経済の現状は一国だけではなく，地域的，地球的な規模の課題に取り組むことを求め，研究所は国際化と同時に，地域統合など，グローバルな課題の研究を積極的に推進すべき段階に達した．ジェトロ・アジア経済研究所は，このような時代の要請に対応し，創造性をもった内容と国際的な水準を満たす研究を行っていきたい．

　本叢書は，岩波書店のご協力を得て，研究所の研究成果をより広く世に問おうとするものである．私たちの無理とも思えるお願いを聞き入れて出版の仕事を快諾していただいた岩波書店に対して，研究所一同を代表し，この機会に深く謝意を表したい．

　　2005年1月

日本貿易振興機構アジア経済研究所所長

藤 田 昌 久

# は じ め に

　本書は，2002年にアジア経済研究所で組織された「発展途上国のファミリービジネス研究会」の共同研究の成果の一部である．この共同研究会では，主としてアジア諸国とラテンアメリカ諸国の地域研究者が集まり，同時に，東京大学社会科学研究所をはじめ，財閥やファミリービジネスに関心をもつ日本国内と海外の多数の研究者の協力のもとで，いわゆる非欧米・日本の「中進国」「新興工業国」におけるファミリービジネスの実態の解明とその企業活動の分析を行ってきた．

　欧米諸国と日本におけるファミリービジネスや財閥の国際比較研究がなされたことは，これまでも少なくないし，また，こうした国際比較研究に，戦前の中国や華僑・華人企業，韓国，インドの企業の研究者が招聘されたことも幾度かあった．これらの研究に対する本書とこの共同研究会のもう一つの成果である星野編［2004］の特徴は，第1にアジアとラテンアメリカの二つの地域に限定した，具体的なデータにもとづく実証的な比較研究である点，第2に，当該国のファミリービジネスに関する企業経営史ではなく，発展途上国の企業を直撃している経済のグローバル化や自由化，そして1980年代のラテンアメリカの債務累積危機や，1997年のアジア通貨・金融危機といった激変する最近の企業環境のもとで，ファミリービジネスがどのように外部環境に対応し，自らを変えようとしてきたのか，そうしたビビッドな課題に正面から取り組んでいる点である．そうした研究としては最初のものであると自負している．本書は企業経営を専門とする研究者ではなく，それぞれの国に深く関わってきた地域研究者が，経済のグローバル化や自由化のもとで変容を迫られている「工業化の担い手」としてのファミリービジネスの現状を現場から紹介している点が，大きな特徴といえよう．現代的課題に答えようとするファミリービジネスの実態を理解するうえで，本書が何らかの貢献ができれば幸いである．

2005年10月

編　者

# 目　次

アジア経済研究所叢書2

目　次

　　はじめに

序　章　ファミリービジネスの経営者 ･･････････････････････ 1
　　　　　　　　　　　　　　　　　　　　星　野　妙　子
　　はじめに　1
　　第1節　本書の問題意識　2
　　第2節　先行研究の議論と本書の主要な論点　9
　　第3節　本書で明らかにされたこと　14
　　むすびにかえて　21

第1章　韓国財閥における家族経営と
　　　　俸給経営者層 ･･････････････････ 25
　　　　　──三星，SKグループの事例から──
　　　　　　　　　　　　　　　　　　　　安　倍　　　誠
　　はじめに　25
　　第1節　創業者家族の経営への参与と俸給経営者　31
　　第2節　グループ経営と俸給経営者　40
　　第3節　俸給経営者の経歴とグループ経営　47
　　むすびにかえて　61

第2章　台湾民間大企業の経営者 ･････････････････････････ 65
　　　　　──拡大する俸給経営者のプレゼンス──
　　　　　　　　　　　　　　　　　　　　佐　藤　幸　人
　　はじめに　65
　　第1節　台湾大企業の会長と総経理　68
　　第2節　トップ・マネジメントを担う
　　　　　　俸給経営者たちの横顔　75
　　第3節　徐重仁と統一超商──事例研究　83
　　むすび　92

目　次

## 第3章　タイのファミリービジネスと「トップ経営陣」 …………………… 101
　　　　――創業者一族，内部昇進者，外部リクルート者――
　　　　　　　　末廣　昭，ネーナパー・ワイラートサック

はじめに　101

第1節　問題の所在と「トップ経営陣」の分類　104

第2節　トップ経営陣の属性とキャリア　110

第3節　トップ経営陣の構成（Ⅰ）：
　　　　商業銀行とアグロインダストリー　117

第4節　トップ経営陣の構成（Ⅱ）：
　　　　電気通信業と三つのパターン　127

第5節　トップ経営陣の構成（Ⅲ）：
　　　　芸能・コンテンツ産業　141

第6節　経営者の内部市場と外部市場　148


## 第4章　メキシコにおけるファミリービジネスの経営者 …………………… 157
　　　　――プロフィールの変化とその背景――
　　　　　　　　　　　　　　　　　　星野妙子

はじめに　157

第1節　ファミリービジネスの経営者　160

第2節　俸給経営者のプロフィールの変化と
　　　　ファミリービジネスの国際的事業展開　184

第3節　ビンボーの事例　189

むすびにかえて　200


## 第5章　ベネズエラの企業経営 …………………… 205
　　　　――経営組織と経営者――
　　　　　　　　　　　　　　　坂口安紀

はじめに　205

xi

目 次

　第1節　概念の整理　207
　第2節　ベネズエラ企業の経営組織　211
　第3節　ベネズエラ企業のファミリー支配　218
　第4節　経営者のプロフィールとファミリービジネス　228
　むすびにかえて　239

## 第6章　ペルーにおけるファミリービジネスの経営者　243
　　　　──世代交代と俸給経営者の進出──

　　　　　　　　　　　　　　　　　　　　清　水　達　也

　はじめに　243
　第1節　ペルー企業の経営構造　246
　第2節　世代で異なる所有主家族の経営関与　251
　第3節　教育と経験を積む俸給経営者　267
　むすび──ファミリービジネスを担う経営者　270

## 終　章　ファミリービジネスと経営者企業　273

　　　　　　　　　　　　　　　　　　　　末　廣　　　昭

　索　引　287

序章

# ファミリービジネスの経営者

星野妙子

## はじめに

　本書のねらいは，ファミリービジネスの経営者の役割や属性の分析を通じて，アジアとラテンアメリカのファミリービジネスの経営の特質ならびに成長の可能性と限界を探ることにある．

　本書ではファミリービジネスを，創業者一族に連なる親族の所有・経営支配のもとにある企業群と定義している．第2次大戦以降，アジアとラテンアメリカは急速な工業化を成し遂げた．その牽引役となったのは「財閥」「グループ」と称される大規模ファミリービジネスであった．大規模ファミリービジネスが各国・地域経済において支配的地位を占める状況は，数多くのファミリービジネスが経営破綻した1997年アジア通貨危機以降も変わらない．経済グローバル化が進み，企業間競争が激化する環境下においても大規模ファミリービジネスが存続を続ける理由は何か．その理由を探るべく，本書の執筆者たちはアジアとラテンアメリカのファミリービジネスに関する研究会を組織し，2004年にその成果を単行書にとりまとめた（星野編[2004]）．本書はその続編に位置づけられる研究成果である．

　総論にあたる本章では，次のような順序で本書の総括を試みる．第1節では問題意識を述べる．第2節では主要な論点とそれに関する先行研究の議論を紹介する．論点としては，ファミリービジネスのコーポレート・ガバナンスと俸給経営者をとりあげる．そして第3節では本書で明らかにされた点を示し，最後に，それらをどう理解するかについて編者の考えを試論的に述べることでむすびにかえたい．

序章

## 第1節 本書の問題意識

 問題意識を述べるにあたり，まず前提となる星野編[2004]における議論を紹介したい．

### 1. ファミリービジネスの経営と革新

 1980年代以降，経済のグローバル化，度重なるブームと危機という環境のもとで，アジアとラテンアメリカのファミリービジネスは大きく変容を遂げた．ラテンアメリカにおいては1982年の対外債務危機以降，アジアにおいては1997年通貨危機以降，大規模ファミリービジネスの経営破綻や外資による買収，生き残ったファミリービジネスの事業と経営組織の再編が進んだ．一方で，新たな経済環境が生み出す事業機会を巧みに捉えて，新興ファミリービジネスの台頭もみられた．果たしてファミリービジネスは衰退するのか，あるいは新たな環境条件のもとでも存続するのか．存続するとすれば，なぜそれが可能であるのか．前書は以上のような問いに，アジアとラテンアメリカの代表的なファミリービジネスの1990年代以降の変化を検証することにより，応えようとするものであった．取り上げた国・地域はアジアの韓国，台湾，タイ，ラテンアメリカのメキシコ，ベネズエラ，ブラジル，ペルー，チリである．いずれの国・地域においても1980年代以降，経済グローバル化の進展による企業間競争の激化や経済の激しい浮沈など，ファミリービジネスをめぐる環境は大きく変化している．そのような新しい環境のもとでのファミリービジネスの変化を，所有・経営の構造，経営戦略，継承問題への対応などさまざまな論点について分析し，加えて，戦前期日本のファミリービジネスの経験も比較的見地から検討した．分析から浮かびあがったのは，厳しい環境を生き抜いたファミリービジネスに共通するいくつかの特徴であった．
 以前と変わらない特徴に，ファミリーの所有・経営支配への強い執着がある．厳しい環境にもかかわらず，もしくは厳しい環境であるからこそ持ち越された特徴といえる．新しい特徴としては次の三つがある．第1に

第 1 節　本書の問題意識

「専門経営者」企業化である．その意味は，俸給経営者の登用が進んでいるのみならず，経営に関わるファミリー自身も，教育や経験の蓄積により経営人材としての質を高めているということである．カギカッコの含意については次に述べる．第 2 に事業の選択と集中である．かつてのファミリービジネスの重要な特徴に，多角的事業展開があった．しかし事業再編の過程で，競争優位を発揮できる事業を選択し，それへ経営資源を集中的に投入する動きが進んでいる．環境の変化が安易な多角化を許さなくなったといえる．第 3 に経営の継承の制度化がある．決定や手続きがファミリーや特定のファミリーメンバーの恣意によるのではなく，あらかじめ定められた規則に則ってなされる傾向が強くなった．その背景には，市場からのコーポレート・ガバナンス改革の圧力や，ファミリー内部の争い回避の必要などがあげられる．不安定で競争的な環境のもとでも存続するファミリービジネスに共通する特徴が見られるとすれば，それはファミリービジネスの環境への適応の方向性を示すものといえよう．そのような共通点が結ぶ新しいファミリービジネス像を，我々は前書において提示した．

　本書で焦点を当てるのは，以上に述べた三つの新しい特徴のうち，第 1 の「専門経営者」企業化である．

## 2.　「専門経営者」とは

　ここで「専門経営者」にカギカッコをつける理由を述べておきたい．
　「専門経営者」という用語は，第 3 章の末廣・ネーナパー論文が詳述するとおり，先行研究においてこれまで二通りの異なった使われ方をされてきた．用法をめぐる混乱については森川英正[1996：6-7]が端的に述べている．森川は「専門経営者」を，「所有機能を持たず，経営機能だけに専門化した経営者」と規定する．英語訳すれば salaried manager（俸給経営者）であり，所有関係が規定要件に含まれる．これを仮に第 1 の用法と呼ぼう．混乱が生じるのは，「専門経営者」を第 2 の用法，すなわち「フルタイムで経営機能に従事し，特定の事業，特定の会社に特有の情報，経営スキルを身につけた経営者」という意味で用いる立場もあることである．その場合の英語訳は professional manager であり，所有関係は規定要件に含ま

れない．Berle and Means[1932]やChandler[1977]で展開された所有と経営の分離論に拠れば，大規模近代企業のトップ・マネジメントは俸給経営者により占められるはずであった．所有と経営の分離論を採る森川も，俸給経営者によるトップ・マネジメントの掌握により家族企業は経営者企業（＝俸給経営者企業．以下同じ）に移行すると説く．しかし少なくともアジアとラテンアメリカでは分離論が想定するようにファミリービジネスの経営者企業への移行は進んでいない．ファミリーがトップ・マネジメントの要職を占めることが一般的である．しかも要職に就くファミリーの経営能力は，学歴やキャリアから判断すれば高い．つまりファミリー経営者はsalariedではないがprofessionalといえるのである．我々は仮説的に，所有と経営が分離せずに，ファミリー経営者が第2の用法の意味で「専門経営者」化することで，ファミリービジネスの存続が可能となっているのではないかと考えている．所有関係と経営者の能力の二つに着目する我々の立場からすれば，二つの用法どちらか一方の規定ではファミリービジネスの経営者はとらえられない．カギカッコにはこのようなファミリービジネスの経営の現状に対する我々の認識が込められている．

　以下の各章では混乱を避けるために，salaried managerについては俸給経営者を用い，「専門経営者」を用いる場合は説明を加えることとした．

### 3. なぜ経営者か

　本書で経営者に注目するのは，次のような理由からである．前書で明らかにした「専門経営者」企業化には，二つの意味が含まれている．第1に企業経営における俸給経営者の役割の増大である．大規模ファミリービジネスの経営についてはこれまで，本書の韓国の章で安倍，メキシコの章で星野が述べるように，ファミリーによる全面的な掌握が強調されてきた．しかし後述するように，前書での我々の発見はそのような見方に疑問を投げかけるものであった．ただし一方で，株主や取締役会の構成からみて，ファミリーによる経営支配といえる状況は依然として続いている．また「専門経営者」企業化のもう一つの意味，経営に関わるファミリーの経営能力の高度化は，ファミリーの経営支配への意欲を反映しているともいえ

る．俸給経営者の役割の増大とファミリーの経営支配の存続を，統合的にどう理解したらよいのだろうか．前書で我々が提示した一つの理解は，人材制約というファミリービジネスが宿命的に抱える制約に，ファミリーはファミリー経営者の能力高度化への努力と俸給経営者の導入という方法で折り合いをつけているというものであった．しかし「専門経営者」企業化の意義はそれに止まるのだろうか．

上述の疑問の一つは，ファミリーの経営支配がきわめて限定されたものではないかというものである．我々が検討対象とするファミリービジネスの多くは，大企業から構成される企業グループを成す．そのような大規模企業グループのすべての経営権限をファミリー経営者が掌握することは不可能であり，当然，俸給経営者への権限委譲がなされていると考えられる．しかし権限委譲が進めばファミリーの経営支配力が弱まる可能性がある．

この点に関連して興味深いのが，戦前期日本の財閥のコーポレート・ガバナンスに関する近年の新しい見方である．日本型コーポレート・ガバナンスに関する論文で宮本又郎は，後述の岡崎[1999]，橘川[1996]に依拠しながら，大正中期以降の日本の財閥の同族会－財閥本社（持株会社）－事業子会社と連なる組織形態に関する解釈として，同族会や財閥本社は，かつては財閥家族が封鎖的所有により家族企業であることを守るために組織したと考えられていたが，今日ではむしろ，俸給経営者（宮本の用語では雇用経営者）たちが，財閥家族の傘下企業への発言を封じ込めるために作った組織と解釈する学説が有力となっていると述べ，財閥のコーポレート・ガバナンスは所有権者をメインの主権者とせず，俸給経営者をメインの主権者として完成したとの見解を提示している[宮本 2003：179]．

類似の組織形態はラテンアメリカのファミリービジネスにおいても，家族持株会社－本社－傘下企業という形で広範にみられる．しかし俸給経営者の役割を積極的に評価する研究は現れておらず，アジアとラテンアメリカのファミリービジネスのコーポレート・ガバナンスをめぐる議論は，所有権者主権論一辺倒である．そうなる理由は多分に，分析の糸口を経営にではなく所有構造に求めてきたことによると思われる．そしてその背景には資料事情，すなわち，ファミリービジネスの経営の内実を知るための資

表序-1　会社の経営監督機構に

| 国　名 | 最高議決機関 | | | 経営政策の最高意思 |
|---|---|---|---|---|
| 日　本 | 株主総会 | 取締役会 | 会　　長 | 社　　長 |
| 韓　国 | 株主總會 | 理　事　會 | 會　　長 | 社　　長 |
| 台　湾 | 股　東　會 | 董　事　會 | 董　事　長 | |
| タ　イ (タイ語) | Kan Prachum Phu Toehun | Khana Kammakan | Prathan Khana Kammakan | Kammakan Phu Chatkan Yai |
| タ　イ (華語) | 股　東　會 | 董　事　會 | 董　事　長 | 董事総経理 |
| 米　国 | General Meeting of Stockholders | Board of Directors | Chairman | |
| メキシコ | Asamblea General de Accionistas | Consejo de Administración | Presidente | |
| ベネズエラ | Asamblea General de Accionistas | Junta Directiva | Presidente, Presidente Directivo | |
| ペ　ル　ー | Junta General de Accionistas | Directorio | Presidente | |

出所）各国・地域の会社法をもとに，本書の筆者たちが作成．

料が，所有に関わる資料以上に入手が難しいという事情が存在する．ファミリーによる経営支配の実態がほとんど明らかになっていない研究段階なのである．

　以上のように考えると，経営者に焦点をあててファミリーによる経営支配の実態を明らかにすることは，ファミリービジネスの経営の特質を考える上できわめて重要であるといえる．その際に論点となるのは，ファミリー経営者と俸給経営者の経営組織上の配置と権限配分ならびに関係性であろう．これらを明らかにすることが，本書の検討課題の一つである．

　ところで我々が「専門経営者」企業化というとき，経営人材の質の高度化を暗に想定している．ファミリー経営者の経営人材としての質の高度化は前書でも明示的に指摘しているが，実は俸給経営者についての質の検討を前書では行っていない．強いて言えば俸給経営者であること自体が，選抜を経て雇用されていることから高度な経営人材と同義語であると想定している．しかし選抜の基準が能力ではなくファミリーへの忠誠心であることも十分に考えられることから，俸給経営者が高度な経営能力を持つかは

関する8カ国・地域の用語対照表

| 決定機関と役職名 | 執行役員 | 監査機関(人) |
|---|---|---|
| 専　務　常　務　取　締　役 | | 監　査　役 |
| 専　務　常　務　理　事 | | 監　事 |
| 常務董事　董　事 | 総　経　理 | 監　察　人 |
| Kammakan | Chief Executive Officer (CEO) | Khana Kammakan Taruwatsop |
| 董　事 | — | 監察人 |
| Director | Chief Executive Officer (CEO) | Auditor |
| Consejero | Director General, Presidente Ejecutivo, Gerente General | Comisario |
| Director, Miembro de Junta Directiva | Presidente Ejecutivo, Gerente General | Comisario |
| Director | Gerente General | Auditor |

必ずしも自明ではない．以上のような理由から，本書はファミリービジネスの経営者のなかでも，特に俸給経営者の経営人材としての質の解明をもう一つの検討課題としている．

## 4. 分析対象とする国・地域

　本書ではアジアとラテンアメリカの大規模なファミリービジネスを分析対象としている．これらの地域を取り上げるのは，我々の本来の問題関心が，経済発展の牽引役としてのファミリービジネスの資質を見極めるという点にあるため，そして第2次大戦以降，アジアとラテンアメリカは，有力なファミリービジネスを数多く輩出し，それらが経済発展の牽引役を担ってきたためである．本書ではアジアから韓国，台湾，タイの3カ国・地域を，ラテンアメリカからメキシコ，ベネズエラ，ペルーの3カ国を取り上げる．この6カ国・地域を取り上げる理由は，本書のテーマに関心をもつ各国を専門とする研究者の存在と，資料・情報の入手可能性の二つをあげることができる．

序　章

　次節以降で我々は6カ国・地域の経営制度についてたびたび言及することになるが，その際に問題となるのは会社の経営組織上の役職にどのような日本語訳をあてるかという点である．本書の分析対象国はタイを除き植民地支配の経験をもち，会社制度を旧宗主国ないしは欧米先進国から継承している．さらに，現在の会社制度は，長い年月の間に各国・地域の実情に合わせて修正を重ねている．加えて近年は，米国の経営制度導入の動きが多くの国で見られる．このような経緯から，企業の経営組織は国・地域によって異なり，それに対応して役職名も錯綜している．混乱と誤解を避けるために我々は表序-1のような6カ国・地域に米国，日本を加えた会社の経営組織に関する用語対照表を作成した．表からも会社制度形成の経緯の片鱗を読み取ることができる．日本と韓国(通貨危機直後の商法・証券取引法改正まで)は取締役会の中に業務執行の最高責任者(日本の「社長」)を置く点で共通しており，日本の植民地統治の影響が窺われる．一方，米国とラテンアメリカ3カ国は執行役員制を採る点で共通している．共にヨーロッパから会社制度を継承したことと，20世紀以降の米国のラテンアメリカにおける強い影響力を反映していると考えられる．このように大まかな類似性は見られるものの，経営組織の細部においては相違が見られる．そのため，各国・地域のより詳細な経営組織については，各章の本文または注で説明を加えることとした．

　役職名にどのような日本語訳をあてるかは，非常に悩ましい問題である．表から例をとれば，米国のDirector，日本の取締役にあたるのはメキシコではスペイン語でConsejeroであるが，ベネズエラ，ペルーではスペイン語でDirectorである．一方，メキシコではスペイン語のDirectorは執行役員Director Generalの下位ポストにあたるが，ベネズエラ，ペルーでは同じポストがスペイン語でGerenteとなる．米国のDirector，メキシコのConsejero，ベネズエラ，ペルーのDirectorの場合，我々は取締役の訳を当てているが，日本の制度に該当する機関，役職が存在しない場合もあるので，すべての機関，役職に適当な日本語訳が存在するとは限らない．結局，どのような日本語訳を用いるかは，各章の執筆者の裁量に委ねられた．

## 第2節　先行研究の議論と本書の主要な論点

　前節では本書の検討課題として二つのものをあげた．第1に，ファミリービジネスにおけるファミリー経営者と俸給経営者の経営組織上の配置と権限配分ならびに関係性の解明である．第2にファミリービジネスの経営者，特に俸給経営者の経営人材としての質の解明である．ここでは二つの検討課題に関わる先行研究の議論を紹介し，本書で取り上げる主要な論点を明らかにする．まず第1の検討課題と密接に関わるコーポレート・ガバナンスという観点から，先行研究における議論を紹介したい．

### 1. ファミリービジネスのコーポレート・ガバナンス

　先行研究においてファミリービジネスのコーポレート・ガバナンスが分析される場合，その問題認識には二つの論点が含まれているといえる．
　一つの論点はファミリービジネスを典型とする所有集中企業における少数株主搾取の問題である．所有集中企業では大株主は企業経営の監督に十分なインセンティブを有するため，分散所有企業で生じるような株主と専門経営者間のエージェンシー問題は生じにくい．しかし代わって大株主と経営者により少数株主が搾取される可能性が存在するという問題である．もう一つの論点は，ファミリービジネスに固有の複雑な所有構造に由来するコントロール権とキャッシュフロー権の乖離の問題，言い換えれば出資額に見合う以上の経営支配権をファミリーが掌握しているという問題である．アジアとラテンアメリカのファミリービジネスのコーポレート・ガバナンス問題は，この二つの論点を組み込んで提起される場合が多い．例えばClaessens, Djankov, Fan and Lang[1999]は，究極の株主がもつキャッシュフロー権の高低と株価の市場評価の高低の相関関係から，アジアのファミリービジネスにおける少数株主搾取のリスクの存在を論じている．
　ファミリービジネスのコーポレート・ガバナンスは少数株主搾取という否定的側面が注目される場合が多い．その背景には1997年アジア通貨危機の発生に，大手ファミリービジネスの過剰債務問題が関わっていたこと

序　章

がある．これに対し，ファミリービジネスの存続の理由を明らかにしたいという問題意識をもつ我々が注目するのは，コーポレート・ガバナンスの肯定的側面，すなわちエージェンシー問題が生じにくいという点である．この点で，先に述べた近年の戦前期日本の財閥のコーポレート・ガバナンスに関する議論が手がかりを与えてくれる．

　議論の論点は，日本の財閥の同族会－財閥本社(持株会社)－事業子会社と連なる組織形態の理解に関わるものである．岡崎[1999]は，三井や三菱などの大財閥の持株会社が，傘下企業の監督機能を備え，その効率的な管理に寄与したと指摘し，財閥のガバナンスを肯定的に評価する．一方，橘川[1996]は，日本の財閥においては総有制により制約された所有に対し，同族会と財閥本社の関係，ならびに財閥本社と直系事業会社の関係において二重の意味で封じ込めが作用しており，そのために財閥系企業で俸給経営者(橘川の用語では専門経営者)の積極的な進出がみられたこと，財閥本社が財閥直系事業会社の俸給経営者にとって安定株主として機能した面もあったことを指摘している．本書が検討対象とするファミリービジネスは組織形態において戦前期日本の財閥と似通った特徴をもつ．しかし大きく異なるのは所有が封鎖されておらず，ファミリーの経営への関与も「封鎖」されていない点である．しかし一方で，橘川が三菱財閥における所有の制約の論拠としてあげる，三菱合資会社の家族個人持ち分に対する処分の制限のような規定は，例えばメキシコのファミリービジネスにおいて家族持株の集中管理機能を持つ信託にもみられるものである(星野[2003：160])．制約された所有に株主安定化機能をみる橘川論に拠れば，メキシコのファミリービジネスにも株主安定化機能が組み込まれていることになる．

　このように日本の財閥のコーポレート・ガバナンスをめぐる議論は，ファミリービジネスの持続性やコーポレート・ガバナンスを考えるうえで多くの示唆を与えてくれる．ただし上述のような違いがあることから，日本の財閥に関する議論をそのまま当てはめるには無理がある．しかも当てはまるか否かを判断できるほどファミリービジネスの経営の実態解明は進んでいない．我々が本書でこの課題を取り上げる所以である．

　本書では，次のような観点から経営の実態解明を試みる．ファミリービ

ジネスのコーポレート・ガバナンスを考える際の重要な点は，経営の主要な三つの機能，すなわち意思決定，業務執行，監督の三つの機能が経営組織のどこに配置されているか，さらに，その機能に関わる重要事項の決定権限が誰に帰属しているかであろう．三つの機能の配置と決定権限の帰属を明らかにするためには，本社と事業会社の関係ならびに経営組織上の権限配分の検討が必要となる．

　本社機能の所在について述べれば，ラテンアメリカのファミリービジネスにみられるように持株会社を頂点とするピラミッド型株式所有構造をもつ場合，持株会社が本社機能を果たす場合が多い．一方，循環型の株式所有構造をもつ韓国の大手財閥の場合は，本社は存在せず，会長秘書室や経営企画室のような法人格をもたない組織が本社機能を果たしてきた．経営組織は，取締役会が制度上の経営政策の最高意思決定機関であることは6カ国・地域とも共通である．国によっては会社法の規定により取締役会は業務執行を補佐，または委任する執行役を指名できる．前掲表序-1で執行役員欄に原語名がある台湾，タイ，メキシコ，ベネズエラ，ペルーがそれにあたる．ただしいずれにおいても取締役と執行役員の兼任は可能である．一方，韓国の場合は執行役員制をとらず，取締役の中から執行役員が選ばれる．ファミリービジネスにおいては本社と事業会社でこのような経営組織が重層的に形成されている．

　以上のようなファミリービジネスの経営組織の特徴を前提とすれば，検討すべき論点としては，次のものがあげられる．第1に，重層的な経営組織におけるファミリーと俸給経営者の位置関係がどうなっているかという点である．第2に，事業会社ならびにファミリービジネス全体の意思決定，業務執行，監督の三つの機能が，重層的な経営組織のどこに配置され，それぞれの機能に関わる重要事項の決定権限は制度上ならびに実質上どの役職，ないしは誰に帰属するかという点である．そして以上の2点を踏まえて，実質上の決定権限を掌握するのがファミリーであるのか俸給経営者であるのかという点である．

　ところで，第1の論点に関連して日本についての興味深いデータがある．加護野［2003：197］によれば，1995年において上場企業1181社の社長の

序　章

30.5%が創業者か創業者同族またはその他の同族であった(内訳は順に4.2%, 20.2%, 6.1%). 日本企業のコーポレート・ガバナンスの問題と指摘されるのは, 社長に取締役, 監査役, 社長後継者の選任権が事実上集中し, 監督が機能しないという点である(深尾・森田[1997:69-70]). つまり日本の大企業でもファミリーによる経営支配という状況は存在することになる. しかしそれが問題として認識されないのはなぜかという点は, ファミリービジネスのコーポレート・ガバナンスを考える上で, 興味深い論点である.

## 2. ファミリービジネスの俸給経営者

戦前期日本の財閥において, 俸給経営者をメインの主権者とするコーポレート・ガバナンスが成立するためには, 主権者たる資質を備えた俸給経営者が存在することが必要条件であった. 森川英正は, 財閥のトップ・マネジメントを担ったのは, 新時代の教育を通じて新時代にふさわしい知的能力を身につけた人材であり, そのような人材を形成期の財閥が積極的に雇い入れ, 意思決定の要衝に配置し機能させたことが, 三井や三菱などの巨大財閥の財閥としての発展の重要な条件の一半を形作ったと述べている(森川[1980:12, 20]). そこで我々の問題関心は, 本書のもう一つの検討課題であるファミリービジネスの俸給経営者の質に向かうことになる.

経営人材の質を検証しようとする場合, どのような指標をもって質を測るかが問題となる. この点について本書の執筆者たちはいずれも, 学歴と企業内もしくは企業外での経験とキャリアを, 経営人材の質を判断する際の指標としている.

アジアとラテンアメリカのファミリービジネスの俸給経営者に関する研究は, 非常に遅れている. その最大の要因は, 俸給経営者に関する資料や情報の入手がファミリー以上に困難な点にあった. 各国の俸給経営者に関する研究状況の紹介は各章に委ね, 以下においては, 各章で経営者の属性やキャリアを検討する際に参照事例となり得る日本や米国の経営者に関するデータを, 先行研究から紹介したい.

藤村[2000]は, 日本の東証一部上場企業の役付取締役1211人のキャリア調査を行っている. 1211人の平均年齢は60歳前後, 所属企業は20.7%

第 2 節　先行研究の議論と本書の主要な論点

がオーナー経営企業，56.8％がグループ中心企業，20.2％が子会社関連企業だった．ここでもファミリー企業の存在を確認できる．興味深い点は，所属企業ごとの平均年齢が 59.7 歳，61.1 歳，61.1 歳とほとんど違いがないのに，初めて役員になった年齢が 46.4 歳，50.5 歳，53.8 歳とオーナー経営企業で若く，平均役員在職年数が 13.3 年，10.6 年，7.3 年とオーナー経営企業で長い点である．この差を藤村は創業者の子息や縁者が早い時期から取締役に就任することを反映しているためと説明している．1211 人の就任経路は 74.5％（内訳は学卒入社 57.4％と中途採用 17.1％）が内部昇進であった．直接取締役に就任した外部登用者 22.3％ のうち約半数が関連会社からであり，これらをグループ企業内での内部昇進と数えると，内部昇進が 85％前後にものぼることになる．一方，オーナー経営企業だけを取り出してみると，内部昇進者の比率は 75.5％ とほぼ変わらないが，外部登用者の 31.3％ が大株主からである．創業者の子息や縁者が外部から直接取締役に就任していると解釈できる（藤村[2000：139-143]）．

　日米の経営者の比較としては，深尾・森田[1997：150]が売上高ランキング上位の日本企業の社長と米国企業の CEO に関する基本データを紹介している．それによれば，平均年齢は日本が 65.1 歳，米国が 58.3 歳と日本が 7 歳も高かった．平均勤続年数は日本が 34.3 年，米国が 26.0 年で，年齢が高い分，日本が長くなっている．平均在職年数は日本が 5.4 年，米国が 7.2 年であった．米国の CEO 就任年齢が 50 歳前後と非常に若いことが窺われる．この点は後に述べる Cappelli and Hamori[2004]からも確認できる．

　ミドル・マネジメントに関わる経営者の属性とキャリアについては，日米独の大企業の部課長約 3000 人へのアンケート調査結果を分析した佐藤[2002]がある．ここでは学歴に関する情報が得られる．それによれば，大学院卒以上の比率が日本の 1.9％ に対し，米国が 60.9％ ときわめて高い．ドイツも 11.3％ と米国ほどではないが日本より高かった．入社年齢は日本の 24.8 歳に対し，米国は 32.0 歳，ドイツは 31.0 歳であった．一方，転社経験者は日本が 18.2％ でしかないのに，米国 81.8％，ドイツ 70.3％ と高かった．転社経験者のみの入社年齢は日本 33.4 歳，米国 34.0 歳，ドイツ 33.5 歳と 3 カ国はほぼ等しい．つまり米国，ドイツでは大多数は 30

序　章

代まで転社を繰り返すが，40歳代を超えると3カ国のいずれの国も特定の企業に定着する(佐藤[2002：250-253])．

　米国のフォーチュン誌ランキング上位100社のCEOの属性とキャリアの変化については，Cappelli and Hamori[2004]の興味深い研究がある．彼らは1980年の上位100社のCEO以上の役職につく802人と，2001年の同じく1160人の属性とキャリアを比較している．それによれば約20年間の変化として，CEOの平均年齢の若年化(56歳から52歳へ)，アイビーリーグと総称されるエリート校出身者のプレゼンスの縮小，女性の進出，昇進スピードの短期化とそれに伴う経験職務の減少，外部登用比率の上昇をあげている．エリート校出身者について詳しく述べれば，学士号取得者ではエリート校出身者の比率が14％から10％へ，修士号取得者では35％から21％へと減少したのに対し，公立大学出身の学士号取得者が32％から48％へ，修士号取得者が26％から34％へと増加した．一見エリート校の退潮のように見えるが，実態はCEOの高学歴化であり，この間に公立大学の大学院が拡充したことから，供給能力に限りがあるエリート校の比重が低下したためと説明している．ちなみに学士号取得者に対する修士号取得者の比率は1980年の49.4％から2001年には63.8％に，学士号取得者に対する博士号取得者の比率は同じく5.2％から9.5％へと上昇した．CEOの年齢が50歳代前半と若いこと，ならびに高学歴化は，本書でも明らかにされるように，アジアのファミリービジネスの経営者にも共通する特徴である．

## 第3節　本書で明らかにされたこと

　次章以降ではファミリー経営者と俸給経営者のトップ・マネジメントへの関与のあり方と，経営人材としての質の究明を行うが，分析対象として次のようなファミリービジネスないしはポストの経営者を設定している．

　第1章でとりあげるのは韓国の三星(サムスン)，SKの二つの財閥で，傘下企業の取締役(安倍の用語で理事)，特に業務執行の責任者である専務以上の役員が分析対象である．第2章では台湾の民間企業中，売上高上位

50社の取締役会の会長，社長(佐藤の用語では総経理)，取締役を分析対象とし，あわせてコンビニエンス・ストア大手の統一超商の社長，徐重仁を事例として取り上げる．第3章はタイの大手企業の取締役会と経営執行委員を分析対象とし，なかでも銀行，アグロインダストリー，電気通信産業，芸能・コンテンツ産業の6つのファミリービジネスに焦点が当てられる．第4章の分析対象はメキシコの上位28ファミリービジネスのCEO以下の執行役員で，事例として食品産業のビンボー・グループを取り上げる．第5章ではベネズエラの外資系企業を除く民間企業75社の，第6章ではペルーの上場企業を中心とするファミリービジネスの，いずれも取締役会とCEO以下の執行役員(清水の用語では支配人)が分析対象である．

各章の分析は，ファミリービジネスの経営の国・地域ごとの個性的なあり方とともに，共通するいくつかの傾向を明らかにしている．そのうちの後者を以下に示したい．

## 1. 経営機能の分化と業務執行からのファミリーの後退，俸給経営者の進出

まず第1にあげられる共通の傾向として，ファミリーに集中していた経営の主要な三つの機能，すなわち意思決定，業務執行，監督の機能が分化し，このうちの業務執行においてファミリーの後退，俸給経営者の進出がみられることがある．その実態は次のようなものである．

まず全体的な傾向について事例をあげれば，台湾の章では売上高上位50位までの民間企業において，会長は依然としてファミリーが就く場合がほとんどであるのに対し，社長にファミリーが就く企業の数は大幅に減少したことが明らかにされる．タイの章では1987年のトップ経営者120人の調査が紹介され，この時点ではファミリービジネスの経営者が71人，うち46人がファミリー，25人が俸給経営者であった．タイの2000年上場企業259社の調査では，家族所有型企業114社の経歴が判明する109人の社長/CEOのうち51人がファミリー，36人が俸給経営者であった．ベネズエラの75社の分析では，意思決定・監督と業務執行の分離について，一部に未分離ないしは混合型の企業も存在するが，米国式に取締役会と執

行役員会に分離する企業が大半であること，また，ファミリーの比重が取締役会では高く，執行役員会では低いことが指摘される．一方，ペルーでは分析対象企業では取締役会はほとんど株主によって占められるが，執行役員については4分の3の企業で俸給経営者が，中核事業会社ではファミリーの若い世代が支配人に就いていることを明らかにしている．

次に個別事例をあげれば，韓国の三星とSKの事例では，1976年，1985年，1997年，2003年の4時点における傘下企業の取締役の構成の分析から，ファミリーの後退，俸給経営者の進出が指摘される．また，専務以上の俸給経営者の経歴の分析から，グループ内の他社，グループ秘書室や経営企画室を経験し，内部昇進により傘下企業のトップ・マネジメントに就任する者の比率が高く，グループ経営を意識した人事が行われていることが明らかにされる．メキシコのビンボーの事例では，複数のファミリーが参加する取締役会とは別に，取締役兼CEOのファミリーと複数の俸給経営者から成る経営委員会が設置され，意思決定・監督と業務執行が組織的に分離されている．情報格差から取締役会の影響力には限界があり，情報格差の解消と両機関の円滑な意思疎通という意味で取締役兼CEOに就くファミリーの重要性が指摘される．ペルーについても，ファミリービジネス傘下のコンチネンタル銀行では，取締役会とは別に幹部会が設置され，そこでは共同出資者の外資代表が取締役兼CEOに就く他は，残りはすべて俸給経営者であり，意思決定・監督を担う取締役会と業務執行を担う経営執行委員会への機能分離の事例と考えられると指摘される．

なぜ業務執行からファミリーが後退し俸給経営者が進出したのか．この点についていくつかの解釈が提示される．台湾の章を担当する佐藤は，俸給経営者の社長が増えた要因として，創業者の高齢化あるいは事業規模の拡大により戦略的意思決定と日常的な事業活動の分離の必要が生じたこと，または台湾企業に多いパートナーシップが解消する際に，空いた社長職を俸給経営者で埋める場合が多かったこと，などを指摘している．タイのトップ・マネジメントにみられるファミリーと俸給経営者の内部昇進組，外部登用組の役割分担について論じた末廣・ネーナパーは，そのような組み合わせが生じた理由として，タイのファミリービジネスが，創業者の「企

第 3 節　本書で明らかにされたこと

業家精神」や「脱アマチュア経営者化」だけでは事業の維持と拡大が困難となり，俸給経営者の役割に依拠せざるをえなくなっていることを指摘している．メキシコの章を担当する星野は，俸給経営者の進出の背景として，経済グローバル化により厳しさを増す企業間競争を生き残るために，ファミリービジネスが国際的な事業展開に活路を見いだしたこと，そのために高度な専門知識を備え海外経験が豊かな人材が必要不可欠となったことを指摘している．さらに俸給経営者の進出を容易にした外部労働市場の条件として，1990年代に産業再編により経営者人材が流動化したことを指摘している．ペルーについては清水が，星野と同様の先行研究の見解を紹介している．すなわち，1980年代末以降の市場経済化改革の進展，それに並行した企業の事業再編の過程で，企業家は伝統的なファミリー中心の組織を改め余剰人員や教育・能力の不十分な人員を整理したこと，そのためファミリーやその関係者が，能力があり資格を備えた若い専門職に置き換えられ，同時に研修や採用・昇進の制度化が進んだことを指摘する．以上を総合すると，業務執行からのファミリーの後退，俸給経営者の進出の背景には，世代交代，事業規模の拡大，経済グローバル化や市場改革による事業環境の変化などの要因が存在するといえる．

## 2. 高学歴化する経営者

　それではファミリービジネスの業務執行を担う経営者とはどのような属性をもった人々なのだろうか．

　まず全般的な状況について述べよう．台湾の民間大企業の社長 36 人の属性を「ハイテク」，「金融」，「それ以外」の三つに分けて分析した佐藤によれば，学歴は「金融」が高く，「それ以外」，「ハイテク」は同程度で，「金融」では博士，修士が多いのに対し，「ハイテク」では理工系の大卒者が主である．年齢は「それ以外」で 1951 年以前生まれが主であり，「ハイテク」ではそれより若い．タイの 1987 年のトップ経営者 120 人の調査では，若い（30 代以下が 51 人），高学歴（最終学歴で大学以上が全体の 87%，修士以上が 39%），海外留学が多い（全体の 74%），経営学，とくに MBA の専攻が多いなどの点が特徴として指摘される．また 2000 年の調査によれば，

家族所有企業 114 社の社長 / CEO の属性は，年齢は 50 歳未満が 46%，高学歴化がさらに進んだこと（最終学歴で学士 35.1%，修士 25.8%，博士 8.2%），最終学歴の就学場所として外国が 59%（うち米国が 43.6%）を占めたことが指摘される．メキシコについては星野が，28 ファミリービジネスの CEO 以下の執行役員について 2003 年のデータを用いて，平均年齢が若い（49 歳），高学歴（データが得られた 150 人中 83 人が修士以上），海外留学者が多い（修士の過半），専攻が大学では分散，修士では経営学へ集中，高額な報酬を得ている，などの特徴が指摘される．ベネズエラについての分析も，CEO の 7 割近くが 50 歳以下と若く，全員が大学卒，さらに大学院卒と海外留学経験者が大卒者の半数に達すること，取締役会長については年齢が CEO より 10 歳高いが，8 割が大卒，大学院卒と海外留学経験者も CEO と同様に大卒者の半数に達することを明らかにしている．ペルーについては，分析した 8 ファミリービジネスの傘下 15 企業の執行役員の学歴はほとんどが大学卒で，加えて国内の経営学大学院において修士号を取得した者，経営関連の短期プログラムを履修した者も多いと指摘している．

　個別事例について述べれば，安倍が韓国の三星，SK の傘下企業の専務以上の俸給経営者について，以上にあげた国・地域以上に高学歴化が進んでおり，両財閥とも博士号取得者が増加している事実を指摘している．また星野はメキシコについて，企業が費用を負担して経営者の修士号取得を奨励しているビンボーの事例を紹介している．

　以上を総合すると，共通する傾向として，高学歴化が進み修士号取得者の比率が高まっている点をあげることができる．その比率は前節で述べた米国の水準には及ばないものの，日本よりはるかに高い．その他に，海外留学者の比率が高いこと，年齢が前節で述べた日本，米国と比較して若いことなども，おおむね共通する特徴として指摘できよう．

### 3. 経営者のキャリア——内部昇進，中途採用，外部登用

　第 3 に指摘できるのは，業務執行のトップ経営者のキャリアには内部昇進，中途採用，外部登用の三つが存在するという点である．この場合，内部昇進は経営階層組織の下位からの昇進を，中途採用は中位のポストに採

用されそこから昇進することを，外部登用は直接トップ・マネジメントに採用されることを想定している．トップ経営者の主要なキャリアがいずれであるかは，国・地域によって異なり，また，トップ経営者がどのようなキャリアの経営者で構成されるかは，ファミリービジネスによって多様である．

　本書で検討対象としたファミリービジネスのなかで韓国の三星とSKは，大学新卒者の定期採用を行っている点で特異な存在である．三星は1957年から，SKは1965年から大学新卒者の定期採用を開始した．定期採用者が昇進し，近年になるほどトップ・マネジメントは内部昇進者が優勢となっている．台湾の2003年，36社の社長の経歴では「ハイテク」，「それ以外」では生え抜きの内部昇進が主であるが，「金融」では生え抜きと非生え抜きが半々である．タイの1987年のトップ経営者の調査では，データのある119人（うちファミリービジネスのトップ経営者は71人）のトップ経営者のキャリアは，ファミリー経営者では48人中36人が内部昇進，俸給経営者では内部昇進は30人，中途採用・外部登用が41人である．中途採用者・外部登用者の経歴として大きな比重を占めるのが外国企業での就労で，119人中29人に達した．また2000年の調査によれば，家族所有企業の114人の社長/CEOのうち，キャリア形成が判明した109人をみると，ファミリーが51人，俸給経営者が36人であった（残りはファミリー以外の株主が派遣する経営者）．俸給経営者のうち内部昇進は3人，中途採用は8人，外部登用が25名であった．ファミリーのうちかなりが内部昇進であるとみられ，俸給経営者と合わせると半分以上の家族所有企業が企業内で経験を積んだ経営者により経営されていることになる．メキシコについては1970年代までの輸入代替工業化期に成長した旧来組のファミリービジネスには若年採用・内部昇進が主であるところが多い．しかし旧来組を含め近年は全体として中途採用・外部登用が活発に行われている．ベネズエラではデータの得られたCEO 42人のうち勤続年数5年以下が26人，10年以下まででは36人にのぼり，中途採用・外部登用の比率が高いと推定できるが，CEOより下位の執行役員まで含めると409人中213人（52.1％）が内部昇進者であった．ペルーの8ファミリービジネスの15傘下企業の事

## 序　章

例では，キャリアでみた執行役員の構成は企業によって多様であった．

　どのような要因によってトップ・マネジメントを占める人材の内部昇進，中途採用，外部登用の構成が決まるのであろうか．末廣とネーナパーは当初，仮説として産業特性による説明を考えていた．すなわち，新しい生産技術や情報・知識を必要とする新興産業では外部登用，もしくはスペシャリスト型経営者の比重が高く，伝統的な分野ではファミリーと内部昇進者が多いという仮説である．しかしタイでは適合しないとの結論を得た．事情は本書で検討した他の国・地域についても同様である．

　本書の事例の検討から，人材構成を説明する要因として次のようなものが指摘できる．

　第1に，ファミリービジネスの内部労働市場のあり方である．需要に見合った人材が内部に存在しない場合が考えられる．韓国の三星，SKの場合，定期採用者が十分に育っていない1976年の時点で，上場企業の専務以上の役員は三星で半分以上，SKは半分近くが中途採用者か外部登用者であった．内部人材の厚みが増すにつれ，年を追うごとにその比率は低下している．メキシコのビンボーの事例では，基本的には内部昇進制をとるが，国際的事業展開を進めるための適当な人材が内部にいなかったために，海外経験が豊富な人材が外部登用された．

　第2に，外部労働市場のあり方である．まず，外資系企業や国営企業が経営者人材の供給源となっているかという点をあげることができる．台湾では全般的に外資系企業が供給源とならなかったが，金融部門は例外であった．タイでは全般的に外資系企業と国営企業は重要な供給源となった．メキシコでも外資系企業，国営企業・政府が重要な供給源となった．経済状況が外部労働市場の急拡大を促す場合がある．メキシコ，ベネズエラ，ペルーでは1990年代の経済グローバル化，経済改革のもとで企業の事業再編，破綻，合併，買収が進展し，高学歴かつ経験豊かな人材が大量に外部労働市場へ輩出された．需要側にとっては中途採用や外部登用がやり易くなったといえる．

　第3にファミリービジネスの競争戦略である．一つに，新規事業へ参入する場合に，先発企業と競争していくため，中途採用または外部登用が選

択された場合がある．韓国の三星では，建設業への参入に際して，先発企業と競争していくために建設業に通じた人材を役員として外部登用している．タイのTIPCO社がパイナップル産業へ進出する際は，競争企業から中途採用で中堅幹部を大量に引き抜いた．タイの電気通信事業の3大企業グループの事例では，それまで事業を独占していた政府部門からの大量の中途採用・外部登用が行われた．ちなみに，買収により新事業へ参入する場合，韓国のSKが買収した韓国移動通信の事例では，専務以上の役員では買収企業の生え抜きの比率は低いが，常務以下で生え抜きの比率は高く，既存人材の活用が行われている．一方，先発企業として新規事業へ参入する場合，三星電子の事例ではグループ内の人材が活用された．Penrose [1959]の企業成長論で指摘される，経営人材資源の活用による企業の多角化を体現する事例といえる．

第4にファミリー，特に創業者の考え方がある．一つに創業者がファミリーへの継承の方針を採らない場合がある．台湾の代表的ハイテク企業，エイサーの創業者は事業を子供に継がせないという方針をもち，その結果，エイサーから分離した企業は経営者企業となった．台湾の統一超商の事例では，この企業が台南幇の流れを組み，台南幇では社長に全面的に経営を委任する伝統が存在したことが，徐重仁の起用と功績につながった．逆に創業者がファミリーへの強い継承の意志をもち，後継者の養成に力を入れる場合がある．タイのバンコク銀行の場合は，ファミリー初代は主たる創立者ではなかった．彼は支配人に任命されて後，トップ・マネジメントへのファミリーの抜擢，次世代の教育に力をいれ，持株比率が低いにもかかわらずファミリーへの経営支配権の継承を可能にした．メキシコのビンボーの場合は，人材育成を重視する創業者の考えによって，内部昇進の人事が定着した．

## むすびにかえて

本書においては以上の3点，すなわち，①経営機能の分化と業務執行からのファミリーの後退，俸給経営者の進出，②経営者の高学歴化，③経営

者のキャリアとして内部昇進,中途採用,外部登用の三つの存在,が明らかにされた．これらの点を,先に述べた本書の問題意識との関連でどう理解したらよいのだろうか．この点について,本章の総括の意味を込めて,編者の考えを試論として述べることで,むすびにかえたい．

第1節で,ファミリーによる経営支配は限定的なものではないかという我々が抱いた疑問について述べた．この点については,限定性が,二つの意味において確認できたと考える．一つは,業務執行を俸給経営者に委任しているという意味での限定性である．業務執行の委任の程度は,業務執行の先頭にファミリー自ら立つ事例から,業務執行を俸給経営者に完全に委任し,ファミリーは意思決定と監督に専念する事例まで国・地域,ファミリービジネスによって多様である．もう一つは,ファミリーの俸給経営者に対する支配力という意味での限定性である．ファミリーと俸給経営者の関係は,本書で検討した事例では明らかに主従関係とはみなし難い．ファミリーが俸給経営者の任免権を握るという点でファミリーの優位は否定しえないが,その優位にも限界がある．理由は,ファミリーは俸給経営者を代えることはできるが,ファミリーが俸給経営者に代替することが難しくなっているためである．ファミリーの優位の程度は任免権を有効な交渉カードとして使えるか否かにかかっている．そして交渉カードが使えるか否かは,内部労働市場と外部労働市場の条件にかかっているといえよう．本書では労働市場の検討は十分に行っておらず,この点は今後の課題として残されている．

第2に,ファミリーが事業執行に参加することの意義について．果たしてファミリーは,事業執行への参加なくして意思決定と監督を正しく行うことができるのであろうか．本書では取締役会と経営委員会の開催頻度,取締役と執行役員の報酬などの比較を行っているが,そこから窺えるのは,取締役と執行役員の間には会社に関わる時間に圧倒的な格差が存在するという点である．この時間格差は情報格差と読み替えることが可能であろう．情報格差の存在は意思決定機能,監督機能の不全にも通じる．ここからファミリー内の優秀な人材をCEOに就けることの意義として,情報格差の是正という論点が浮かび上がってくる．「優秀」の意味には,少なくとも

情報の理解と伝達に高い能力を有することが含まれよう．

　第3に，ファミリービジネスの存続の可能性ないしは経営者企業への移行の可能性について．森川英正は，家族企業の所有と経営の段階として，家族が所有者で，a.家族がトップ経営者でもある段階，b.家族がトップ・マネジメントを俸給経営者と協力して担当する段階，c.家族がトップ・マネジメントの任免権を実質的に握りトップ・マネジメントを俸給経営者に委任する段階，d.任免権を含め実質的権限は俸給経営者に移行している段階，の4つをあげ，dでは家族は専門経営者が人選したトップ・マネジメントにアグレマンを与える象徴的君主でしかなく，この段階の企業を家族企業ではなく（俸給）経営者企業と分類している（森川［1996：5］）．ちなみに本書で検討した事例は，bまたはcの段階に該当するものが大多数である．それらが果たしてdへ移行すると考えられるかについては，それほどはっきりした展望は描けない．その理由は，現在の所有構造を前提とすれば，ファミリーの手中に意思決定機能と監督機能はとどまると考えられるためである．ファミリーは象徴的君主に祭り上げられることなく，統治する君主となって，cの段階が長期化することも考えられるのである．その場合，賢い君主となるか，愚かな君主となるかはファミリーの個性に大きく左右されよう．さらに，ファミリー内に有能な経営者が出現すればcからbの段階に戻ることも考えられる．ただしいずれの可能性も，現在の所有構造を前提としたものであり，所有構造が変化した場合には，別の展開がありえよう．その意味で，ファミリービジネスの存続を展望するためには，今後も，経営とともに，所有構造とそれを規定する社会，政治，経済の諸要因を注視していく必要があろう．

〔参考文献〕

〔日本語文献〕

岡崎哲二［1999］，『持株会社の歴史――財閥と企業統治』ちくま新書．
加護野忠雄［2003］，「日本における企業統治の論理」（『日本型資本主義』有斐閣）．

序　章

橘川武郎[1996],『日本の企業集団——財閥の連続と断絶』有斐閣.
佐藤博樹[2002],「キャリア形成と能力開発の日独米比較」(小池和男・猪木武典編著『ホワイトカラーの人材形成——日米英独の比較』東洋経済新報社).
深尾光洋・森田泰子[1997],『企業ガバナンス構造の国際比較』日本経済新聞社.
藤村博之[2000],「経営者のキャリアと報酬の実態」(稲上毅・連合総合生活開発研究所編著『現代日本のコーポレート・ガバナンス』東洋経済新報社).
星野妙子[2003],「メキシコ大企業の所有構造——同族支配のメカニズムをめぐって」(『アジア経済』第44巻第5・6号, 149-166ページ).
星野妙子編[2004],『ファミリービジネスの経営と革新——アジアとラテンアメリカ』研究双書538, アジア経済研究所.
宮本又郎[2003],「日本型コーポレート・ガバナンス」(『日本型資本主義』有斐閣).
森川英正[1980],『財閥の経営史的研究』東洋経済新報社.
森川英正[1996],『トップ・マネジメントの経営史——経営者企業と家族企業』有斐閣.

〔外国語文献〕

Berle, Adolf and Gardiner Means[1932], *The Modern Corporation and Private Property*, New York : Macmillan(北島忠夫訳『近代株式会社と私有財産』文雅堂書店, 1958年).
Cappelli, Peter and Monika Hamori[2004], *The Path to the Top : Changes in the Atrributes and Careers of Corporate Executives, 1980-2001*, Working Paper 10507, NBER Working Paper Series.
Chandler Jr., Alfred D.[1977], *The Visible Hand : The Managerial Revolution in American Business*, Cambridge, Massachusetts and London : Harvard University Press(鳥羽欽一郎・小林袈裟治訳『経営者の時代』(上)(下), 東洋経済新報社, 1979年).
Claessens, Stijn, Simeon Djankov, Joseph P. H. Fan and Larry H. P. Lang[1999], *Expropriation of Minority Shareholders, Evidence from East Asia*, Policy Research Working Paper 2088, The World Bank.
Penrose, Edith[1959], *The Theory of The Growth of The Firm*, New York : Oxford University Press.

## 第1章

# 韓国財閥における家族経営と俸給経営者層
―― 三星, SK グループの事例から ――

安 倍　　誠

## はじめに

　韓国では,経済成長の過程で「財閥」(Chaebol,チェボル)と呼ばれる企業グループが形成され,産業組織上,大きな地位を占めるに至った.財閥は創業者及びその家族(以下,「創業者家族」と呼ぶ)が支配株主であるとともに,経営にも直接参加していることを特徴としている.1997年半の通貨危機を契機に大規模な財閥の再編が進んだが,財閥のファミリービジネスとしての特徴に大きな変化は生じていない(安倍[2004]).

　韓国財閥の経営については多くの研究があるが,服部[1988],柳町[2001],김동운[1999a][1999b]など,いずれも財閥がオーナー個人によるトップダウン型経営を維持していることを強調している[1].しかし,トップダウン型経営とはいっても,財閥が多くの系列企業を擁し,個々の系列企業も大企業として成長を遂げているなかで,オーナー個人が経営のすべてを担うことには限界がある.その場合,被雇用者へと経営権限の委譲がすすむこととなる.即ち俸給経営者(salaried manager)の出現である.しかし,具体的に家族経営者と俸給経営者が経営上の権限配分をどのようにおこなっているかについては,まとまった研究がない.

　その一方で,近年,韓国内の経営学及び一部ジャーナリズムの世界では,企業経営におけるリーダーシップの重要性が喧伝され,多くの企業のトップ,いわゆる CEO に関する議論がさかんにおこなわれている.한국전문경영인학회[2002]など,まとまった「成功事例」に関する分析も数多く出

---

[1] ただし,服部民夫は,本章第3節で論じる財閥における会長秘書室もしくは経営企画室と呼ばれる本社機能を有する機構の重要性も合わせて指摘し,非創業者家族への権限委譲がおこなわれるとすれば,これら機構の構成員もしくはその経験者となるだろうと論じている(服部[1988:153-156]).

版されている．しかし，ここでのCEO論は，創業者家族出身の経営者と俸給経営者の区別がされていない場合が多い[2]．また，財閥傘下の企業を扱う際にも個別企業の経営に議論が限られており，グループ経営という視角は抜け落ちてしまっている．

本章の目的は，財閥におけるオーナーとその家族の経営参与と俸給経営者の登用の状況，及び俸給経営者の属性及びその変化を分析することを通じて，韓国の財閥経営における家族経営のあり方とそのなかでの俸給経営者の位置づけを明らかにしようとすることにある．分析に当たっては，次の二点を重視する．

第一は，企業グループとしての財閥経営のあり方である．財閥の成長の歴史はそのまま多角化の歴史であり，企業グループ化の歴史である．系列企業が増えるにつれて，個々の企業の経営ばかりでなく，グループ全体の方向性を明確にし，そのために系列企業間の調整をおこなう組織が必要とされるようになる．各系列企業及びグループ経営組織におけるオーナー家族及び俸給経営者の位置と権限配分という側面から，財閥のグループ経営の特質を考えていきたい．

第二は，俸給経営者の属性である．企業が発展していく際に，経営者という人的資源を内部に求めるのか，外部に求めるのか，その条件は何か，については先進国企業・途上国企業を問わず，常に議論されてきた．特に韓国の財閥の成長は，非関連多角化による急速な拡大によるものであっただけに，経営に必要な人材の確保は大きな課題であったはずである．この点で重要なのは，森川英正による俸給経営者の台頭と内部昇進の関係についての指摘である（森川[1996]）．森川は俸給経営者を企業の生え抜きである「内部昇進型」，多くの企業を渡り歩く「ワンダーフォーゲル型」，政府・公営企業から迎え入れられる「天下り型」に分類する．森川は特に日本企業において内部昇進型の俸給経営者の台頭によって，俸給経営者が全

---

[2] こうしたCEO論は，創業者家族が企業経営に関する専門的な技能を身につけ，かつこれまでのオーナー経営者とはことなる経営マインドを持った経営者が創業者家族から生まれてきていることを示している．創業者家族の「専門経営者」(professional manager)化自体，非常に興味深い論点だが，議論が混乱することを避けるため本章では直接扱わない．「俸給経営者」と「専門経営者」の概念について詳しくは，本書序章及び第3章を参照．

はじめに

権を握る経営者企業が優位となった事実を指摘し，その要因として俸給経営者が内部から役員に昇進した場合にそれまでにつちかった社内ネットワークが企業経営上有利に働くと主張した．これは韓国財閥の各企業が経営者企業へと移行する可能性を考える上で重要な論点である．本章では，創業者家族が財閥発展の各段階においてどのような俸給経営者を登用したのか，役員就任以前の経歴から明らかにしていきたい．また，限られた情報の範囲内ではあるが，経歴からグループ内での異動についても分析していく．ここでの分析は，最初の課題であるグループ経営を明らかにする一助ともなるはずである．

　本章では，三星（サムスン）グループとSKグループを事例として取り上げる．2004年に公正取引委員会が発表した資産額基準の企業グループ順位において，三星は1位，SKは4位にランク入りしていることからもわかるように，共に韓国を代表する財閥である．表1-1，表1-2に両グループの発展過程を示した．三星グループはSKよりも早く1950-60年代から多角化を通じた成長を遂げた．その多角化は後に手放した初期の金融機関の買収を除くと，基本的に新規事業を自ら立ち上げるかたちで進められた．また，三星グループの場合，1980年代末に創業者家族内での世代交代がおこなわれた．他方，SKグループは，三星グループと比べて多角化の時期は後れて1970年代末以降であり，しかも大韓石油公社や韓国移動通信といった公営企業の買収が多角化の重要な手段であった．また世代交代も三星グループよりもほぼ10年後れて1990年代末頃となっている．両グループの分析を通じて，発展・世代交代時期と多角化過程の違いが財閥経営の人的側面にどのような影響を及ぼすのかについても浮き彫りにできると考える．

　第1節では，両グループの各系列上場企業の理事会（取締役会）構成の推移から，系列企業レベルでの創業者家族と俸給経営者の経営上の位置とその変化をみていく．両グループの成長時期及び世代交代のあり方を反映して，家族内の経営参加者とその経営上の位置に若干の違いがあるものの，両グループとも系列企業の経営において俸給経営者のプレゼンスが増大していることを示す．第2節では，グループ全体の経営に目を向け，財閥の

表1-1　三星グループの動き

| 系列企業の動き | | | 創業者家族・グループ全体の動き | | |
|---|---|---|---|---|---|
| 1951 | 1 | 三星物産設立 | | | |
| 53 | 8 | 第一製糖工業設立 | | | |
| 54 | 9 | 第一毛織工業設立 | | | |
| 57 | 2 | 韓一銀行買収 | 1957 | 1 | 社員の公開採用実施 |
| 58 | 2 | 安國火災海上買収 | | | |
| | 10 | 商業銀行買収 | | | |
| 59 | 4 | 朝興銀行買収 | 59 | 5 | 会長秘書室を設置 |
| 61 | 10 | 韓一,商業,朝興の各銀行公営化 | | | |
| 63 | 2 | 東洋放送設立 | | | |
| | 6 | ラジオソウル放送設立 | | | |
| | 7 | 東邦生命買収 | | | |
| | | 東和百貨店(新世界百貨店)を子会社化 | | | |
| | 12 | トンファ不動産(三星エバーランド)を買収 | | | |
| 64 | 8 | 韓国肥料工業設立 | | | |
| 65 | 3 | 中央日報設立 | | | |
| | 10 | セハン製紙買収 | | | |
| 67 | 10 | 韓国肥料公営化 | 67 | 10 | 韓国肥料事件で李秉喆,経営から引退宣言 |
| | | | 68 | 8 | 企画委員会を設置 |
| | | | | | 企画委員会の執行機構として企画室を設置,会長秘書室の機能縮小 |
| 69 | 1 | 三星電子設立 | 69 | 3 | 李秉喆復帰に伴い会長秘書室に一元化 |
| 70 | 1 | 三星NEC(三星SDI)設立 | | | |
| 72 | 7 | 第一合織設立 | | | |
| 73 | 5 | インペリアル(ホテル新羅)設立 | | | |
| | 8 | 三星サンヨーパーツ(三星電機)設立 | | | |
| 74 | 7 | 三星石油化学設立 | | | |
| | 8 | 三星重工業設立 | | | |
| 77 | 2 | 三星綜合建設設立 | | | |
| | 8 | 三星精密(三星テックウィン)設立 | | | |
| | 12 | 三星GTE通信設立 | | | |
| | 12 | 韓国半導体買収(三星半導体) | | | |
| | | | 79 | 2 | 李健熙,グループ副会長に就任 |
| 80 | 4 | 韓国電子通信買収(三星GTE通信を吸収合併) | | | |
| 81 | 3 | 韓国安全システム(S1)設立 | | | |
| 82 | 12 | 韓国電子通信と三星半導体合併(三星半導体通信) | | | |

| 系列企業の動き | | | 創業者家族・グループ全体の動き | | |
|---|---|---|---|---|---|
| | | | 1983 | | 会長秘書室内に運営チームを新設 |
| | | | 87 | | この頃までに会長秘書室を「マトリクス組織」に整備 |
| | | | | 11 | 李秉喆死去 |
| | | | | 12 | 李健熙グループ会長に就任 |
| 1988 | 3 | KOCA カード買収,三星信用カード設立 | | | |
| | 5 | 三星綜合化学設立 | | | |
| | | 三星電子・三星半導体通信合併 | | | |
| 89 | 7 | 三星 BP 化学設立 | | | |
| 91 | 11 | 全州製紙分離独立 | | | |
| 92 | 11 | 国際証券(三星証券)買収 | | | |
| 93 | 6 | 系列社大幅整理(製糖等 14 系列社売却・合併方針) | 93 | 6 | 「新経営宣言」 |
| | | | | 10 | 会長秘書室を縮小・再編 |
| 94 | 7 | 韓国肥料買収,韓国精密化学に社名変更 | 94 | 10 | 「長期発展計画」発表,小グループ制導入(4 中核企業群(電子, 化学, 機械, 金融)) |
| 95 | 2 | 三星ファイナンス(三星キャピタル)設立 | | | |
| | 3 | 三星自動車設立 | | | |
| | 7 | 第一合織グループ分離 | | | |
| 96 | 8 | 三星商用車設立(三星重工業から分離) | | | |
| | | | 97 | 1 | 自動車小グループを新設 |
| | | | 98 | 3 | 会長秘書室を廃止,構造調整本部を設置 |
| 99 | | 三星商用車清算 | | | |
| 2002 | | 三星自動車系列分離 | 2002 | 3 | 李健熙長男在鎔,三星電子常務補に就任 |

出所) 삼성회장비서실(三星会長秘書室)[1998]より作成.

表1-2 SKグループの動き

| 系列企業の動き | | | 創業者家族・グループ全体の動き | | |
|---|---|---|---|---|---|
| 1956 | 3 | 鮮京織物㈱設立(代表理事崔鍾建) | | | |
| | | | 1962 | 11 | 崔鍾建の弟崔鍾賢,鮮京織物副社長に就任 |
| | | | 1965 | | 社員の公開採用実施(孫吉丞現会長入社) |
| 66 | 6 | 鮮京化繊㈱設立(アセテート製造) | | | |
| 69 | 7 | 帝人と合弁で鮮京合繊㈱設立(ポリエステル製造) | | | |
| 73 | 7 | 鮮京石油㈱設立(のちの鮮京化学,現SKC) | 73 | 11 | 崔鍾建死去,鍾賢が鮮京織物会長,鮮京合繊・化繊社長に就任 |
| | | | 74 | 4 | 会長直属の企画室を設立 |
| | | | 75 | | 鮮京運営委員会発足 |
| 76 | 1 | 鮮京織物を㈱鮮京に社名変更.同11月に総合貿易商社に指定 | 76 | 12 | 企画室を経営企画室に拡大・再編 |
| | 2 | 鮮京合繊が鮮京化繊を吸収合併 | | | |
| 77 | 8 | 協友産業㈱を買収,鮮京総合建設㈱に社名変更,同12月に海外建設免許取得,更に三徳産業を吸収合併 | | | |
| | | | 78 | 8 | 鮮京運営委員会を会長直属の最高協議機構と定め,経営企画室を5部制に拡大再編,弘報室を独立 |
| 80 | 11 | 大韓石油公社(油公)と興国商社を買収. | | | |
| 82 | 1 | 油公海運㈱を設立 | | | |
| 85 | 12 | 油公ガス㈱を設立 | | | |
| 89 | 12 | 大韓都市ガス㈱株式50%取得し経営参与 | | | |
| 91 | 12 | 太平洋証券を買収,92年に鮮京証券に社名変更(現SK証券) | | | |
| 94 | | 韓国移動通信㈱の経営権取得,SKテレコム㈱に社名変更 | | | |
| | | | 96 | 4 | グループ名をSKグループとし,これに伴い各系列社名も変更 |
| | | | 98 | | 経営企画室を構造調整本部に改編 |
| | | | 99 | | 崔鍾賢死去,グループ会長に孫吉丞就任 |
| | | | 2003 | | SKグローバル(旧㈱鮮京・現SKネットワークス)の粉飾決算事件等を受けて構造調整本部を廃止 |

出所) 鮮京ユ룹弘報室(鮮京グループ弘報室)[1993]その他報道より作成.

規模拡大・多角化の進展に対応して，グループ経営組織をどのように整備していったのか，そのなかで俸給経営者がどのような位置にあるのかを分析する．ここでも両グループには違いがあるが，グループ統括組織と最高協議機関を設置し，そのなかで俸給経営者が重要な位置を占めている点では共通していることを明らかにする．第3節では，第1節と同じ上場企業の専務クラス以上の俸給経営者についてその経歴を整理し，時期ごとの変化を分析する．変化の過程に違いもあるが，外部からの登用中心から内部昇進者中心へ，会長秘書室・経営企画室経験者の役員登用増大，そして博士号取得者など高学歴化という傾向は両グループで共通していることを指摘する．最後に本章全体をまとめるとともに，今後に残された課題を提示してむすびとする．

## 第1節　創業者家族の経営への参与と俸給経営者

　本節では1976年，1985年，1997年，2003年の各時点における三星，SK両グループにおける上場企業の理事会(取締役会)の構成から，系列企業における創業者家族と俸給経営者の経営上の位置と権限配分を読み解いていく[3]．理事(取締役)名簿は1976年については韓国上場会社協議会『上場会社企業内容公示』1976年12月版を，1985年，1997年，2003年は上場会社協議会編『上場会社経営人名録』各年版を利用した[4]．

### 1. 三星グループの理事会構成

**(1) 1976年**

　表1-3は三星グループの理事会(取締役会)構成の推移を表している．1976年時点ではまだ上場している企業は少なかったが，創業者家族がそのほとんどの企業の理事会メンバーとなっていることがわかる．創業者で

---

[3] 1970-2000年代の各年代で1時点選ぼうとしたが，1970-80年代については資料が入手可能であったのが1976年と1985年のみであった．1990年代は通貨危機直前の状況をみるために1997年を，2000年代は直近の状況をみるために2003年を選択した．

[4] 三星重工業，ホテル新羅，三星エンジニアリング，三星テックウィン，第一企画，三星精密化学，S1，SKC(鮮京化学)は，上場していない時点でも『会社年鑑』各年版に役員名簿が記載されている場合は，それも利用した．

表1-3 三星グループ上場企業の理事会構成

| | | 1976 | 1985 | | 1997 | | 2003 | | |
| --- | --- | --- | --- | --- | --- | --- | --- | --- | --- |
| | | | | (非常任) | | (非常任) | (社外理事)(非常任) | | 非登記役員 |
| 三星物産 | 理事総数 | 15 | 39 | 9 | 58 | 9 | 10 | 5 | 118 |
| | 家　族 | ①②③④⑦ | ①②⑫ | 1 | ② | | ② | | |
| 三星建設 | 理事総数 | | 39 | 4 | | | | | |
| | 家　族 | | ② | | →三星物産に合併 | | | | |
| 第一製糖 | 理事総数 | 14 | 29 | 5 | | | | | |
| | 家　族 | ①⑦ | ① | | →系列分離 | | | | |
| 第一毛織 | 理事総数 | 10 | 10 | | 10 | 3 | 7 | 2 | 1 29 |
| | 家　族 | ①⑦ | | | ② | 1 | ② | | 1 1 |
| 三星火災海上 | 理事総数 | 7 | 15 | 3 | 21 | | 8 | 4 | 32 |
| | 家　族 | ⑤⑥⑧⑨ | ⑧⑨ | | ⑩ | | | | |
| 全州製紙 | 理事総数 | 10 | 12 | 4 | | | | | |
| | 家　族 | ② | ②③ | | →系列分離 | | | | |
| 三星電子 | 理事総数 | 12 | 44 | 1 | 59 | | 13 | 7 | 471 |
| | 家　族 | ②⑦ | ②⑫ | 1 | ② | | ② | | 1 |
| 三星半導体通信 | 理事総数 | | 37 | 7 | | | | | |
| | 家　族 | | ①②⑦⑫ | 4 | →三星電子に合併 | | | | |
| 三星SDI | 理事総数 | | 15 | 7 | 30 | 9 | 8 | 4 | 1 69 |
| | 家　族 | | ⑦⑫ | 1 | ②⑪ | 1 | ② | | 1 1 |
| 三星電機 | 理事総数 | | 10 | 4 | 21 | | 8 | 4 | 1 38 |
| | 家　族 | | ②⑦⑫ | 1 | | | ② | | 1 |
| 第一合繊 | 理事総数 | | 10 | | | | | | |
| | 家　族 | | | | →系列分離 | | | | |
| ホテル新羅 | 理事総数 | | 6 | 1 | 6 | 1 | 7 | 2 | 1 6 |
| | 家　族 | | ②③⑦ | | | | ② | | 1 |
| 三星重工業 | 理事総数 | | 39 | | 27 | | 6 | 3 | 45 |
| | 家　族 | | | | | | | | |
| 三星エンジニアリング | 理事総数 | | 2 | | 9 | | 6 | 2 | 18 |
| | 家　族 | | | | | | | | |
| 三星証券 | 理事総数 | | | | 12 | 3 | 8 | 4 | 22 |
| | 家　族 | | | | ⑩ | 1 | | | |
| 三星テックウィン | 理事総数 | | 12 | | 23 | 4 | 6 | 3 | 19 |
| | 家　族 | | | | ② | 1 | | | |
| 第一企画 | 理事総数 | | 6 | | 20 | | 7 | 2 | 9 |
| | 家　族 | | | | | | | | |
| 三星精密化学 | 理事総数 | | | | 8 | | 6 | 2 | 6 |
| | 家　族 | | | | | | | | |
| S1 | 理事総数 | | | | 9 | | 8 | 2 | 2 12 |
| | 家　族 | | | | | | | | |
| 理事ポスト数(a) | | 68 | 325 | | 313 | | 108 | 46 | 894 |
| 家族(b) | | 16 | 23 | | 8 | | 6 | | 3 |
| (b/a) | | 24% | 7% | | 3% | | 6% | | |
| 実理事数 | 家　族 | 9 | 7 | | 3 | | 1 | | |
| | 家族以外 | 40 | 277 | | 283 | | 102 | | |

注)　丸字の数字は図1-1での親族構成員を指す．斜体となっている者は代表権を持っていることを意味する．
出所)　筆者作成(利用データは本文参照)．

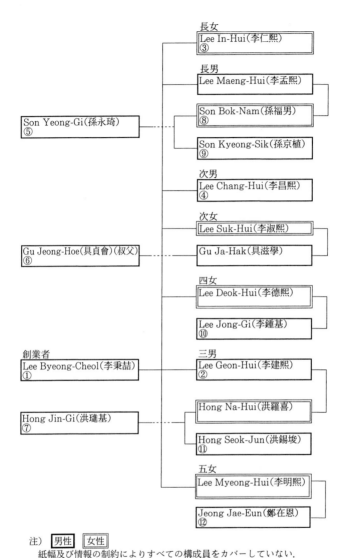

注) 男性 女性
紙幅及び情報の制約によりすべての構成員をカバーしていない．
出所) 서울經濟新聞社編[1991]，及び各種報道記事より作成．

図1-1 三星グループ創業者李秉喆の主な親族

ある李秉喆(イビョンチョル)(①：図1-1家系図上の位置，以下同じ)は，グループの母体企業である三星物産の会長であることに加えて，三星物産の次に設立された第一製糖と第一毛織の理事となっている．李秉喆の跡を継ぐ三男の李健熙(イゴンヒ)(②)も三星物産，全州製紙，三星電子の理事に就任している[5]．三星物産には李秉喆の長女である仁熙(インヒ)(③)，次男の昌熙(チャンヒ)(④)も役員入りしている．

家族の範囲を姻戚関係にまで広げると，家族の経営参与はより深いものになる．特に大きな存在感を示しているのは，李健熙の岳父である洪璡基(ホンジンギ)(⑦)である．三星グループ上場企業7社のうち，4つの企業に理事として名前を連ねている．洪璡基は李承晩政権時代に法務長官・内務長官を歴任した政治家であったが，李秉喆に乞われて東洋放送設立時に社長として参与し，以来グループ経営に深く関与するようになっていた[6]．また三星火災海上(当時は安國火災海上)には李秉喆の長男李孟熙(イメンヒ)の岳父である孫永琦(ソンヨンギ)[7](⑤)が代表理事会長を，その息子である孫京植(ソンギョンシク)(⑨)が代表理事社長を務め，孟熙の妻孫福男(ソンボクナム)(⑧)も非常任理事として理事会入りをしている．更に，李秉喆の四女德熙(ドクヒ)の夫である李鍾基(イジョンギ)(⑩)が全州製紙の理事となっている．

このように家族が広範囲に経営に参与しているとはいえ，表1-3で示した企業の理事ポスト数で家族が占める比率は24％であり，残りはすべて俸給経営者がその職に就いていたことになる．特に，三星火災を除く代表職は俸給経営者が担っており，グループ会長を称していた李秉喆はいずれの系列企業の代表理事にも就任していなかった．ただし，この当時，豊富な俸給経営者の人材を抱えていたとは言えない．このことは家族ばかりでなく多くの俸給経営者も複数の企業の理事に就任していることからも明らかである．例えば趙又同(チョウドン)は4つの企業，崔京澤(チェギョンテク)・金憲成(キムホンソン)・景周鉉(キョンジュヒョン)は3つの企業の理事を兼任していた．

---

5) 李健熙は早稲田大学を卒業し，米ジョージワシントン大で修士課程を修了した．その後1966年に帰国し，以来三星の経営に参与していた．
6) 洪璡基の三星入りは，李健熙と洪璡基の長女である洪羅喜の結婚の前であり，当初の洪璡基の位置づけは次節で言う「役員迎え入れ」組であった．結婚後は李秉喆が，洪璡基が会長をしている東洋放送に李健熙を入社させて経営を学ばせようとしたこともあって，洪璡基と李健熙の関係は密接になり，洪璡基のグループにおける影響力は増していった．
7) 孫永琦は京畿道知事や農林部糧政局長を務めた官僚であり，娘の福男と李孟熙が結婚した後に，安國火災の社長として三星入りした．なお孫永琦はちょうどこの1976年に他界している．

第1節　創業者家族の経営への参与と俸給経営者

　1976年時点の三星グループの経営は，家族及び姻戚関係にある者と俸給経営者が，それぞれ複数の系列企業の理事に就くことを通じておこなわれていた．俸給経営者の調達には限界があったか，家族・親族中心の経営への固執があったことがうかがえる．更に家族経営者と俸給経営者が，ともに網の目のように理事職を兼任していたことは，各系列企業が人的に強く結びついていたことをも意味している．

### (2) 1985年以降の変化

　1985年になっても系列企業の大半に李秉喆と李健熙，それに洪璡基が理事に名を連ねている．姻戚関係にある者としては，新たに李秉喆の五女明熙(ミョンヒ)の夫である鄭在恩(チョンジェウン)(⑫)が，グループにおいて重要性を増しつつあった三星電子，三星電管，三星電子部品という3社の代表理事社長を務めるとともに，三星物産と三星半導体通信の非常任理事を務めるなど，電子部門を中心としたグループ経営の中核を担うようになっていた[8]．

　その一方で，各企業とも成長に伴って理事会メンバー数も増加しているなかで，経営に参与している家族の実人数はむしろ減少している．それだけ俸給経営者層の厚みが増したことをうかがわせる．

　1980年代後半に創業者である李秉喆，それに洪璡基が死去し，更に1990年代に入ると系列分離によって多くの家族が相次いで三星グループから離れた．その結果，経営に参与しているのは，李秉喆からグループ会長職を継いだ李健熙の他はごく少数となった[9]．しかも，李健熙はすべての企業の役職に就いているわけではなく，理事に就任している場合でも，主要企業である三星物産や三星電子を除くと非常任理事にとどまっている．俸給経営者のみで理事会が構成されている企業の方がむしろ多数となっており，役職ポスト数及び実質経営参与人数からみても，俸給経営者のプレ

---

[8]　鄭在恩は1950年代から60年代にかけて隆盛をきわめた三護貿易の鄭商熙(チョンサンヒ)会長の次男であり，1961年にソウル大電子工学科を卒業後米コロンビア大学に留学し，産業工学科修士課程を修了した「当時としてはめずらしいエリート」であったという(서을経濟新聞社編[1991：19])．

[9]　李健熙を除くと，李秉喆の四女德熙の夫である李鍾基(⑩)が三星火災海上の代表理事副会長に，李健熙の義弟である洪錫垓(ホンソクチュン)(⑪)が三星SDIの常務理事に就いている．

ゼンスは圧倒的に多数となっている．

2003年には更に役員構成は大きく変化している．これは，通貨危機直後の商法及び証券取引法の改正により，会社機構の制度が大幅に変更となり，特に資産額2兆ウォン以上の上場法人は理事会の半数以上を社外理事とすることが義務づけられたことによる．各企業は社外理事数を最小限に抑えるために，理事会規模を大幅に縮小した．その結果，家族の理事就任ポスト数は減少したものの，理事ポスト総数に占める比率は若干上昇している．しかし，各企業とも理事会規模を縮小する一方で，理事会構成メンバー以外に社内人員を「非登記役員」として社長，専務，常務等に任命している．その人数は，三星電子だけで471名にもなる．制度変更以前と単純な比較はできないが，三星の個別企業の経営において，創業者家族のプレゼンスは一層小さくなっていることは間違いない．

## 2．SK グループの理事会構成

### (1) 1985-1997年

表1-4はSKグループの上場企業の理事会構成を示している．SKグループの場合，1976年時点で株式を公開していたのがSKケミカル(当時は鮮京合織)1社のみであったため，1970年代の状況はこの表からだけでは明らかでない．1985年時点では崔鍾賢(チェ ジョン ヒョン)(①：図1-2家系図上の位置，以下同じ)が公開企業のすべての会長職に就任し，SKケミカルとSK株式会社(当時は油公)では代表権をも有して経営の前面に立っていた[10]．この他には創業者崔鍾建(チェ ジョン ゴン)の長男である崔胤源(チェ ユン ウォン)(④)がSKケミカル専務として役員入りしていた．

1985年の時点でも，SKグループでは三星グループのような役員の兼任はほとんどみられず，多くの俸給経営者が経営に参与している．役員兼任の唯一の例はSKケミカルとSK株式会社で理事を兼職している孫吉丞(ソン ギル スン)であるが，両社で副社長を務めている上，SKネットワークス(当時は(株)鮮

---

10) 創業者の崔鍾建が職業学校を卒業後，機械整備士として母体となった鮮京織物に入社した人物であったのに対し，弟の崔鍾賢はアメリカに留学し，ウィスコンシン大生物化学科を卒業後，シカゴ大で経済学博士号を取得するという，文科系・理科系双方で高等教育を受けた人物であった．

**表 1-4 SK グループ上場企業の理事会構成**

| | | 1976 | 1985 | 1997 | | 2003 | | |
| --- | --- | --- | --- | --- | --- | --- | --- | --- |
| | | | | | (非常任) | (社外理事) | (非常任) | 非登記役員 |
| SKネットワークス (旧㈱鮮京) | 理事総数 家　族 | | 17 ① | 19 ①②⑤ | | 8 ⑦ | 4 | 49 |
| SK ケミカル (旧鮮京合繊) | 理事総数 家　族 | 12 ①⑧ | 16 ①④ | 17 ①④⑦ | | 11 ⑦ | 3 | 11 |
| SKC (旧鮮京化学) | 理事総数 家　族 | | 8 ① | 19 ①③⑥⑧ | | 7 ⑤⑥ | 2 | 25 1 |
| Ｓ Ｋ ㈱ (旧油公) | 理事総数 家　族 | | 25 ① | 25 ①② | 1 | 10 ② | 5 | 1 65 |
| 大韓都市ガス | 理事総数 家　族 | | | 6 | | 7 | 2 | 1 3 |
| Ｓ Ｋ 証 券 | 理事総数 家　族 | | | 8 | 3 | 8 | 2 | 1 5 |
| SK テレコム | 理事総数 家　族 | | | 18 ⑨ | 1 | 12 ②⑨ | 6 | 1 1 67 1 |
| Ｓ Ｋ ガ ス | 理事総数 家　族 | | | 7 | | 4 | 1 | 1 5 |
| 理事ポスト数(a) 家族(b) (b/a) | | 12 2 17% | 66 5 8% | 119 13 11% | | 67 7 10% | 25 | 230 2 |
| 実 理 事 数 | 家　族 家族以外 | 2 10 | 2 60 | 9 96 | | 5 59 | | |

注) 丸字の数字は図 1-2 での親族構成員を指す．斜体となっている者は代表権を持っていることを意味する．
出所) 筆者作成(利用データは本文参照)．

京)の監事でもあった．

　1997 年には，系列企業の拡大に伴って役員ポストも増え，多くの俸給経営者がそれを埋めることになった．しかし，相変わらず崔鍾賢が各系列企業の会長職に就いており，これに加えてその他の 8 人の家族が役員に名を連ねた．新たに役員入りしたのは，崔鍾賢の長男の崔泰源(チェテウォン)(②)，次男の崔再源(チェジェウォン)(③)，初代会長である崔鍾建の次男の崔信源(チェシンウォン)(⑤)，四男の崔昌源(チェチャンウォン)(⑦)，長女の夫の朴長錫(パクジャンソク)(⑥)，それに崔鍾建・鍾賢の姉の息子である表文洙(ピョムンス)(⑨)である．この第 2 世代はほとんどが米国留学を経験した上に，

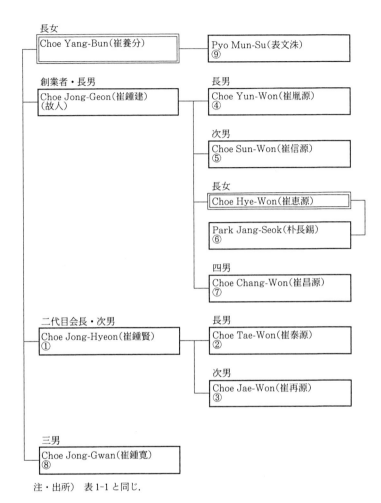

注・出所）表 1-1 と同じ．

図 1-2　SK グループ創業者崔鍾建の主な親族

早くから系列企業入りして経営参与に向けて準備をしてきていた．第2世代の経営参与の結果，俸給経営者も絶対数は増加していたものの，役員ポスト総数に占める創業者家族の割合は，むしろ上昇することとなった．

### (2) 2003年

1998年に崔鍾賢会長が死去し，その他の第1世代の家族も経営の一線から離れた．その結果，2003年には経営に参与する第2世代に完全に移行することとなった．崔泰源がグループの中核企業であるSK(株)(旧油公)の代表理事会長に，崔信源がSKCの代表理事会長に，崔昌源がSKグローバル(現SKネットワークス)とSKケミカルの副社長に，更に表文洙がSKテレコムの代表理事社長に就任するなど，第2世代は各系列企業のトップクラスに名を連ねるようになっている．

しかし，第1世代の退場によって，理事会に占める家族のポスト数は減少した．その結果，三星の場合と同様に会社機構改革への対処のために理事会の規模を大幅に縮小したにもかかわらず，理事会総ポスト数に占める家族の比率もわずかだが低下した．更に，三星同様，SKグループも理事会改編と同時に多くの非登記役員を任命しており，支配上理事会規模は絞り込む必要はあったものの，実際の企業経営においては多くの俸給経営者を必要としていることがうかがえる．更に特筆すべきなのは，崔鍾賢死去後にグループ会長に就任したのが俸給経営者である孫吉丞であったことである．このことも，SKグループにおける俸給経営者の地位の高さを示している．

以上でみてきたように，三星グループ，SKグループともにグループの拡大と企業の成長に伴い，役員の人数面では明らかに俸給経営者のプレゼンスが高まる方向にある．ただし，三星とSKでは家族の経営参与のあり方には違いも見られる．三星の場合，2003年の時点では理事会に参加している家族は事実上李健熙会長一人にとどまり，しかも主力企業を除いては非常任理事というかたちで参加しているのみであり，個別企業の経営を俸給経営者に委譲する方向にある．これに対して，SKグループは5人の

家族が理事会に入り，しかも各企業内で高い職位にある．

この違いの要因として考えられるのは，創業者家族内における世代交代の時期の差である．三星グループの場合，1987年の創業者李秉喆の死去後まもなく，家族内分離による一部系列企業の分離が進み，グループには李健熙及びその妻の直系のみが残ることとなった．これに対してSKグループでは，1998年の崔鍾賢の死去後，第2世代への経営の移行が進んだが，親族内分離はおこなわれず第2世代の共同経営のようなかたちになっている．現在，第2世代が各系列企業の経営を分担するかたちとなっており，その分担のままグループが分割される可能性もあるが，不確定要素も多く断定はできない．

## 第2節　グループ経営と俸給経営者

前節では三星グループ，SKグループともに系列企業の経営における俸給経営者の地位は上昇する方向にあることを明らかにした．特に三星グループでは，代表理事はもちろん役員のすべてを俸給経営者が占める系列企業がむしろ多数となっている．系列企業の経営は完全に俸給経営者に委譲したといってもよい状況である．

その一方で，両グループとも基本的に創業者，及びその跡を継いだ家族経営者がグループ会長というかたちでグループの最高意思決定者であることに変わりはなかった．ただし，グループ会長のみでグループ全体を統括・調整しているわけではなく，三星，SK両グループはグループ全体の業務を担う組織を整備していった．以下では三星，SKそれぞれにおけるグループ組織の整備と，そのなかでの家族経営者と俸給経営者の間の権限配分のあり方を明らかにしていく．

多くの国・地域では，企業グループは持株会社を設立してその傘下に系列企業を置き，持株会社を通じてグループ全体を統括・調整している．しかし，韓国では独占禁止法によって純粋持株会社の設立が長く制限されてきた．そのため，多くの韓国の財閥は，一つまたは複数の事業持株会社の下にピラミッド型に出資するか，もしくは「循環出資」と呼ばれる間接相

互出資というかたちで所有構造を築き[11]，所有構造とは別にグループを統括・調整する組織を整備してきた．以下では，三星，SK両グループのグループ経営組織とそれを通じた創業者家族によるグループ支配のあり方をみていく．

## 1. 三星グループ[12]

### (1) 会長秘書室の設置

グループ統括組織として最初に設立されたのが，1959年に会長直属の組織として設立された会長秘書室である（表1-1）．当初は純粋に李秉喆の秘書業務が中心の部署であったが，1960年代に入るとグループ全体の財務や系列企業の監査の機能が補強され，グループ全体を調整・監督する機構として整備されていった．1967年の韓国肥料における不正事件に伴う李秉喆の退陣によってグループ組織にも変動が見られたが，1969年に李秉喆が復帰すると，会長秘書室は秘書課，企画調査課，人力（人材）管理課，監査課を有する，いわばグループ全体の本社機能を担う一大管理機構としての地位を確立することになった．しかし，法人格を持つことはなく，秘書室メンバーはいずれも系列企業のいずれかに所属しつつ，秘書室派遣というかたちで業務をおこなっていた．

会長秘書室によるグループ調整・統合の役割が，各系列企業の組織上からも明瞭に看取できるのが監査機能である．表1-3の1985年の欄にあげた企業では，蘇秉海（ソ ビョンヘ）が1社を除くすべての系列企業の監事職に就いていたが，蘇秉海は会長秘書室の監査チーム長でもあった．1976年，1997年にも同様の傾向が見られ[13]，三星グループでは会長秘書室から各系列企業に監事を派遣することを通じて，グループ全体を統括する体制をつくりあげていたことがわかる．

---

11) 韓国財閥の所有構造については，安倍［2002］を参照．
12) 以下，三星のグループ経営組織については，特に言及がない限り，삼성회장비서실［1998］を参照．
13) 1976年には当時会長秘書室長であった宋世昌（ソンセチャン）が3社の監事を兼任している．残り3社の監事は李洙彬（イスビン）が兼任していた．詳細はわからないが，この時点で李洙彬もなんらかの会長秘書室業務をしていた可能性はある．1997年時点では，このとき会長秘書室長であった李鶴洙がやはり4社の監事職を兼任していた．

グループが拡大するに伴って会長秘書室も拡充されていった．1987年の李秉喆の死去，及び李健熙のグループ会長就任に伴って，会長秘書室の縮小・再編がおこなわれた[14]．また通貨危機直後の1998年には，財閥批判の強まりを受けて会長秘書室を廃止した．しかし，代わって構造調整本部が組織され，グループ全体を統括・調整する機能を受け継いでいる．会長秘書室長（構造調整本部長）には常に俸給経営者が登用され，グループ経営において重要な役割を担ってきたとみられる．

**(2) グループの経営階層組織化**

グループ統括組織に加えて，三星グループでは1990年代に入ってグループ全体の組織再編にも着手した．具体的には，1994年に小グループ制をスタートさせ，系列企業を電子，機械，化学，金融の4つにグループ分けした[15]．そして小グループには人事面での権限が大幅に委譲されるとともに[16]，小グループが各業種の長期ビジョンと戦略の策定，事業調整，及び監査機能を担うこととなった．小グループへの権限委譲と平行して，グループ最高協議機関として新たにグループ運営委員会が創設された．これは小グループ長を中心に構成され，小グループ間での調整をおこなうとともに，三星グループ全体の事業構造戦略等，グループの進路・方針を決定する機構とした．グループ全体を，チャンドラーの言う「経営階層組織」へと再編する試みであったと言うことができる（チャンドラー［1979］）．通貨危機直後の1998年には，グループ運営委員会が構造調整委員会に改組されたが，従来の機能はそのまま維持され，現在に至っている．

1997年時点でのグループ運営委員会，及び2002年時点で構造調整委員会の構成メンバーは表1-5の通りである．1997年のメンバーは，小グル

---

14) 1993年に，13チーム200名にまで膨れあがっていた会長秘書室を7チーム100名にまで縮小再編した．
15) 三星物産，第一毛織，三星エバーランド，ホテル新羅などは，小グループに属さない「独立会社群」に分類された．また1997年には，新たに三星自動車，三星商用車が所属する自動車小グループが追加された．
16) これによりそれまで会長秘書室がすべて統括していた各系列会社の人事が，常務クラス以下については各小グループに移管されることになった．専務級以上の役員人事は，引き続き会長秘書室がおこなうこととした．

**表1-5 三星グループの最高経営協議体メンバー**

① 1997年(「グループ運営委員会」)

| 氏名 | 所属 | 主な経歴 |
|---|---|---|
| 尹鍾龍 | 電子小グループ長<br>(三星電子社長) | 1966 韓国肥料入社―69 三星電子―80 同社理事・テレビ事業本部長―90 同社家電部門副社長 |
| 李大遠 | 機械小グループ長<br>(三星重工業・三星航空社長) | 1965 第一毛織入社―68 会長秘書室―74 第一毛織管理部長―77 同社理事―79 三星綜合建設常務理事―84 第一製糖副社長―89 第一毛織社長 |
| 林慶春 | 自動車小グループ長<br>(三星自動車社長) | (1959 韓国放送公社技術課―)64 中央日報入社―76 同社理事―80 三星電子総合研究所長―85 同社代表理事―95 三星グループ日本本社代表 |
| 李洙彬 | 金融小グループ長<br>(三星生命会長) | 1965 第一製糖入社―69 同社管理課長―74 同社理事―78 同社代表理事社長―85 三星生命代表理事社長―91 同社副会長兼会長秘書室長 |
| 姜晋求 | 三星電子会長 | (1957 韓国放送公社 8 軍放送局―)63 中央日報・東洋放送技術部長―65 同社理事―73 三星電子常務理事―74 同社代表理事社長―88 同社副会長 |
| 李弼坤 | 中国本社会長 | 1965 三星物産入社―69 同社経理課長―75 第一製糖理事―81 三星物産専務理事―88 同社代表理事社長―93 中央日報会長―95 三星自動車会長 |
| 玄明官 | 三星物産副会長 | (1967-78 釜山市、監査院―)78 全州製紙総務部長―81 ホテル新羅理事―91 三星建設代表理事社長―93 会長秘書室長―97 三星物産総括副社長 |
| 金光浩 | 米州本社会長 | 1964 東洋放送入社―69 三星電子 TV 事業部長―78 同社 TV 事業部理事―81 同社半導体事業本部長常務理事―90 同社半導体部門代表理事副社長 |
| 李鶴洙 | 会長秘書室長 | 1971 第一毛織入社―82 会長秘書室運営 1 チーム長―82 同財務チーム理事―92 同次長・副会長―96 三星火災海上・代表理事会長 |

② 2002年(「構造調整委員会」)

| 氏名 | 所属 | 主な経歴 |
|---|---|---|
| 尹鍾龍 | 三星電子副会長 | ①参照 |
| 李鶴洙 | 構造調整本部長 | ①参照 |
| 裵鍾烈 | 三星物産社長 | (1969 韓国銀行調査部―)76 三星物産企画調整室課長―83 同社 LA 現法社長―88 三星電子半導体部門営業本部長―91 会長秘書室弘報チーム長―94 中央日報副社長―96 第一企画代表理事副社長, 99 同社長 |
| 裵正忠 | 三星生命社長 | 1969 東邦生命(現三星生命)入社―86 同社理事―91 同社東部総局長常務理事―95 三星火災海上江南本部長専務理事―97 同社代表理事副社長 |
| 許泰鶴 | 新羅ホテル社長 | 1969 中央開発(現三星エバーランド)入社―71 ホテル新羅総務課長―81 同社副社長総支配人―93 中央開発開発事業部長―97 三星エバーランド代表理事社長 |

出所) 중앙일보경제2부[1997];동아일보경제부[2002]及び中央日報人物情報データベース(http://people.joins.com/)より作成。

ープ長並びに三星物産など主要系列企業のトップ,並びに会長秘書室長である.2002年の構造調整委員会は半分近くまでメンバーを縮小している.いずれの時点のメンバーも,完全な三星生え抜き,もしくは他の企業・官庁職務経験があっても既に三星での長い勤務経験を持つ家族以外の人間ばかりである.三星グループにおける俸給経営者の代表者たちといってよいであろう.

構造調整委員会の場では,新規事業の進出や外国企業との合弁,大規模投資等,グループの重要な事項に関して緊密な意見調整をおこなう.重要な意志決定については同委員会で論議した結果を李鶴洙(イハクス)構造調整本部長が李健熙会長に報告し,裁可を受けるのだという(동아일보경제부[2002:15]).

以上のように,三星グループにおいて創業者家族であるグループ会長は,系列企業の経営の多くを俸給経営者に委ね,グループ全体の階層組織化を進めてグループ全体の最高協議機関の運営も俸給経営者に一任した.その上で,会長はグループ全体にかかわる重要な意思決定のみ,直属機関である会長秘書室(構造調整本部)を通じておこなうシステムを作り上げたのである.

もちろん,会長の役割はそれだけではない.数年に一回は海外に系列企業のトップを集めてグループの方向性について指示することもあり,また製品の細かい部分にまで意見を述べることも珍しくないという.しかし,日常的に出勤することはまれであり(홍하상[2002]),系列企業・グループ共に,通常はこれまで述べてきた組織を通じ,俸給経営者に大幅に権限が委譲されて運営されているといってよいであろう.

## 2. SK

### (1) 経営企画室の設置

事業の本格的な立ち上げが三星と比べて遅かったためか,SKのグループ組織の整備も三星よりも遅いスタートとなった(表1-2).1973年に崔鍾建が死去し,代わって1962年から副会長として経営に参与していた弟の崔鍾賢が会長に就任した.崔鍾賢の会長就任直後の1974年に会長直属の組織として企画室が設置された.企画室は1976年に経営企画室に拡大・

第2節　グループ経営と俸給経営者

再編された[17].三星同様,経営企画室は通貨危機後の1998年に構造調整本部に改組されたが,骨格に変化はなかった.1975年から崔鍾賢が死去する1999年まで,経営企画室長の職には崔鍾賢会長の懐刀と言われた孫吉丞が就いていた[18].

ただし,三星グループにおける会長秘書室が,その組織自体は家族以外のメンバーで運営されていたのに対し,SKグループの経営企画室では,創業者家族の第2世代のほとんどが勤務経験を持っている.三星グループ以上に創業者家族によるグループ統括組織という性格が強く,また若い創業者家族がグループ経営を学習する場としても機能していたと考えられる.

(2) グループ最高協議機関

SKでは三星のようにグループ内小グループの組織化とそれへの権限委譲といった試みはおこなわれていない.しかし,1978年にグループの最高協議機関として,グループ運営委員会が組織された.メンバーは主要系列企業[19]の役員が任命され,経営企画室が事務局となった.通貨危機後,グループ運営委員会は「SUPEX追求委員会」と改称されたものの,組織はそのまま存続した(중앙일보경제2부[1997: 120-133], 동아일보경제부[2002: 76]).1999年に崔鍾賢会長が死去し,代わって長く経営企画室長の地位にあった俸給経営者である孫吉丞がグループ会長に就任した.2003年にはSKグローバル(現SKネットワークス)の粉飾決算や崔鍾賢の長男泰源の株式不正取引事件等が発覚し,経営危機も加わってSKグループは混乱に陥った[20].これを受けてSKグループは同年に構造調整本部を解散し,経

---

17) 企画室は管理班,企画班,財政班,弘報班の4班からなっていたが,1976年の経営企画室への再編に伴い,新たに電算班を加えて拡大された.
18) 1999年の崔鍾賢の死去を受けて孫吉丞がグループ会長に就任すると,構造調整本部長には同じく俸給経営者である(株)SKの金昌根社長が兼任することとなった.
19) グループ運営委員会のメンバーとなっている系列企業は,「関係会社」と呼ばれている.1993年時点での関係会社は,油公,鮮京,鮮京インダストリー,SKC,鮮京建設,油公海運,鮮京証券,ウォーカーヒル,鮮京流通,大韓テレコム,西海開発の11社である.これとは別に,関係会社が出資していて経営権を行使できる会社を「投資会社」と呼んでいる(鮮京그룹弘報室[1993: 1107]).
20) 2003年のSKグループをめぐる一連の経緯について詳しくは,高[2004]を参照.これにより孫吉丞はグループ会長職を辞任した.その後グループ会長職は空席となっているが,実質的にはその役割を崔泰源(株)SK会長が担っているとみられる.

営は系列企業の独自性に委ねると宣言した．しかし，独立経営が完全に実行に移されているかどうかは明らかでない．

　1997年の時点で社長団会議の構成メンバーは，崔鍾賢会長の他は，金恒德副会長，孫吉丞経営企画室長，それに7人の主要企業のトップいずれも俸給経営者で占められていた．2002年現在，SUPEX追求委員会は孫吉丞会長，崔泰源(株)SK会長を含む，各系列企業のトップ等21名が正式メンバーである．このうち，創業者家族は崔泰源と崔泰源の従兄弟に当たる表文洙SKテレコム社長のみである．社長団会議・SUPEX追求委員会は最終議決機関ではないが，ここでの議決についてグループ会長は大部分それを受け入れる傾向があるという(중앙일보경제2부[1997：125-126])．

　ただし，公式的な組織であるSUPEX追求委員会とは別に，SKグループには非公式的な「昼食会」があり，グループの重要な意思決定は事実上，ここでおこなわれているとする見方もある．2002年時点での参加者は孫吉丞会長，金昌根他，構造調整本部から3名，それに崔泰源と崔泰源の弟である崔再源SKテレコム副社長である(동아일보경제부[2002：76])．グループ経営上の重要な事項において，創業者家族が非公式なルートを通じて意思決定をおこなう余地が残されている．

　以上のように，三星，SKグループともに会長秘書室・経営企画室と呼ばれるグループ全体の本社機能を担う会長直轄の統括組織をつくりあげた．更に，両グループともグループ経営全体に関する協議機関を組織し，グループ経営の制度化を進めている．特に三星グループは協議機関を俸給経営者のみで運営し，創業者家族であるグループ会長は基本的に重要事案の承認のみをおこなう意思決定システムを構築した．

　依然として非公式なルートを通じた会長の裁量権は大きいが，グループレベルでも組織化を通じて俸給経営者の役割は大きくなっているとみることができよう．

## 第3節　俸給経営者の経歴とグループ経営

それでは登用された俸給経営者は，どのような経路を通じて各企業の役員となったのであろうか．以下では，三星，SK両グループの俸給経営者層の経歴とその変化をみていく．

役員構成の時系列変化を見る上で問題となるのは，先に述べた通貨危機以降の商法・証券取引法改正による理事会(取締役会)制度の変更である．上場各社とも理事会規模を大幅に縮小した結果，危機以前と以後の理事会メンバーを単純に比較することはできなくなっている．その一方で，各社は非登記理事もしくは執行役員という名前で，理事会メンバー以外に多くの人員を社長・副社長・専務・常務に任命している[21]．

ここでは，時系列的な比較をより適切におこなう一つの方法として，正式な理事会メンバーであるなしにかかわらず専務以上の常勤役員を分析対象とし[22]，公開資料をもとに三星，SK両グループの上場系列社における1976，1985，1997，2003年の役員について，学歴，職歴を調べ[23]，必要に応じて常務クラスも確認した．利用データには人物によって情報量に精粗があるため，以下の分析においても正確さには一定の限界があることを断っておかねばならない[24]．

---

[21] 通貨危機以前から韓国企業の理事会人数は他国の取締役会と比較して多い傾向があったが，危機後はこの非登記理事が膨れあがり，例えば三星電子の場合，理事会メンバーは13名だが，この他に会長1名，社長8名，副社長25名，専務32名，常務110名が存在し，常務補・研究委員等を含めると，非登記理事数は471名に達する．これらすべてを危機以前の理事会メンバーと比較することにも無理がある．

[22] 三星・SK両グループとも，「社長」「専務」といった役職は，各企業における職制というよりも，各グループ内の人事等級と言った方が正確である．ただし，時期の違いによって，同じ「専務」以上でも経営上の権限が大きくことなる可能性がある．専務以上とするのはあくまでも便宜上の処理であり，分析範囲として適当かどうか今後慎重に検討する必要がある．

[23] 役員名簿は第2節と同じく『会社年鑑』及び『上場会社経営人名録』を用いた．経歴に関するデータは，主に中央日報の人物データベース『Joins人物情報』(http://people.joins.com/)を利用し，適宜『韓国財界人士禄』(『韓国経済年鑑』別冊，全国経済人連合会)各年版で補った．

[24] 『Joins人物情報』は現在公開されている範囲で最も網羅的かつ詳細な人物データベースだが，それでも人物によって情報量には精粗があり，入社年度や役員昇進前の経歴がはっきりしないようなデータも少なくない．

表 1-6　三星グループ系列社役員（専務級以上）の経歴

| | | 1976 | 1985 | 1997 | | 2003 | |
|---|---|---|---|---|---|---|---|
| 三　星　物　産 | 当該企業のみ | | | 1 | | 4 | |
| | グループ内経験 | 1 | 5 | 20 | 2 | 11 | 1 |
| | 役員迎え入れ | | 1 | 8 | | 5 | |
| | 外部→内部昇進 | | 1 | 5 | | 3 | |
| | 不　　明 | | | | | 4 | |
| | 計 | 1 | 7 | 34 | 2 | 27 | 1 |
| | 会長秘書室経験 | | | 12 | | 10 | |
| 三　星　建　設 | 当該企業のみ | | | | | | |
| | グループ内経験 | | | | | | |
| | 役員迎え入れ | | 7 | | | | |
| | 外部→内部昇進 | | | | | | |
| | 計 | | 7 | | | | |
| | 会長秘書室経験 | | | | | | |
| 第　一　製　糖 | 当該企業のみ | | 1 | | | | |
| | グループ内経験 | 2 | 2 | | | | |
| | 役員迎え入れ | | | | | | |
| | 外部→内部昇進 | 1 | | | | | |
| | 計 | 3 | 3 | | | | |
| | 会長秘書室経験 | 1 | 1 | | | | |
| 第　一　毛　織 | 当該企業のみ | | | | | 1 | |
| | グループ内経験 | | 1 | 2 | | 2 | |
| | 役員迎え入れ | 1 | | | | 1 | |
| | 外部→内部昇進 | | | | | | |
| | 計 | 1 | 1 | 2 | | 4 | |
| | 会長秘書室経験 | | | 1 | | 1 | |
| 三星火災海上 | 当該企業のみ | | | | | 2 | |
| | グループ内経験 | | 1 | 6 | 1 | 1 | |
| | 役員迎え入れ | 1 | | | | | |
| | 外部→内部昇進 | | | | | | |
| | 不　　明 | | 1 | | | 1 | |
| | 計 | 1 | 2 | 6 | 1 | 4 | |
| | 会長秘書室経験 | | | 2 | | 1 | |
| 三　星　電　子 | 当該企業のみ | | | 10 | | 24 | |
| | グループ内経験 | | 5 | 18 | 3 | 24 | 7 |
| | 役員迎え入れ | | 1 | 8 | | 10 | 1 |
| | 外部→内部昇進 | 1 | | 7 | | 4 | |
| | 不　　明 | | | 2 | | 7 | |
| | 計 | 1 | 6 | 45 | 3 | 69 | 8 |
| | 会長秘書室経験 | | 2 | 12 | | 20 | |

| | | 1976 | 1985 | 1997 | 2003 |
|---|---|---|---|---|---|
| 三星半導体通信 | 当該企業のみ | | | | |
| | グループ内経験 | | 4 | | |
| | 役員迎え入れ | | 2 | | |
| | 外部→内部昇進 | | 1 | | |
| | 計 | | 7 | | |
| | 会長秘書室経験 | | | | |
| 三星ＳＤＩ | 当該企業のみ | | | 1 | 3 |
| | グループ内経験 | | 1 | 4 | 7   1 |
| | 役員迎え入れ | | 1 | | 2 |
| | 外部→内部昇進 | | | 1 | |
| | 不　　明 | | | | 1 |
| | 計 | | 2 | 6 | 13   1 |
| | 会長秘書室経験 | | | 2 | 4 |
| 三　星　電　機 | 当該企業のみ | | | | 4 |
| | グループ内経験 | | 1 | 4 | 4 |
| | 役員迎え入れ | | | | 1 |
| | 外部→内部昇進 | | | 1 | |
| | 計 | | 1 | 5 | 9 |
| | 会長秘書室経験 | | | 1 | 1 |
| 第　一　合　繊 | 当該企業のみ | | | | |
| | グループ内経験 | | 2 | | |
| | 役員迎え入れ | | | | |
| | 外部→内部昇進 | | | | |
| | 計 | | 2 | | |
| | 会長秘書室経験 | | | | |
| ホテル新羅 | 当該企業のみ | | | | |
| | グループ内経験 | | | 1 | 2 |
| | 役員迎え入れ | | 1 | 1 | |
| | 外部→内部昇進 | | | 1 | |
| | 計 | | 1 | 3 | 2 |
| | 会長秘書室経験 | | | 1 | |
| 三星重工業 | 当該企業のみ | | | 1 | 2 |
| | グループ内経験 | | 3 | 6 | 6 |
| | 役員迎え入れ | | 2 | 3 | 1 |
| | 外部→内部昇進 | | 2 | 1 | |
| | 不　　明 | | 2 | | |
| | 計 | | 9 | 11 | 9 |
| | 会長秘書室経験 | | | 2 | 4 |

| | | 1976 | 1985 | 1997 | 2003 |
|---|---|---|---|---|---|
| 三星エンジニアリング | 当該企業のみ | | | | |
| | グループ内経験 | | | 2 | 2 |
| | 役員迎え入れ | | | | |
| | 外部→内部昇進 | | | 1 | 1 |
| | 不　　明 | | | | 1 |
| | 計 | | | 3 | 4 |
| | 会長秘書室経験 | | | 1 | 1 |
| 三星証券 | 当該企業のみ | | | | |
| | グループ内経験 | | | 1 | 2 |
| | 役員迎え入れ | | | | 1 |
| | 外部→内部昇進 | | | 1 | 1 |
| | 不　　明 | | | | 1 |
| | 計 | | | 2 | 5 |
| | 会長秘書室経験 | | | 2 | 2 |
| 三星テックウィン | 当該企業のみ | | | | |
| | グループ内経験 | | 1 | 4 | 4 |
| | 役員迎え入れ | | 3 | 2 | |
| | 外部→内部昇進 | | | 1 | |
| | 不　　明 | | 1 | | 1 |
| | 計 | | 5 | 7 | 5 |
| | 会長秘書室経験 | | 1 | 2 | 2 |
| 第一企画 | 当該企業のみ | | | 1 | 2 |
| | グループ内経験 | | 1 | 3 | 3 |
| | 役員迎え入れ | | 1 | | |
| | 外部→内部昇進 | | | 2 | |
| | 計 | | 2 | 6 | 5 |
| | 会長秘書室経験 | | | 3 | 2 |
| 三星精密化学 | 当該企業のみ | | | 1 | |
| | グループ内経験 | | | 1 | 3 |
| | 役員迎え入れ | | | | |
| | 外部→内部昇進 | | | | |
| | 不　　明 | | | | 1 |
| | 計 | | | 2 | 4 |
| | 会長秘書室経験 | | | | 1 |
| S1 | 当該企業のみ | | | | |
| | グループ内経験 | | | 1 | 2 |
| | 役員迎え入れ | | | | |
| | 外部→内部昇進 | | | | |
| | 計 | | | 1 | 2 |
| | 会長秘書室経験 | | | 1 | 1 |

|  |  | 1976 | 1985 | 1997 | 2003 |
|---|---|---|---|---|---|
| 計 | 当該企業のみ | 0 | 1 | 15 | 42 |
|  | グループ内経験 | 3 | 27 | 73 | 73 |
|  | 役員迎え入れ | 2 | 19 | 22 | 21 |
|  | 外部→内部昇進 | 2 | 4 | 21 | 9 |
|  | 不　　明 | 0 | 4 | 2 | 17 |
|  | 計 | 7 | 55 | 133 | 162 |
|  | 会長秘書室経験 | 1 | 5 | 41 | 50 |
|  | 当該企業のみ | 0% | 2% | 11% | 26% |
|  | グループ内経験 | 43% | 49% | 55% | 45% |
|  | 役員迎え入れ | 29% | 35% | 17% | 13% |
|  | 外部→内部昇進 | 29% | 7% | 16% | 6% |
|  | 不　　明 | 0% | 7% | 2% | 10% |
|  | 計 | 100% | 100% | 100% | 100% |
|  | 会長秘書室経験 | 14% | 9% | 31% | 31% |

注）　専務理事以上で創業者家族・親族，合弁先からの派遣役員を除外．　　は現職が会長秘書室（構造調整本部）派遣となっている役員．
現在所属企業以外に会長秘書室への配属経験のみある場合は「グループ内経験」に分類．「会長秘書室経験」は前歴にかかわらず会長秘書室への所属経験のある者を指す．
三星電子，三星電機，三星 SDI，三星半導体通信の 4 者間の異動は同一企業内の異動とみなす．
出所）　本文参照．

　専務以上の各社役員を経歴ごとに分類したのが表 1-6，及び表 1-7 である．「当該企業のみ」とは，その時点で所属している企業以外での勤務経験が経歴上見いだせない人物をいう．「グループ内経験」とは，所属企業以外には同じグループ内の企業でのみ勤務した経験がある者である．現在の所属企業以外にグループ統括組織にのみ所属した経験がある者もここに分類した．「役員迎え入れ」とは，当該グループ以外の他企業に所属した経験があり，理事及びそれに相当する役職以上でその企業もしくはグループに入社した人物を指す．「外部→内部昇進」は，グループ以外の他企業から当該企業もしくはグループに転職した後に役員に昇進した者である．ただし，部課長クラスよりも下のレベルで転職してきたとみられる者は，その後の経歴に応じて「当該企業のみ」もしくは「グループ内経験」に分類した．「不明」は理事及びそれ相当職に就任する以前の経歴がわからないケースである．最後に，それまでの経歴にかかわらず，グループ統括組

表1-7 SKグループ系列社役員(専務級以上)の経歴

| | | 1976 | 1985 | 1997 | 2003 |
|---|---|---|---|---|---|
| SKネットワークス | 当該企業のみ | | 1 | 2 | 2 |
| | グループ内経験 | | 1 | | 1 |
| | 役員迎え入れ | | 3 | 1 | 1 |
| | 外部→内部昇進 | | | 1 | |
| | 不　明 | | | | |
| | 計 | | 5 | 4 | 4 |
| | 経営企画室経験 | | | | 1 |
| SKケミカル | 当該企業のみ | | | 3 | 2 |
| | グループ内経験 | | 1 | | |
| | 役員迎え入れ | 1 | 2 | 1 | |
| | 外部→内部昇進 | | 1 | | |
| | 不　明 | | | | |
| | 計 | 1 | 4 | 4 | 2 |
| | 経営企画室経験 | | | 1 | |
| ＳＫＣ | 当該企業のみ | | | | |
| | グループ内経験 | | 1 | 5 | 3 |
| | 役員迎え入れ | | 1 | | |
| | 外部→内部昇進 | | | 1 | 1 |
| | 不　明 | | | | 1 |
| | 計 | | 2 | 6 | 5 |
| | 経営企画室経験 | | | | |
| ㈱ＳＫ | 当該企業のみ | | 5 | 8 | 5 |
| | グループ内経験 | | 1 | 2 | 1 |
| | 役員迎え入れ | | | 2 | 2 |
| | 外部→内部昇進 | | 1 | 1 | 2 |
| | 計 | | 7 | 13 | 10 |
| | 経営企画室経験 | | | | 2 |
| 大韓都市ガス | 当該企業のみ | | | 1 | |
| | グループ内経験 | | | | 1 |
| | 役員迎え入れ | | | 2 | |
| | 外部→内部昇進 | | | | |
| | 不　明 | | | | 2 |
| | 計 | | | 3 | 3 |
| | 経営企画室経験 | | | | |
| ＳＫ証券 | 当該企業のみ | | | | |
| | グループ内経験 | | | | 1 |
| | 役員迎え入れ | | | 1 | |
| | 外部→内部昇進 | | | | |
| | 計 | | | 1 | 1 |
| | 経営企画室経験 | | | | |

| | | 1976 | 1985 | 1997 | 2003 |
|---|---|---|---|---|---|
| SKテレコム | 当該企業のみ | | | | 2 |
| | グループ内経験 | | | 2 | 6 |
| | 役員迎え入れ | | | 1 | 3 |
| | 外部→内部昇進 | | | 1 | 1 |
| | 不　　明 | | | 1 | 1 |
| | 計 | | | 5 | 13 |
| | 経営企画室経験 | | | 2 | 4 |
| SKガス | 当該企業のみ | | | | |
| | グループ内経験 | | | 1 | 1 |
| | 役員迎え入れ | | | | |
| | 外部→内部昇進 | | | | |
| | 不　　明 | | | | |
| | 計 | | | 1 | 1 |
| | 経営企画室経験 | | | | |
| 計 | 当該企業のみ | | 6 | 14 | 11 |
| | グループ内経験 | | 4 | 10 | 14 |
| | 役員迎え入れ | 1 | 6 | 8 | 6 |
| | 外部→内部昇進 | | 2 | 4 | 4 |
| | 不　　明 | | 0 | 1 | 4 |
| | 計 | 1 | 18 | 37 | 39 |
| | 経営企画室経験 | | 1 | 2 | 7 |
| | 当該企業のみ | | 33% | 38% | 28% |
| | グループ内経験 | | 22% | 27% | 36% |
| | 役員迎え入れ | 100% | 33% | 22% | 15% |
| | 外部→内部昇進 | | 11% | 11% | 10% |
| | 不　　明 | | 0% | 3% | 10% |
| | 計 | 100% | 100% | 100% | 100% |
| | 経営企画室経験 | | | 6% | 5% | 18% |

注）　専務理事以上で創業者家族・親族，合弁先からの派遣役員を除外．現在所属企業以外に経営企画室への配属経験のみある場合は「グループ内経験」に分類．「経営企画室経験」は前歴にかかわらず経営企画室への所属経験のある者を指す．

出所）　本文参照．

織に所属した経験のある者の人数を示した.

## 1. 三星グループ

### (1) 1976年

まず三星グループの例について,表1-6から検討してみよう.1976年の時点では上場企業数も限られておりサンプル数はごくわずかであるが,半数以上が外部での勤務経験のあるものであることがわかる.しかし,すでにこの時点で,創業者家族以外に生え抜きの社長が出現していることは注目される.三星グループでは,1957年から大学新卒者を対象にしたグループとしての公開採用を始めていたが,1976年の時点で,すでに公開採用者から役員が生まれている.例えば第一製糖代表理事の朴泰緒(パクテソ)は公開採用第1期生である.第一製糖に入社後,1962年にはグループ秘書室長となった.1964年には36歳で第一毛織の理事に就任している.

この他にも,第2節で指摘した複数企業の理事職を兼任している俸給経営者のうち,4社を兼任している趙又同を除くと,いずれも内部昇進組である.監事を兼任していた李洙彬,宋世昌(ソンセチャン)も同様である.限られた人数とはいえ,三星グループにおいて内部昇進者が経営上重要な地位を占めつつあったことがうかがえる.

### (2) 1985年

1985年になると,内部昇進者が専務以上役員の6割以上を占めるようになる.しかも,当該企業のみに所属してきた者はほとんどおらず,みなグループ内の別の企業での勤務を経験している.これは,創業初期からの企業である三星物産,第一製糖,第一毛織から,新たに設立された三星電子等に人員が異動したことが原因の一つである.東洋放送からも,放送関係の技術者が数多く三星電子に移っている.買収よりも新規立ち上げというかたちで多角化を推進していった三星グループは,新規事業においてもグループ内の人材を積極的に活用していったことをうかがわせる.前節で見たように,1985年には理事会内における創業者家族のプレゼンスが低下するが,代わって理事会の多数を占めるに至った俸給経営者は,1960

第3節　俸給経営者の経歴とグループ経営

年代に公開採用で創業初期からの企業に入社し，その後多くの系列企業を異動しつつ昇進を遂げていった者たちであった．

三星物産，第一製糖，第一毛織等，初期からの企業の役員もグループ内他企業経験者は多く，新たな企業設立に伴う異動ばかりでなく，頻繁なグループ内異動人事が常態化していたことがわかる．特に三星物産はその後も一貫してグループ内経験者が多い．総合商社である三星物産はグループの輸出窓口という性格が強く，グループ内他企業との連携が重要であるためとも考えられる．

ただし，三星建設，三星重工業，三星半導体通信など，外部からの人材登用を重視していた系列企業も存在していた．三星重工業は現代重工業や韓国重工業など同業他社から移ってきた役員が多い．三星重工業は同業他社と比べると後発であり，有力企業と競争していくためには事業に精通した人材をすみやかに確保する必要があったとみられる．三星建設も専務以上の役員はすべて外部から迎え入れている．いずれの役員も大林産業や現代グループ，三煥企業などみな同業他社からの転身である．三星建設も後発企業であったことによるともみられるが，後でみるように，その後も三星建設(後に三星物産と合併)は外部人材を積極的に登用しており，建設業の労働市場における独特な流動性の高さも一因と考えられる．三星半導体通信の場合，政府関係，特に逓信部(現在の情報通信部)や軍出身者が多い．通信分野が許認可事業でかつ軍需の側面も持つこと，そのため当初技術開発が政府・軍主導でおこなわれ，豊富な人材の蓄積が存在したことによるとみられる[25]．

### (3) 1997年

1997年にも，グループ内他社経験者が経営者の中心となっており，グループ内部人材が新しい企業の経営に活用されている．表1-6からはわからないが，個々のケースを見るとグループの公開採用後，まず第一毛織，

---

[25] 常務理事以下の常勤役員になると，23名中13名が役員もしくは部課長クラスからの外部迎え入れ組である．逓信部や軍出身者に加え，半導体関連とみられる米系・政府系研究所出身者が目を引く．先端技術分野においても外部からの人材確保が重要であったことがうかがえる．

もしくは第一製糖に配属され,しばらくしてから他の系列企業に移ることが多い.単に古い企業から新設企業への移動,というだけでなく,特に管理部門の職員を中心に,グループとしてこのような人材育成コースをつくっていた可能性がある.

加えて,注目すべき現象は,会長秘書室経験者が多数にのぼり,専務以上の役員全体の3割にまで達していることである.そのうちの3分の2は,理事職に就く以前の早い段階で会長秘書室での職務経験がある.グループ全体を直接統括する会長秘書室を経験することが,三星グループにおける役員養成の重要な経路となっていたのである.

しかし,全体をみるとグループ内他社経験者の比率よりも,当該企業以外に職務経験のない役員の比率が上昇している.これは三星電子において,生え抜き役員が多数出現したことが大きく作用している.この時点で三星電子も設立から30年近くが経過し,設立時から1976年の間の新卒者,特に技術系の人材が専務以上の役職に就くまでになっていた.当該事業分野での専門性がより重視されるようになったとみることができる.

外部からの転職組では,役員からの迎え入れが大きく比率を減らす一方で,部課長クラスからの転職組が比率を上昇させている.部課長クラスから転職した役員の増加は,先に役員迎え入れ比率が高かった三星建設を吸収合併した三星物産の建設部門,及び三星半導体通信を吸収合併した三星電子において,部課長クラスからの転職組が増えたことによるものである.このことは建設部門,半導体通信部門を立ち上げる際に,役員・部課長といったランクを問わず,広く外部から人材を登用したことを示している.

### (4) 2003年

2003年時点では全体として当該企業のみの生え抜き組の比率が大きく上昇し,グループ内異動を経験している役員の比率が低下している.グループとしての一括採用もおこなわれなくなっており,人事面に関する限り,系列企業が独立性を高める方向にあると言えよう.このことは,通貨危機後の激しい環境変化のなかで,各系列企業の経営には,各業種に精通した専門性のある人材こそが求められているためと考えられる.

その一方で，会長秘書室（構造調整本部）経験のある者が，依然として全体の3割を占めている．グループ内異動に代わって，会長秘書室勤務というかたちでグループ経営に従事することが，役員昇進への大きなルートとなったのである．なお，2003年時点で構造調整本部の業務に携わっている専務級以上の役員10名のうち，所属が三星電子となっている者が8名にも達している．三星電子はグループ全体の利益の8割を稼ぎだしているが，この人事からもグループにおける三星電子のプレゼンスの高さが垣間見える．

転職組の比率は引き続き低下している．特に以前は外部からリクルートした者が多かった三星重工業は，他系列企業経験者を含め内部昇進者が多数を占めるようになった．企業設立から30年近くが経ち，内部から役員を輩出できるだけ人材も蓄積されて来たことがわかる[26]．しかし，三星物産と三星電子には，引き続き外部から招聘した役員が少なからず存在する．1997年時点と同様に，三星物産は建設部門であり，三星電子も旧三星半導体通信のセクション，つまり半導体や情報通信関連とみられる．三星電子の場合，特にアメリカ企業の研究所やアメリカの大学教職から登用している例が多い．三星電子の半導体・情報通信部門は世界的なシェアを誇るが，IT分野でトップランナーであり続けるためには内部人材ばかりでなく外部から常に優秀な人材を招聘する必要があるとみられる．

**(5) 学歴構成の変化**

最後に，1985年から2003年までの専務級以上役員の学歴別構成の変化をみてみよう．表1-8から，近年急速に高学歴化が進んでいることがわかる．三星グループの場合，2003年に博士号を持つ専務以上の役員が19名に達した．このうち15名が三星電子に所属しており，一人を除いていずれも理工系出身者である．この14名中1名は三星電子に在籍しながら米国に留学した者であり，2名は米大学で学位取得後すぐに三星の研究所に入社している．残り11名中，10名はアメリカの大学卒業後，米国企業に

---

26) グループ内他会社経験ありの6名のうち，2名は一時的に会長秘書室でのみ三星重工業以外の勤務経験がある者である．

表1-8 各グループ役員の学歴別構成

| | | 1985 | 1997 | 2003 |
|---|---|---|---|---|
| 三星グループ | 学 部 | 44<br>85% | 106<br>80% | 112<br>69% |
| | 修 士 | 5<br>10% | 17<br>13% | 31<br>19% |
| | 博 士 | 3<br>6% | 10<br>8% | 19<br>12% |
| SKグループ | 高校等 | 1<br>6% | 0<br>0% | 0<br>0% |
| | 学 部 | 13<br>81% | 28<br>76% | 21<br>50% |
| | 修 士 | 2<br>13% | 5<br>14% | 13<br>31% |
| | 博 士 | 0<br>0% | 4<br>11% | 8<br>19% |

出所) データベースより筆者作成.

就職もしくは大学で教職に就いた後,三星に役員待遇で入社しており,1名はアメリカから帰国後,政府系の研究機関に勤めた後,やはり役員として三星入りしている.先に見たように半導体・情報通信分野で積極的に外部から人材をリクルートしていることが,こうした学歴構造の変化のかたちにも表れている.

## 2. SKグループ

### (1) 1985年

次にSKグループの場合について,まず表1-7の1985年時点をみると,三星とはことなり当初から当該企業の生え抜き組が多い一方,グループ内他企業経験者が少ないことがわかる.このことは,買収を通じた多角化戦略というSKグループの戦略によるところが大きい.1980年に既存のSKグループ全体よりも規模の大きかった当時の大韓石油会社(油公,現在のSK(株))を買収した際に,経営にあたっては油公独自の人材を有効に活用するという判断があったものと考えられる.そのため,油公の役員の大半は内部出身者で占められ,オーナーである崔鍾賢代表理事会長と,(株)鮮

京(現在のSKネットワークス)出身で後にグループ副会長となる金恒德代表理事社長が全体を統括する体制が築かれた[27]. 油公以外では, SK グループの母体企業とも言える(株)鮮京と鮮京合繊(現SKケミカル)の役員は外部から役員として迎え入れた者が多い. 三星と比べてグループの本格的な発展が遅く, また SK グループも大学新卒者の公開採用をおこなったが, その開始は1965年と三星よりも10年近く遅かった[28]. そのため, グループ本体での人材の内部養成がいまだ十分ではなかったことをうかがわせる.

### (2) 1997年

1997年になると, 役員からの登用組の比率が低下している一方で, グループ内他企業経験者の比率が上昇している. 役員引き抜き組の低下は, 先に述べたグループ母体企業の(株)鮮京と鮮京合繊が内部昇進組を登用したことを反映している[29]. 1985年と比べ, グループ内部でも人材が育成されてきたことを示している. グループ内他企業経験者比率の増加は, これら母体企業に比べて設立が遅かったSKCに母体企業から人材が供給されたことによるものである.

1997年の時点では, 新たに韓国移動通信を買収して SK テレコムが誕生しているが, 以前の油公のケースと異なり, 専務以上の役員に韓国移動通信の生え抜きの者はいない. 韓国移動通信自体の設立が1982年と比較的新しい上に, 買収当時はまだ移動通信事業が爆発的に拡大する以前であり, 企業規模はさほど大きくなかった. そのため, 油公のときとは異なり, SK グループ側がある程度経営の主導権を握ることができたと考えられる. しかし, 表1-7には出ていない常務以下の役員12名中8名は旧韓国移動通信出身であり, やはり既存の人材に多くを依存しつつ, 彼らを専務以上の役員が束ねるかたちになっている. その構成は孫吉丞に加え, 科学技術処次官経験者の徐　廷　旭(ソ ジョンウク), 油公の生え抜きである趙　政　男(チョジョンナム)など多様である.

---

27) 常務理事以下の役員20名をみても, もともとのSKグループ出身者は2名しかいない.
28) 孫吉丞会長はSKグループ大学新卒公開採用の一期生である.
29) このことは常務以下の役員でより顕著であり, (株)鮮京の場合, 1985年には常務以下の役員11名中6名が理事として外部から招聘した人物であったが, 1997年には13名中1名しかいない.

第1章　韓国財閥における家族経営と俸給経営者層

### (3) 2003年

2003年になると，外部からの登用組は更に比率を下げることになった．内部登用者では，グループ内他企業経験者が増加している．SK(株)(旧油公)出身者が他の系列企業の役員に就くケースが増えるなど，公営企業の買収等を通じていわばつなぎ合わせただけであったグループが，役員人事面では一体性をより強める方向に進んでいると言えよう．このことは，経営企画室での勤務経験者が専務級以上役員の2割に達したことからもうかがい知ることができる．

しかし，先にも述べたように，この2003年にSKグループは粉飾決算の発覚等を受けて，構造調整本部を解散するとともに，系列企業による独立経営を重視することを宣言した．こうした変化が役員人事にどのような影響をもたらしたのかについて，今後を注視する必要があろう．

### (4) 学歴構成の変化

最後に，SKグループの役員の学歴別構成をみておく．表1-8からわかるように，三星グループと同様に，SKも近年高学歴化が顕著に進んでいる．特に，博士号取得者の比率は三星よりも高い．ただし，この8名中，理工系は3名に過ぎず，残り5名は文科系である．文科系博士の役員重用は，崔鍾賢前グループ会長，及び現グループ副会長の崔泰源がいずれもシカゴ大経済学博士号取得者であることと関係があるかもしれない．しかし，例えばSKテレコムの場合，非登記常務56名中，7名の理工系博士号取得者がおり，情報通信分野など先端分野では理工系の高学歴人材を役員クラスで登用しようとする意欲は強く持っていると言える[30]．

以上でみてきたように，俸給経営者の登用方法は，三星，SK両グループとも外部からのリクルートから内部昇進者中心へという傾向がはっきりみられた．しかし，新規事業をみずから立ち上げることを通じて多角化していった三星グループは，既存企業から新規企業へのグループ内異動が多

---

30) ただし，56名中，文科系博士号取得者も6名いる．

くみられたのに対し，SKグループは公企業の買収がグループ多角化の主要な方法となっており，買収後も当該企業の内部者の昇進を重視した結果，グループ内異動は相対的に少ないという違いもみられた．この違いは，三星では企業生え抜きの役員が増えつつある一方，SKでもグループ一体となった役員人事がみられるようになっており，縮小する方向にある．また両グループはグループ統括組織である会長秘書室・経営企画室出身の役員が増える傾向にあることでも共通しており，事業の専門性から系列企業の生え抜きを重視する一方で，グループ全体を視野に入れる経営者の登用も重視していることがうかがえる．

## むすびにかえて

以上で論じてきたように，三星，SK両グループとも，多角化を急速に進める過程で，創業者家族以外に多くの俸給経営者を系列企業の役員に登用することとなった．しかし，三星の場合は一部の有力企業を除いてほとんどの系列企業の経営を俸給経営者に委ねているのに対して，SKは第2世代の家族が依然として主な系列企業の主要な役員職にある点には違いが見られた．

多角化による系列企業の増加に対応して，両グループともグループ全体の本社機能を担うグループ統合組織を設置するとともに，系列企業の上にグループ最高協議機関を置いた．このグループ組織全体においても，俸給経営者のプレゼンスが大きくなっている．特に三星の場合，俸給経営者間で協議されたグループ経営上の重要事項を創業者家族であるグループ会長が承認するという意思決定ラインをつくりあげた．SKグループでは協議段階で創業者家族が影響力を行使する余地が残されているとみられる．

俸給経営者の登用方法では，三星，SK両グループとも外部リクルート中心から内部昇進者重視へという傾向にある．グループ統括組織出身の役員が増える傾向にあること，大学院修了の高学歴者が増加していることも両グループで共通している．しかし，新規事業立ち上げを中心に多角化を展開した三星グループは既存企業から新規企業へのグループ内異動が多く

見られたのに対し，公企業買収がグループ多角化の重要な手段であったSKグループは買収後も当該企業の内部者の昇進を重視した結果，グループ内異動は相対的に少なかった．ただし，近年この違いは縮小の方向にある．

　それでは，以上の議論をふまえて，韓国財閥の経営における創業者家族と俸給経営者の位置と権限配分はどのように評価すべきであろうか．キムドンウンは第2節で論じたような経営階層組織が形成されていること，にもかかわらずグループ会長が絶対的な権限を有していることから，チャンドラー［1979］の議論を援用し，韓国の財閥を「個人化された多元化組織（Personalized M-form）」である主張した（김동운［1999b］）．しかし，三星グループについてはこれまで論じてきたように，基本的に個別系列企業から小グループ，グループ最高協議機関にいたるまで俸給経営者に委ねられている．経営の制度化がかなり進展しており，会長の権限には一定の歯止めがかけられていると言ってよいであろう．しかも，第3節でみたように俸給経営者の多くは内部昇進者で占められるようになっている．冒頭で述べた，森川英正が経営者企業の優位性として指摘した，内部昇進者による社内ネットワークがある程度発揮できる体制となっていると言える．SKグループでもグループ経営の組織化，内部昇進者を中心とした俸給経営者の台頭が進行している．俸給経営者の財閥経営における地位・権限は極めて大きくなっており，オーナーの絶対的権限を強調する従来の見方は修正する必要があると言える．

　もちろん，三星グループでもグループの重要事項の最終決定権は依然としてグループ会長であるオーナーが握っており，日常的な経営においても恣意的な介入の余地は残されている．またSKグループの場合，三星グループと比べると創業者家族による個別系列企業役員への就任も少なくなく，グループ最高協議機関や非公式会合を通じて創業者家族がグループ経営に影響力を行使する余地は大きい．その意味で，両グループとも家族企業から経営者企業に転換したと言うことはできない．創業者家族と俸給経営者の間での権限配分は，より具体的な経営事例に基づいた詳細な分析がおこなわれなければならない．今後の課題としたい．

何よりも，本章は二つの財閥の事例を扱ったにすぎない．この他にもLGグループ，現代自動車グループなど三星・SKと同程度の規模を有する財閥が韓国には存在する．また，中規模以下の財閥の経営実態も未解明なまま残っている．本章の課題に答えるためには，今後，更に事例研究を積み重ねていく必要がある．

　更に，本章では創業者家族と俸給経営者の関係のみを論じたが，現在の財閥経営はより複雑になっている．第1節で触れたように，通貨危機後の商法・証券取引法の改正によって，大規模会社では理事会(取締役会)の過半数を社外理事(取締役)とすることが義務づけられた．社外理事の実際の経営監視機能については懐疑的な見方が多いが，ブロックホルダーが経営に対して発言したり，一部の企業では社外理事が積極的に活動している事例も存在する．現実の財閥経営の解明のためには，今後は創業者家族と俸給経営者だけでなく，対抗株主や社外理事等を含めたより多様なアクターの相互作用として経営を捉えていく必要があるだろう．

〔参考文献〕

〔日本語文献〕

安倍誠[2002]，「韓国：通貨危機後における大企業グループの構造調整と所有構造の変化——三星・LG・SKグループを中心に」(星野妙子編『発展途上国の企業とグローバリゼーション』アジア経済研究所)．

——[2004]，「韓国財閥の持続可能性——継承問題と通貨危機後の事業再編を中心に」(星野編[2004]，所収)．

高龍秀[2004]，「韓国における財閥の淘汰と生き残り——SKグループを中心に」(星野編[2004]，所収)．

チャンドラー(鳥羽欽一郎・小林袈裟治訳)[1979]，『経営者の時代』(上)(下)，東洋経済新報社(Alfred D. Chandler, Jr., *The Visible Hand : The Managerial Revolution in American Business*, Harvard University Press, 1977)．

服部民夫[1988]，『韓国の経営発展』文眞堂．

星野妙子編[2004]，『ファミリービジネスの経営と革新——アジアとラテンアメリ

## 第1章　韓国財閥における家族経営と俸給経営者層

カ』アジア経済研究所.
森川英正[1996],『トップ・マネジメントの経営史――経営者企業と家族企業』有斐閣.
柳町功[2001],「韓国財閥におけるオーナー支配の執拗な持続」松本厚治・服部民夫編『韓国経済の解剖――先進国移行論は正しかったのか』文眞堂.

〔韓国語文献〕

김동운(キムドンウン)[1999a],「한국재벌의 지배구조」(韓国財閥の支配構造)(キムデファン・キムギュン編)『한국재벌개혁론』(韓国財閥改革論)나남출판.
―――[1999b],「지배・경영구조」(支配・経営構造)참여연대 참여사회연구소 경제분과(参与連帯参与社会研究所経済分科)『한국재벌백서 1995-1997』(韓国財閥白書 1995-1997)나남출판.
동아일보경제부(東亜日報経済部)[2002],『한국기업의 리더들』(韓国企業のリーダーたち)김영사.
삼성회장비서실(三星会長秘書室)[1998],『삼성 60년사』(三星 60 年史).
서울經濟新聞社編[1991],『財閥과家閥』(財閥と家閥)서울經濟新聞社.
鮮京그룹弘報室(鮮京グループ弘報室)[1993],『鮮京四十年史』.
每日經濟新聞社『會社年鑑』各年版.
중앙일보경제제2부(中央日報経済第2部)[1997],「재계를 움직이는사람들-30대재벌그룹의 인맥분석」(財界を動かす人たち――30大財閥グループの人脈分析)전면개정판 중아일보사.
한국전문경영인학회(韓国専門経営人学会)[2002],『한국을 빛내는 CEO』(韓国を輝かす CEO)明經社.
홍하상(洪夏祥)[2002],「이건회-그의 시선은 10년후를 향하고 있다」한국경제신문(宮本尚寛訳『サムスン経営を築いた男――李健熙伝』日本経済新聞社,2003年).

## 第2章

## 台湾民間大企業の経営者
―― 拡大する俸給経営者のプレゼンス ――

佐 藤 幸 人

## はじめに

　現代において，経済活動の多くを担う企業がどのような性格を持っているかという問題は，1つの社会を理解する上で重要である．特にその多くが創業者ないしその一族によって経営されているのか，それとも創業者とは血縁及び姻戚関係を持たない経営者によって経営されているのかによって，その社会はかなり異なったものになる．マクロ的な経済パフォーマンスに違いが現れるかもしれないし，また人々が思い描く人生の航路は同じではないだろう．

　急速な経済発展を遂げた戦後の台湾は，主に創業者企業によって構成される社会だった．台湾の経済発展の際立った特徴は，新しい企業が次々と現れ，新しい産業を興し，あるいは既存の産業の仕組みを革新してきたことであった．個々人の側からみれば，起業による富の獲得こそが「台湾ドリーム」(佐藤[1996：111])であり，台湾は「「頭家」(台湾語で企業の主の意．中国語では「老闆」)の島」(Shieh [1992])になった．

　しかし，それは重要とはいえ，戦後台湾の全てではない．確かに多くの人が起業を夢見たが，あらゆる人が実行できたわけではない．成功した人はさらに少なかった．実際には大半の人は創業者あるいはその一族が所有する企業に雇われていたのである．そして彼らの一部は企業の中で経営を担う地位まで昇進していった．そのことを彼ら自身はどのように位置づけていたのだろうか．起業の途をあきらめた後の次善の選択肢でしかなかったのだろうか．また，台湾の経済発展という巨視的な観点からみたとき，彼らはどのような役割を果たしてきたのだろうか．創業者たちの輝かしいパフォーマンスを補佐する副次的な存在でしかなかったのだろうか．この

ような問題意識が本章の出発点である．

台湾企業に関する先行研究をみると，ファミリービジネスという視角から分析した研究は既に蓄積がある（例えば Numazaki [1986] [1992], Hamilton & Kao [1990], Hamilton [1997], 嚴 [1994], 謝 [1999], 川上 [2004]）．ファミリービジネスの経営者は創業者の一族か，非親族かいずれかに分かれ，両者はコインの裏表の関係にあるので，前者に関する研究から後者についても一定の知見を得ることができる．例えば，創業者一族側の非親族に対する態度などである．しかし，ファミリービジネス研究を裏返せばそれで十分というわけではない．ファミリービジネス研究では創業者一族以外の経営者は脇役に過ぎず，創業者一族によって位置づけが決められる受動的な存在として扱われているからである．彼らに焦点を当てるならば，彼らを能動的な主体としてみる視角が新たに必要となる．このような視角はこれまでの台湾企業研究では重視されてこなかった[1]．そこでこの新しいアプローチの基礎をつくることを目指し，本章では次のような2つの課題を設定した．同時に，次の段階の問題を掘り起こすことも目的の1つとした．

第1に台湾において，創業者一族以外の経営者の重要性は増大しているのかどうか，全体的な動きを俯瞰する必要がある．そのために台湾の企業経営において重要な役割を果たす会長（「董事長」）と「総経理」を担っていたのは誰かという2つの指標を作成した．1980年代前半，1990年代前半，2000年代前半の3時点の民間大企業が対象である．その結果，まず，会長は依然として創業者あるいはその一族が担っている場合がほとんどであった．しかし，次に総経理についてみると，創業者またはその一族が担っている企業の数は過去20年の間に大幅に減少したことが明らかになった．創業者とは血縁または姻戚関係を持たない経営者が総経理を務めることが今日では一般的になっているのであり，彼らの重要性は以前よりも高まっているとみることができる

第2の課題は，上述のように創業者一族以外の経営者の役割が増大して

---

1) 創業者一族以外の経営者に注目した研究としては陳 [2001] があるが，概念規定や論理展開に問題が多い．修士論文の中では，呉 [1998] と廖 [2004] の問題意識は本章と重なるところがある．分析は粗く，納得できない点もあるが，インタヴューで得た興味深い証言を少なからず含んでいる．

きたとするならば，それはどのような過程を経て，あるいはどのような要因によって推し進められたのかを検討することである．この課題への取り組みとして2つの作業を行った．まず，2000年代前半において，創業者と血縁・姻戚関係を持たない民間大企業の総経理30数名について分析した．その結果，大部分が大学・「専科」(日本の高専あるいは短大に相当する)以上の高学歴を持ち，内部昇進を経て総経理の地位に到達していた．換言すれば，大企業において内部労働市場の発達が認められたのである．また，金融部門では内部昇進だけではなく，他の企業から移籍してきた総経理も存在し，経営者の外部市場が形成されていることが明らかになった．

次により深い理解を求めて，今日の台湾において最も優れた経営者の1人である徐重仁・統一超商総経理について詳しく分析した．彼は統一超商が属する統一グループの創業者たちとは血縁・姻戚関係を持たない．徐という経営者は，一方で徐が台湾でコンビニエンス・ストア事業を始めるという自らの夢のために統一グループの持つ資源を必要とし，他方，統一グループが新しい事業の発展のために専門的な知識を持つ優秀な人材を必要としていたことで生まれ，大きな成果を収めることができたのである．新しい世代の企業家精神と古い世代が蓄積した資本の結合である．このようなメカニズムは従前においては，創業者を生み出すように作用してきたが，統一超商の段階ではビジネス・グループの内部でトップ・マネジメントを担う俸給経営者を生み出すメカニズムに変質したと考えることができる．

以下，3つの節から構成されている．第1節において，2つの指標を使って第1の課題に取り組んでいる．第2の課題に対しては，第2節において第1の作業である30数名の総経理の検討を行い，第3節で徐重仁総経理の分析を行っている．むすびでは冒頭の問題意識に対する暫定的な回答と，発掘された今後の課題の提示を行った．

本論に入る前に，本章の用語について2点，簡単な説明をしておきたい．まず以下では，創業者と血縁または姻戚関係のない経営者を指す言葉として，表題に示した「俸給経営者」[2]を用いる．また，中国語の「総経理」

---

2) 「俸給経営者」あるいはその原語である salaried manager はやや誤解を招く恐れがあるので，注意を促しておきたい．「俸給」は固定的な報酬を連想させるが，ここで分析の

はそのまま用いる．総経理は社長と訳されることもあるが，多くの台湾の企業では会長が代表となり，強い権限を持つので，社長という訳語は誤解を招くことになる．他の役職名は本文中では原則として和訳し，初出時に中国語を示す．ただし，一部の表では煩雑さを避けるため，中国語のまま表示している．

## 第1節　台湾大企業の会長と総経理

　図2-1に台湾の会社法に基づく株式会社の経営の仕組みを示した．台湾の企業において意思決定の鍵を握るのは会長と総経理である．実際の意思決定において，会長及び取締役会と総経理以下の経営陣との間でどのように分担されているかは企業によって異なる．多くの企業では，戦略的な意思決定は会長が行っている．その場合，総経理は主に日常の業務を統括する．しかし総経理が実質的な最高経営者として活動し，会長及び取締役会はそれを追認している企業も少なからずあり，反対に会長が日常的な活動にまで深く関与しているとみられるケースもある．

　このように権限の配分に違いはあるものの，会長と総経理に誰が就いているか，つまり創業者か，その一族か，あるいは俸給経営者かをみることによって，当該企業の性格を相当程度，理解することができる．すなわち，一方の極には創業者一族の支配がかなり強く，会長，総経理の両方を創業者あるいはその一族が担っている企業がある．反対の極には，創業者一族の支配が大きく後退し，総経理ばかりでなく会長まで俸給経営者が務めている企業がある．本節で示すように，今日の台湾企業では会長には創業者ないしその一族が就き，総経理は俸給経営者が務めている場合が最も多い．

### 1.　会　　長

　表2-1は1983年，1993年，2003年の3時点における売上高上位50位までの民間企業の会長と総経理について整理したものである．まず会長に

---

対象とする経営者たちの報酬は必ずしも固定的ではない．また，多くの場合，自社株も持っている．

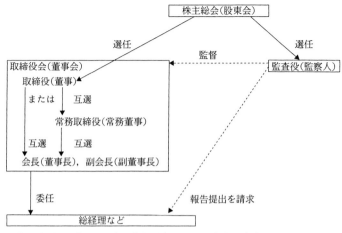

注) 会長，副会長の選出は常務取締役を設ける場合は常務取締役の互選に，設けない場合は取締役の互選になる．
出所) 川上[2003：257]をもとに作成．

**図 2-1 台湾の株式会社の経営機構**

ついてみると，3時点いずれにおいても，ほとんどの場合，創業者あるいはその一族がその職を占めてきた．一見，俸給経営者が増えているようにみえるが，その大部分は通常，俸給経営者によって経営されている外資系企業と政府系企業が増えたことによる[3]．

　会長人事は株式の保有によって決まる．創業者一族が会長に就いているのは，彼らが事実上，所有面で企業を支配しているからである．表 2-1 によれば，1983年と比べて1993年及び2003年には創業者の一族が会長となっているケースが増えている．企業の入れ替わりがあるので，ラフな観察であるが，多くの企業で創業者が退いた後も，その一族が所有の集中を

---

[3] 売上高上位50位以内の民間企業の中に，政府系企業と外資系企業の数が増えているが，台湾経済全体において政府や外資の比重が高まっているわけではない．まず，政府系企業の増加は，従来，リストに含まれていなかった公営企業が，民営化後，含まれるようになったためである．リスト中の外資系企業の数は1993年が8社，2003年が7社とほぼ同数だが，顔ぶれはかなり入れ替わっている．製造業では外資系企業の数は減っている．代わりに増えたのは保険（台湾 ING 生命保険）と流通（家福）で1社ずつ，販売・購買（台湾三星電子と台湾東芝国際調達）が2社である．このような第三次産業における外資の進出は，大企業に限ると顕著だが，全般的にプレゼンスが増大しているわけではない．

表 2-1 売上高上位 50 社（公企業を除く）の会長と総経理

|  | 1983 | 1993 | 2003 |
|---|---|---|---|
| 業　種 |  |  |  |
| 　ハイテク | 1 | 6 | 23 |
| 　金　融 | 5 | 7 | 11 |
| 　その他 | 44 | 37 | 16 |
| 所有上の特徴 |  |  |  |
| 　外資系 | 4 | 8 | 7 |
| 　政府系 | 1 | 2 | 7 |
| 　その他 | 45 | 40 | 36 |
| 会　長 |  |  |  |
| 　創業者 | 41 | 20 | 22 |
| 　創業者の一族 | 2 | 19 | 11 |
| 　俸給経営者 | 7 | 11 | 17 |
| 総経理 |  |  |  |
| 　創業者 | 18 | 5 | 5 |
| 　創業者の一族 | 8 | 8 | 4 |
| 　俸給経営者 | 24 | 37 | 41 |

注）　ハイテクとはコンピュータ関連製品，半導体（組立を含む），LCD の製造・販売．
　　政府系とは旧公営企業及びその他の国策会社．政府の保有株式が 50％を超える公営企業は含まない．
出所）　付表より作成．

維持し，それによって一族の内部で会長職を継承したことを示している．

　このように2003年においても，最も重要な意思決定者である会長は創業者かその一族が担い，俸給経営者が会長に就く企業は例外的である．外資系企業と政府系企業を除くと，36社のうち例外は4社しかない．しかし，この4社の例外は変化の兆しを示してもいる．4社のうち明基電通，友達光電，緯創資通の3社は元々，旧エイサー・グループから生まれた[4]．エイサー・グループは早くから俸給経営者による経営を目指し，創業者の施振栄は子に継がせることはないと繰り返し宣言していた（例えば施[1996：325-6]）．ハイテク系の企業では俸給経営者を重視し，家族経営を嫌う傾

---

[4]　旧エイサー・グループの再編については佐藤[2002]を参照．

向が強いので，今後，創業者の引退とともに俸給経営者が会長まで務めるようになるケースが少なくないと考えられる[5]．

一方，残る1社，中国生命保険については，所属する中信グループが中国信託金融持株会社(金融控股公司)を頂点とする体制に再編されたのにともない，俸給経営者の会長に移行したのではないかと考えられる．同様のケースとしては富邦損害保険がある[6]．金融機関の多くは金融持株会社の傘下に入っているので，今後，俸給経営者が会長に就くようになるかもしれない．ただ，この場合，金融持株会社が強い支配力を行使しうるので，傘下の金融機関の会長の権限は以前よりも限定されたものとなるだろう．

## 2. 総経理

次に総経理についてみると，会長とは違って大きな変化が認められる．総経理を務める俸給経営者は1983年には24人と半分に達しなかったが，1993年には37人，2003年には41人と大部分を占めるようになり，むしろ創業者あるいはその一族が総経理となることが例外的である．2003年に総経理が創業者によって担われている5社のうち，鴻海精密工業，華碩コンピュータ，微星科技，大衆コンピュータは会長が兼任している[7]．つまり，創業者が強い指導力を発揮している企業である．また，創業者一族が総経理となっている4社のうち，台塑石化と台湾化学繊維は台湾プラスチック・グループに属し，大同と中華映管は大同グループに属する．この2グループは家族経営の色彩が強いといえる．

もちろん俸給経営者の総経理が増えた重要な原因は産業構造の変化である．2003年の売上高上位50社のリストには，多数のハイテク企業及び金融機関が入っているが，この2つの産業では俸給経営者を重視する傾向が

---

5) 例えば王純瑞「IT業傳賢不傳子蔚然成風」(『經濟日報』2004年12月30日)を参照．
6) 富邦損害保険のウェブサイトによると，2003年5月26日の取締役会において，会長に就いていた創業者の2代目，蔡明忠は公務多忙と俸給経営者経営の実現に対する信念を理由に会長を辞し，俸給経営者の石燦明が後任となった(http://www.518fb.com/neo-demo/company/information1.asp？index=9)．
7) 残る1社，精英コンピュータはやや複雑なケースである．同社は元々ベンチャー・ビジネスとして出発した．総経理の陳明村は創業者の1人である．しかし，精英コンピュータは一時期，力捷グループの傘下に入り，さらに蔣東濬(旧名は蔣国明)率いる鑫明グループの手に渡った．現在，陳総経理はむしろ俸給経営者に近い．

強いのである．また，外資系及び政府系企業の増加も俸給経営者が総経理に就く企業の数を増やした一因である．そこでこのような影響を除去した趨勢をみるため，1983年の売上高上位50社のうち（付表A），外資系と政府系を除き，さらに現在まで存続し，所有関係に大きな断絶がない企業について，2003年にどのような人物が総経理となっているか検討した．総経理が俸給経営者か否か概ね判別できたのは33社である[8]．それを整理したものが表2-2である．なお，33社の会長は表2-1の観察結果と同様，2003年においても大部分が創業者あるいはその一族である．例外は国泰建設と上述の富邦損害保険（旧国泰損害保険）の2社である．

　表からはこの20年間の間に，総経理の担い手が創業者及びその一族から俸給経営者に大きく変わったことがわかる．1983年には33社のうち，19社の総経理が創業者の一族であったのに対し，俸給経営者が総経理となっている企業は14社だった．ところが2003年になると，総経理のうち創業者またはその一族が総経理となっている企業は9社に減り，俸給経営者が総経理となっている企業は24社に増えた．

　さらに下段に注目すると，1983年時点で既に俸給経営者が総経理を務めていた14社は，2003年にはその大部分である11社においてそのまま俸給経営者が総経理となっていた．ただし，僅か3社とはいえ，総経理が俸給経営者から創業者の一族へと変わる「反動」もあり得ることが示されている．次に上段をみると，1983年には創業者及びその一族が総経理に就いていた19社では，2003年になるとおよそ3分の2を占める13社が俸給経営者に移行し，約3分の1の6社は依然として創業者あるいはその一族が総経理を担っていた．

　俸給経営者のプレゼンスの拡大という点では右上の欄が特に重要である．ここでは，この欄の13社について創業者一族側の要因をさらに考察してみたい．何故，彼らは総経理を俸給経営者に譲ったのか．第1の原因として，強力な指導力を発揮してきた創業者一族のリーダーが高齢となり，活

---

8）　企業が消滅するか，所有関係に断絶があったと考えられるのは国産自動車，味全食品工業，国泰信託投資，義新，羽田機械，華夏海湾プラスチックの6社である．台湾聚合化学品と高興昌鋼鉄の2社の総経理については背景が確認できなかった．

**表 2-2 民間大企業の総経理の変化（1983 年と 2003 年）**

| 1983 年 ＼ 2003 年 | 創業者あるいはその一族が総経理に就いている企業 | 俸給経営者が総経理に就いている企業 |
|---|---|---|
| 創業者あるいはその一族が総経理に就いている企業 | 台湾化学繊維，遠東紡織，大同，台湾セメント，中国力覇，高林実業　合計 6 社 | 南亜プラスチック工業，台湾プラスチック工業，裕隆自動車製造，統一企業，三陽工業，亜洲セメント，華隆，中国信託投資（現中国信託商業銀行），永豊余製紙，匯豊自動車，台元紡織，大成長城企業，春源鋼鉄工業　合計 13 社 |
| 俸給経営者が総経理に就いている企業 | 遠東百貨，嘉新セメント，太平洋電線電纜　合計 3 社 | 国泰生命保険，新光生命保険，中興紡織廠，声宝，東元電機，国泰損害保険（現富邦損害保険），国泰建設，中華自動車工業，華新麗華電線電纜，福懋興業，福聚　合計 11 社 |

出所）総経理の氏名は中華徴信所［various years a］による．創業者か，その一族か，俸給経営者かの判断は王［2003］，中華徴信所［various years b］等各種資料による．

動の範囲を縮小したことが考えられる．第 2 に，戦略的な意思決定と日常的な事業活動を分離し，自らは前者に専念しようと考えたのかもしれない．特に，企業及びビジネス・グループの規模が拡大している場合，この要因は強く働く．第 1 と第 2 の要因は必ずしも相互に排除するわけではない．いずれにせよリーダーは会長職に専念する可能性が生まれる．2 つの要因の両方が働いていたと考えられるケースは南亜プラスチック工業と台湾プラスチック工業（王永慶・永在兄弟），裕隆自動車製造と台元紡織（呉舜文）である．一方，第 2 の要因のみが働いたと考えられるのは亜洲セメント，中国信託投資（現中国信託商業銀行），永豊余製紙，大成長城企業である．この 4 社の現在の会長，徐旭東，辜仲諒，何寿川，韓家寰はいずれも第 2 世代に属し，まだ若く，第 1 の要因が作用したとは考えられない．

また，元々，数人のパートナーによって創立され，その間で会長職と総経理職を分け合っていたが，その後，何らかの理由で経営権が 1 人に集中し，その結果，総経理は俸給経営者が務めるようになったと考えられるケースがある．典型は三陽工業である．同社は黄継俊と張国安によって設立され，それぞれ会長と総経理に就いていた．黄の没後，会長を継いだ子の

第2章　台湾民間大企業の経営者

世恵は張を総経理の地位から逐い（張[1987：248-9]），その後，総経理には俸給経営者を就けるようになった．詳しい経緯は不明だが，匯豊自動車，春源鋼鉄工業もこのタイプに相当すると考えられる．統一企業は第2と第3の要因が複合しつつ，平和的に移行が進んだケースとみることができる．まず，創業時，意思決定の実質的な中心にいた高清愿ははじめ総経理に就き，会長には台南幇（後述）の先輩，呉修斉を迎えていた．その後，高は60歳の定年を迎えると，副会長兼グループ総裁となり，俸給経営者の林蒼生9)が総経理となった．2003年，呉が引退すると高は会長に就任した．林は常務取締役兼総裁となり，総経理には俸給経営者の林隆義が就いた．

なお，3つの要因いずれにおいても，なぜ一族の他のメンバーを総経理としないのかという問題は残る．創業者一族の立場からみた場合，考えられる理由は一族の人材不足あるいは俸給経営者の意欲の向上である．上のそれぞれのケースではどちらの要因が働いていたのか，それとも他の要因によるものか判別することは必ずしも容易ではなく，今後の課題としたい．ただし，少なくとも必要な条件は総経理を任せるに足る適当な俸給経営者がいたことである10)．この点については第2節で改めて検討する．

ビジネス・グループという単位でみた場合，上述のように台湾プラスチック・グループと大同グループは家族経営志向が強い．表2-2でも，左上の欄に両グループの中核企業が含まれている．また，表2-2からは遠東グループも家族経営の色彩が濃いことがわかる．表2-2の左側には同グループの中核企業，遠東紡織と遠東百貨が含まれている．一方，裕隆グループは，1983年には裕隆自動車製造と台元紡織の2社の総経理をともに創業者の呉舜文が務めていたが，2003年には俸給経営者に変わっている．1983年に既に俸給経営者が総経理となっていた中華自動車製造と合わせて，このグループが俸給経営者による経営にシフトしたことを示している．

---

9)　林蒼生の母は統一企業の取締役の1人であるため（謝[1999：100]），林を純粋の俸給経営者と言い切れないところがある．しかし，台南幇は多くの家族から形成されるグループで，林家はその周辺部に位置するにすぎず，林が総経理となる上での作用は弱かったと考えられるので，ここでは林を俸給経営者とした．
10)　俸給経営者がトップ・マネジメントに就く条件は能力とともに，創業者一族からの信頼である（例えば呉[1998]）．しかし，信頼についての実証的な議論は難しいので，次節では重点を俸給経営者の能力に置いている．

はじめから俸給経営者を重視していたと考えられるのが霖園グループである．国泰生命保険，国泰建設2社ともに1983年の時点で既に俸給経営者が総経理となっている．上述のように，国泰建設に至っては，会長も俸給経営者によって担われている．

以上を総合すると，台湾の大企業の大部分は現在もなお最高の意思決定者である会長を創業者あるいはその一族が担っている．しかし，会長の下で重要な役割を担う総経理は俸給経営者へと着実にシフトしている．さらにハイテク企業や金融持株会社傘下の企業の成長によって，俸給経営者が総経理に就くことがいっそう一般化するとともに，会長を俸給経営者が担う企業も一定程度，増えてくると予想される[11]．

## 第2節　トップ・マネジメントを担う俸給経営者たちの横顔

前節で述べたように俸給経営者のプレゼンスが拡大しているとしたら，彼らはどのようなバックグラウンドを持っているのだろうか．また，どのような過程を経て総経理など経営の上層部に到達したのだろうか．それを推し進めた要因は何であろうか．このような問題に取り組むため，前節で分析した企業の総経理の中から36名の俸給経営者を選び出し，その学歴や経歴を検討した．表2-3の南亜プラスチック工業から台湾セルラーまでは2003年の売上高上位50社中，ハイテク及び金融部門を除く企業の総経理が示されている[12]．裕隆自動車製造以下は表2-2の右上欄にあった企業

---

[11] 会長と総経理のほか，取締役会の構成の観察も行った．簡単に結果を述べると，1990年代前半と2000年代前半では，大部分の企業で大きな変化は見られなかったが，興味深いケースが2つあった．1つは大同である．1990年代前半，大同の取締役会は7人で構成され，そのうち3人が創業者とその一族だった．一方，部長クラスの俸給経営者は1人も取締役となっていなかった．しかし，2000年代前半には取締役会の規模が14人に拡大されるとともに，8人の俸給経営者が取締役となっている．もう一つは奇美実業である．1990年代前半，16人の取締役のうち7人が創業者及びその一族という典型的な家族企業だったが，2000年代前半には取締役会は9人に縮小するとともに，取締役を務める創業者一族も3人に減少した．一方，俸給経営者の取締役は4人から3人と，ほとんど変化がなかった．これは創業者の許文龍が脱家族経営を目指していたからである（黄[1996: 172-4]）．2つのケースとも，俸給経営者の地位の向上を示している．

[12] 国瑞自動車と新光三越百貨は日本企業との合弁であり（出資は日本側が少数），総経理は日本人が就いている．この2人は検討の対象から除外した．

である．つまりこの10社では，1983年には総経理が創業者ないしその一族だったが，2003年には表中の俸給経営者によって取って代わられている．表2-4には2003年の売上高上位50社中のハイテク企業の総経理が，表2-5には金融機関の総経理が示されている．なお，政府系企業と外資系企業の総経理は，表2-5の台湾生命保険を除いて含まれていない．

まず表2-3をみると，学歴はほとんど大学・専科以上である．修士も5人いる．裕隆自動車製造の陳国栄を除いて全員1951年以前に生まれていて，彼らの世代においては相当の高学歴者たちばかりである[13]．海外留学の経験者は2人である．このうち，後述するように，台湾セルラーの張孝威は元々金融界出身であり，やや特異なケースとなるので，彼を除くと統一超商の徐重仁1人である．後でみるハイテク企業や金融機関よりも少ない．表2-3の企業は戦後の台湾の経済発展を早期から牽引してきた企業が多く，そこでは留学経験者の貢献が小さかったことを示している．専攻は理工系が8人と半分近くを占める．製造業企業はもちろん，匯豊自動車のような流通業（自動車販売）においても工学的な知識が重要であったことを示している．専攻が文系の場合，経営学，会計学以外に外国語学科を卒業した俸給経営者が2人いることが注目される．台湾企業にとって海外とのアクセスが重要であることを反映していると考えられる．

次に経歴をみると，大部分は当該企業あるいはグループに長期間在籍した内部昇進者，すなわち生え抜きである．台湾プラスチック工業の李志村や統一超商の徐重仁など，他の企業に勤務した経験を全く持たない俸給経営者も少なくない．また，李志村や南亜プラスチック工業の呉欽仁をはじめ，多くが基層に近いところからたたき上げてきている．

大部分の企業はビジネス・グループの傘下にあるが，資料を見る限り，グループ内の異動はあまり多くない．兼任や海外子会社への出向を除くと，確認できるのは呉欽仁，長栄航空の林宝水，台元紡織の戚維功の3人であ

---

13) 行政院主計處[2004]より算出すると，林宝水らが生まれた1949年から53年の年代では，大卒以上は人口の9％，労働力の11％，男性労働力の12％である．徐重仁たちが生まれた1944から48年の年代ではそれぞれ9％，10％，12％，林隆義が生まれた1939年から43年の年代では5％，6％，8％，呉欽仁と李志村が生まれた1938年以前では5％，5％，6％である．

表2-3 2003年の民間大企業の総経理(ハイテク及び金融部門を除く)

| | 生年 | 学歴 | 主な経歴 | 役員会での地位 | 備考 |
|---|---|---|---|---|---|
| 南亜プラスチック工業<br>呉欽仁 | 1934 | 成功大学化学工学系卒 | 1964年, 台湾プラスチック工業*に入り, エンジニア, VCM課長, 工務部経理, 南亜プラスチック工業・協理, 副総経理. 台湾必成*・総経理(兼任). | 常務董事 | |
| 台湾プラスチック工業<br>李志村 | 1935 | 成功大学化学工学系卒 | 1958年, 大学卒業後, 台湾プラスチック工業に入り, 電解室エンジニア, 技術課股長, 開発課副課長, PVC工場副工場長, 工場長, 技術処処長兼DOP工場工場長, 資材処処長, プラスチック部副経理, 経理, 総経理室協理兼任, プラスチック事業部経理, 協理, 副総経理. アメリカ台湾プラスチック*・総経理, 永嘉化学工業*・総経理(ともに兼任). | 常務董事 | |
| 統一超商<br>徐重仁 | 1948 | 早稲田大学商学修士 | 日本から帰国後, 統一グループに入る. 一時, コンビニエンス・ストア事業を離れ, 統一企業*・麺包部主管に転出. | 董事 | その後, 常務董事. |
| 長栄航空<br>林宝水 | 1950 | 淡江大学電算系卒 | 1976年, 長栄グループに入る. 長栄海運*及び長栄国際*の課長, 経理, 協理, 長栄航勤*・総経理, 長栄資訊*・総経理, 長栄航空・首席副総経理. | 無し | 2004年に董事. |
| 和泰自動車<br>張重彦 | 1944 | 台湾大学外国語系卒 | 1968年, 和泰自動車に入り, 車両販売主管, トヨタ・プロジェクト準備室経理, 小型車業務部経理, 車両営業本部執行副総経理. | 董事 | |
| 中華自動車工業<br>蘇慶陽 | 1947 | 成功大学機械工学系卒 | 南亜プラスチック工業・エンジニア. 統一企業・醤油工場工場長. 維昌・協理. 中華自動車・経理, 協理, 副総経理. | 董事 | |
| 燁聯鋼鉄<br>楊森隆 | 1950 | 交通大学管理科学修士 | 燁興企業*・副総経理, 総経理, 燁隆グループ総管理処* CEO. | 無し | |
| 台湾セルラー<br>張孝威 | 1951 | ペンシルバニア大学経営学修士 | 交通銀行・国外部及び信託部経理. 大華証券・総経理. 中華開発信託・総経理. 中華投信・会長, TSMC・資深副総経理兼CFO. | 董事 | |

77

| | | 生年 | 学　歴 | 主 な 経 歴 | 役員会での地位 | 備　考 |
|---|---|---|---|---|---|---|
| 裕隆自動車製造 | 陳国栄 | 1959 | 淡江大学機械工学系卒 | 1986年, 裕隆自動車製造に入り, エンジニア, 業務系統執行副総経理. | 無し | 2004年に董事. |
| 統一企業 | 林隆義 | 1943 | 成功大学会計・統計学系 | 1971年, 統一企業に入る. 執行副総経理. | 無し | |
| 三陽工業 | 黄光武 | 1951 | 成功大学機械工学修士 | 三陽工業・課長, 副工場長, 工場長, 生産協理, 海外事業副総経理, VMEP*・総経理, 厦杏摩托*・総経理, 厦杏銷售*・総経理. | 董事 | |
| 華隆 | 荘明琦 | 1951 | 逢甲大学紡織工学系卒 | 華隆・頭分工場工場長, マレーシア工場工場長. | 董事 | |
| 亜洲セメント | 李坤炎 | 1940 | — | 1961年, 亜洲セメントに入り, セメントとコンクリートの販売を担当, 業務処協理, 副総経理, 首席執行副総経理. 亜東コンクリート*・会長(兼任). | 無し | |
| 永豊余製紙 | 彭振洋 | — | — | 永豊余製紙・新屋工場工場長, ジェネラル・エンジニア, 紙及び紙板事業部副総経理. | 董事 | 総経理は3人, 彭はその1人. |
| 匯豊自動車 | 李栄華 | — | 台北工専機械科卒 | 退役後, 匯豊自動車に入社. | 董事 | |
| 台元紡織 | 戚維功 | 1950 | 交通大学管理科学修士 | 裕隆自動車製造*・副理, 台元紡織, 台文針織*・総経理. | 董事 | 創業者の長子, 厳凱泰の家庭教師. |
| 大成長城企業 | 張鉄生 | 1946 | 中国文化大学東方言語系卒 | 嘉和麺粉廠*・総経理(おそらく兼任). 大成長城企業・シニア執行副総経理. | 無し | |
| 春源鋼鉄工業 | 林清波 | — | 開南商工卒 | 春源鋼鉄工業・鋼板事業本部経理. | 無し | |

注) 上段は外資系, 政府系, ハイテクと金融を除く2003年の売上高上位企業, 下段は表2-2の右上の欄の企業. ただし, 南亜プラスチック工業と台湾プラスチック工業は上段に表示.
*は同じグループの企業であることを示す.

出所) 中國名人傳記中心[1991], 中華徴信所[various years b, c][1996]及び各種新聞, 雑誌記事より作成.

表 2-4　2003 年のハイテク企業の総経理

| | 生年 | 学　歴 | 主 な 経 歴 | 役員会での地位 | 備　考 |
|---|---|---|---|---|---|
| 広達コンピュータ<br>梁次震 | 1950 | 台湾大学物理系卒 | 金宝電子工業及び仁宝コンピュータ工業・副総経理. | 董事 | |
| 仁宝コンピュータ工業<br>陳瑞聡 | 1949 | 成功大学電気工学系卒 | 1975 年，金宝電子工業グループに入る．金宝電子工業*・経理，副総経理. | 董事 | |
| 明基電通<br>李錫華 | 1955 | 成功大学電気工学系卒 | エイサー・アメリカ*・マーケティング部協理. | 董事 | |
| 光宝科技<br>林行憲 | 1947 | テュレイン大学 MBA | 台湾テキサス・インスツルメンツ・総経理．旭麗*・総経理. | 董事 | 交通大学電子物理系卒. |
| 友達光電<br>陳炫彬 | 1950 | 交通大学電信工学系卒 | 明基電通*マレーシア子会社・総経理．，1997 年，達碁科技(友達光電の前身)に入る. | 董事 | |
| エイサー<br>王振堂 | 1954 | 台湾大学電機工学系卒 | カリン・プラスチック・購買．台湾ゼネラル・インスツルメンツ・購買．1981 年，エイサー(宏碁)科技*に入り，エンジニア，課長，副理．明基コンピュータ*・経理，協理．エイサー科技・協理，副総経理，総経理. | 董事 | |
| 英業達<br>李詩欽 | 1948 | 東海大学経済系卒 | 友維電子工業・経理，英業達・経理，協理，副総経理，執行副総経理，総経理．英業達グループ・総裁. | 董事 | |
| 緯創資通<br>鄭定群 | 1955 | テュレイン大学 MBA | 1979 年，エイサー*に入る．エイサー・執行副総経理 | 董事 | 交通大学電信工学系卒. |
| 聯強国際<br>杜書伍 | 1952 | 交通大学計算機制御工学系卒 | 1976 年，神通コンピュータ*に入る．1988 年，聯強国際の設立とともに総経理に就任. | 董事 | |
| 奇美電子<br>何昭陽 | 1949 | 成功大学化学工学系卒 | 1973 年，奇美実業*に入る．奇美実業・副総経理，総経理 | 董事 | |

注)　＊は同じグループの企業であることを示す.
出所)　中國名人傳記中心[1991]，中華徵信所[various years b, c][1996]及び各種新聞，雑誌記事より作成.

表 2-5　2003 年の金融企業の総経理

| | 生年 | 学歴 | 主な経歴 | 役員会での地位 | 備考 |
|---|---|---|---|---|---|
| 国泰生命保険<br>黄調貴 | 1948 | 清華大学応用数学修士 | 1974 年,修士課程修了後,国泰生命保険に入る.同社・副総経理. | 常務董事 | |
| 新光生命保険<br>潘柏錚 | 1946 | 台湾大学法律系卒 | 1969 年,新光生命保険に入る.同社・副総経理. | 無し | |
| 国華生命保険<br>郭井田 | 1943 | 政治大学統計学修士 | 1970 年,国華生命保険に入社.同社・資深副総経理. | | |
| 富邦生命保険<br>鄭本源 | — | 台湾大学法律系卒 | 1973 年,退役後,富邦損害保険*に入社.富邦損害保険・海上保険部副理,火災新種保険営業部経理,企画部経理.富邦生命保険の設立とともに移り・協理,副総経理. | 董事 | |
| 中国信託商業銀行<br>陳聖徳 | 1953 | ミズーリ大学MBA | シティ・バンク・台湾支店企業金融部財務処,ケミカルバンク・東京支店外為部管理職,シティ・バンク・台湾支店企業金融部財務及び資本市場処責任者,アジア太平洋地区 CFO,台湾地区総裁. | — | |
| 中国生命保険<br>王銘陽 | 1956 | テキサス州立大学ダラス校MBA | 南山生命保険・経理,副総経理,執行副総経理.中国平安保険・首席投資執行官. | 董事 | |
| 三商美邦生命保険<br>劉中興 | 1950 | 台湾大学法律系卒 | 退役後,南山生命保険に入り,協理まで昇進.1992 年,同じ AIG の ALICO の台湾子会社の副総経理に転出.1993 年,設立間もない三商生命保険に副総経理として招かれる. | 董事 | |
| 台湾生命保険<br>凌氤宝 | 1949 | ジョージア大学保険学博士 | 新光生命保険.中国損害保険・領組.米ティリングハスト・コンサルタント・リスク・アナリスト.ジョージア州政府保険庁・シニア・アクチュアリ.財政部・強制自動車責任保険チーム保険料及び統計班招集人.中小企業互助保証基金会・総経理.高雄第一科技大学・リスク管理及び保険系教授. | 無し | その後,行政院金融監督管理委員に転出. |

注) ＊は同じグループの企業であることを示す.
出所) 中國名人傳記中心[1991],中華徴信所[various years b, c][1996]及び各種新聞,雑誌記事より作成.

第2節　トップ・マネジメントを担う俸給経営者たちの横顔

る．このうち前2者は在籍した企業の間の業務の関連性が強い．その点，自動車メーカーで次長クラス（「副理」）まで務めた後，同じグループ内の繊維メーカーに転出した台元紡織の戚維功は例外的といえよう．

　海外子会社での勤務経験が確認できるのは李志村，三陽工業の黄光武，華隆の荘明琦の3人である．1980年代後半以降，台湾企業の海外進出が進むが，現在の総経理の経歴に対する影響はまだ小さい．また，伝統的な大企業の多くは，国内市場志向が強いことも反映していると考えられる．

　生え抜きが多い中で例外は2名である．そのうち，中華自動車工業の蘇慶陽は他の企業で工場長，部長クラスまで昇進しながら，大学の同級生である林信義総経理に誘われて中華自動車工業に部長クラスとして移り（游[2004]），その後，総経理まで昇進した．中華自動車工業は裕隆グループに所属する．同じ裕隆グループの裕隆自動車製造の陳国栄は生え抜きとはいえ，創業者の子で副会長の厳凱泰に異例の抜擢をされて総経理に就いた（熊[2003]）．陳は表2-3の中で唯一の40歳台である[14]．戚維功，蘇慶陽，陳国栄という3つのケースをみると，このグループは他の企業やビジネス・グループとはやや異なる柔軟性の高い人事政策を採っている．

　もう1人の例外は，上述のように，台湾セルラーの張孝威である．彼は長く金融界で活躍した財務のスペシャリストである．台湾セルラーの経営の混乱が富邦グループ主導で収拾される過程で，請われて総経理に就任した．今のところ例外的な存在だが，今後，多くのビジネス・グループが第2世代，第3世代に継承され，その際にトラブルが生じるようであれば，彼のようなタイプの俸給経営者は増えるかもしれない．

　さらに1点，注目したいのは，表2-3をみるかぎり，1人も外資系企業で働いた経験を持っていないことである．この世代の人材市場では，外資系企業と地場系企業の間で分断があったのかもしれない．この点については今後さらに深く探求する必要があると考えられる．

　上述のように，表2-3の裕隆自動車製造以下と表2-2の右上の欄には同じ企業がある．第1節では，これらの企業において総経理のポストが俸給

---

14）　裕隆自動車製造は2003年に裕隆自動車製造と裕隆日産自動車に分割された．後者の総経理は分割前の裕隆自動車製造の総経理，劉一震が就任した．

経営者にシフトした創業者一族側の要因として，創業者の高齢化，戦略的意思決定と日常的活動の分離，経営権の集中の3つを指摘した．一方，表2-3では，総経理の職に就くことができる人材が蓄積されてきたことが示されている．このような2つの動きが重なることで，これらの企業では俸給経営者が総経理に就くようになったと考えられる．

次に表2-4に示したハイテク企業の俸給経営者ついて検討したい．企業の若さを反映し，年齢は表2-3の総経理と比べて若くなっている．学歴はやはり全て大学以上である．ただし，修士はアメリカでMBAを取得した2人を除くといない．海外留学経験者もこの2人だけである．台湾のハイテク産業の第一世代の多くは，むしろ留学も台湾での大学院への進学も選ばずに，大学を卒業するとすぐに野心を胸にビジネスの世界に飛び込んでいった人たちだったのである．学歴に関してもう一つ重要な特徴は，英業達の李詩欽を除いて全員，理工系の教育を受けていることである．MBAを持つ2人もいずれも交通大学時代に理工系の学部に所属していた．ハイテク企業では技術的な知識が必須であることを示している．

経歴をみると，表2-3と同様，現在の企業あるいはグループで長い勤続年数を持つ内部昇進者が多い．広達コンピュータの梁次震，仁宝コンピュータ工業の陳瑞聡，エイサーの王振堂，英業達の李詩欽，緯創資通の鄭定群，聯強国際の杜書伍，奇美電子の何昭陽の7人が該当する．企業自体が新しいので，設立とほとんど同時に加わったケースも多い．彼らの一部は雇われ経営者というよりは，創業者のパートナーに近い．一方，非生え抜き型といえるのは，表中では唯一，光宝科技の林行憲だけである．彼は台湾テキサス・インスツルメンツに勤め，台湾人として初めての総経理となったが，光宝グループ傘下の旭麗の総経理に移り，さらにグループ内の4社が合併して生まれた光宝科技の総経理に就任した．外資系企業での勤務経験があるのは，林の他には宏碁の王振堂だけである．しかし，彼は若いうちエイサーに移っている．このように，表2-4をみるかぎり，ハイテク産業においてもトップ・マネジメントを担う人材の外部市場はあまり活発ではない．外資系企業からの転職も少ない．林行憲が台湾テキサス・インスツルメンツの総経理を辞したのは「自分の判断，決断が企業の核心まで

届かない」と考えたからだが(侯[2001])，外資系企業で働いていた他の俸給経営者はそのような考えを持たなかったのだろうか．外資系企業の俸給経営者に関する研究は今後の課題の1つであることが再確認される．

最後に表2-5をみると，金融部門においては8人の俸給経営者の全てが大学以上であるばかりでなく，そのうち4人が修士，1人が博士といっそう高学歴になっている．海外留学経験者も3人と多い．経歴は同一企業ないしグループにおける長期勤続の内部昇進者が4人いる一方，非生え抜き型が4人いる．金融部門では俸給経営者の外部市場がよく発達していることを示している．しかも，そのうち3人は外資系企業（シティ・バンク・台湾支店と南山生命保険）で実績を積んだ後，移籍している．人材の移動による外資系企業から地場系企業への知識の移転が生じているのである．台湾では金融部門が1990年代の自由化によって急速に発展したため，このような現象が生じたと考えられるが，金融機関の経営者に必要な知識は高度であるとともに一般性が高く，また，外資系金融機関が持つノウハウの優位性はすぐには消滅しないであろうから，このような金融部門の経営者市場は今後も定着し，さらに発展していく可能性が高い．

以上をまとめると，民間大企業の総経理を担う俸給経営者は大学・専科以上の高学歴者である．また，大部分は長い勤続年数を持つ内部昇進者である．トップ・マネジメントを担う俸給経営者の外部市場は金融部門を除くとあまり発達していない．総経理の俸給経営者へのシフトは，高学歴に基づく高い能力の土台の上に，長期勤続によって豊かな経験を積んだ人材が蓄積されることによって促されていたといえよう．

## 第3節　徐重仁と統一超商——事例研究

俸給経営者の役割の増大について分析するには，彼ら自身と彼らを登用する創業者一族という2つのアクターの間の複雑な関係を検討しなければならない．また，双方の考え方を知る必要があるため，その言説に注目しなければならない．したがって，1つの事例を詳細に吟味するという方法

が有効となる．その分，分析結果の代表性は限定されるが，それは今後，事例研究を重ねることで高めていくべきであろう．

本節では俸給経営者が総経理として活躍している事例として，統一超商の徐重仁を取り上げる．統一超商というより，一般には台湾のセブンイレブンといった方がわかりやすい．事例として徐を選んだ第1の理由は，彼が今日の民間大企業において最も活躍が目覚ましい俸給経営者だからである．そのことは売上高上位企業を並べた付表において，1993年と2003年の両方のリストに名前がある俸給経営者は彼だけであることに端的に示されている．このように華々しく活躍する徐は，現在の台湾の俸給経営者の典型というよりは，最も先進的なケースとして見なすべきであろう．

徐重仁を分析の対象とした第2の理由は資料が豊富なことである．統一超商が所属する台南幇については，台湾のビジネス・グループの中で最も研究蓄積があり（沼崎[1992]，謝[1999]），統一超商に関わる制度や慣行の歴史的背景を探る上でそれを利用することが可能である．また徐重仁や統一超商の会長，高清愿のインタヴューは多数あり，彼らの自著もある．さらに，徐自身にインタヴューすることもできた[15]．そのため，彼らの言説を容易に集めることが可能であった．

## 1．徐重仁の経歴と統一超商の発展[16]

徐重仁は1948年台南市で生まれた．台中にある逢甲大学で経営学を学んだ後，1972年，念願の日本留学を果たし，早稲田大学商学部の大学院に入った．徐の家は貧しくはなかったが，特別に裕福でもなく，父が留学に際して徐に渡したのは3000米ドルだけだった．学費を納めた後は幾ばくも残らず，徐は留学の当初からアルバイトをしながらの苦学生活を送ることになった．

統一超商の親企業は統一企業である．統一企業は1967年に設立され，6

---

15) 2004年12月7日に統一超商の部長級幹部2名に，2005年1月24日に徐重仁総経理に，いずれも台北の統一超商本社でインタヴューした．
16) 徐及び統一超商については注15に示したインタヴューや徐の自著[1995][2004]のほか，李[1995]，荘[1999b][2001]，楊[2005]を参考にした．なお，資料によって若干，食い違いがある．

## 第3節　徐重仁と統一超商

年後の73年には台湾最大の食品製造企業となった．高清愿が実質的な創業者で，実際の経営も彼が総経理に就いて行っていた．高はヨーロッパ視察時にこれからはメーカーから流通業者に主導権が移るという話を聞き，流通業への進出を考えるようになった．また実際においても，台湾の伝統的な流通システムが次第に販売の隘路になってきていた．高はアメリカでみたコンビニエンス・ストアに大きな将来性があると直感し，その後の調査でアメリカや日本で大いに発展していることを知った．

一方，徐重仁は日本でコンビニエンス・ストアの成長を見，帰国したら台湾でも始めたいと考えていた．徐は1977年に台湾に戻ると，ちょうどコンビニエンス・ストア事業への進出を模索していた高清愿と会い，統一企業に採用された．

徐は入社すると，コンビニエンス・ストアの立ち上げの企画を任された．統一超商が1978年4月に設立されると，徐は企画部副課長の肩書きで同社に移り，新規に採用した者たちに流通に関する知識を教えながら，彼らとともに事業の形をつくっていった．

統一超商は1979年にアメリカのサウスランド社（現 7-Eleven, Inc.）と提携し，そのノウハウを導入した．7-Elevenの看板を掲げた1号店は翌年2月に開店した．しかし，設立後7年間，赤字が続いた．この間，統一企業以外の株主は統一超商の前途に失望し，1982年，統一企業が自社の株と交換で彼らの株を引き取ることになった．それにともなって，統一超商はいったん統一企業に吸収され，その一部門になった．

統一企業への吸収後，徐重仁は一時期，統一企業のパンの製造部門に配転されていたが，1984年にコンビニエンス・ストア部門に復帰した．復帰後，まず売上げ不振の店舗を整理し，店舗数を75から40に減らすという大鉈を振るった．統一超商は当初，サウスランド社の指導に従い，店舗は住宅地に設置し，主婦をターゲットにしていたが，伝統的な雑貨店や市場と比べて割高なため，価格に敏感な主婦を引きつけることができないでいたのである．徐は戦略を転換し，店舗の立地を人通りの多い表通りや角地に移し，顧客のターゲットも主婦から若者に変えた．看板からは「統一超級商店」を外し，「7-ELEVEN」のロゴのみに改めた．この転換によっ

て業績は好転し，1986年についに黒字を計上した．1987年，統一超商は再び独立し，徐は総経理となった（会長は高清愿）．

以後の発展は目を見張るばかりである．店舗数は1995年に1000店を突破，同年，売上高は台湾の流通業の中で最大となった．2004年5月末の店舗数は3592である．同時に公共料金等の納付の代行や弁当の販売など，業務の革新も継続的に進めてきた．

統一超商は子会社を幾つも設立してきた．自社の業務の関連では，菱食との合弁事業の捷盟行銷が皮切りである（1990年）．水平的多角化はダスキンとの合弁，楽清サービスから始まった（1994年）．その後，統一スターバックス（1997年），台湾無印良品（2003年），ミスター・ドーナツ（2004年．企業名は統一ドーナツ）などを立ち上げた．多角化の源泉となっているのは，先進国の事業をタイミング良く台湾に導入し，かつ適宜，台湾の消費者に合わせて改良するノウハウと，蓄積した資源を新規事業に援用するシステムである．外国企業との合弁ないし提携事業ばかりでなく，自社ブランドのドラッグ・ストア，康是美も設立している（1995年．企業名は統一生活事業）．国際化の面では，2000年にフィリピン・セブンイレブンの経営権を取得し，中国においては上海でスターバックスを（2000年），深圳で康是美を展開している（2004年）．数年前，統一グループは傘下の企業を4つのサブ・グループに分け，流通関連の企業は統一超商を中核とする流通サブ・グループにまとめられた．2004年末，流通サブ・グループの傘下企業は32社である．

## 2．徐重仁の夢と選択

上述のように，徐重仁は日本でコンビニエンス・ストアという事業と出会った．徐が来日した頃，日本の流通産業は大きく変貌しつつあった．それが彼に強烈なインスピレーションを与えたのである．その時の様子を次のように語っている．

　「日本に着いた後，本屋で「流通革命」に関わる本を見つけた．はじめ「流通」が何かもわからなかったが[17]，よく読むととても興味がわき，すぐに関連した本をたくさん買って研究した．

ちょうどよいことに，その後，住んでいるところの近くでセブンイレブンを見つけた．また，日本の通産省がコンビニエンス・ストアの概念の紹介に力を入れていた．こんなスタイルの商店は台湾の環境にとても合うと思い，大学院では「流通経済科」を専攻しようと決め，この方向に向けて研鑽を積み始めた．」(徐[1995:4-5])

このように外国の経験と照らし合わせながら，何が台湾の生活の向上をもたらすかと発想することは，その後，徐が統一超商の革新や流通サブ・グループの多角化を進める時の基本になっている．

では，台湾でどのようにコンビニエンス・ストアを立ち上げるか．徐は学生時代，会社勤めを望まず，創業を夢見ていたという(荘[1999b:194])．しかし，実際には，徐は高清愿と出会い，統一グループに雇われる途を選んだ．コンビニエンス・ストアを台湾で経営することを最優先し，そのために最も有効と考える手段を選び，自ら創業するという副次的な目標は修正したのである．それゆえ，俸給経営者となっても，彼の自立心が後退したわけではなかった．徐は統一グループとパートナーシップを組むような気持ちで入社したのである．徐の次の言葉はそのことをよく表している．

「大企業と手を組むのも1つの創業です．悪くはないでしょう．畢竟，大企業の資金は多いですし，資源も豊富ですから，1つの事業を立ち上げるのも早くできます．」(インタヴュー)

実際，今から振り返るならば，コンビニエンス・ストアを個人の力で始めることは困難だった．統一超商は7年間，赤字を続け，1982年には損失が設立当初の資本金の2億元に達していた(楊[2005:44])．このような負担は大企業でなければ耐えられない．徐も次のように語っている．

「あの頃，市場がまだ成熟していませんでした．つまり，消費者が(コンビニエンス・ストアを受け入れる——佐藤)水準に達していなかったのです．ですから，長い時間をかけて消費者を教育する必要がありました．もしわたしが独力で事業を始めていたら，1年でやめていたでしょう．資金が尽きたところでやめていました．統一企業には資金が

---

17) 中国語では元来，「流通」という言葉を日本語のようには使わない．

ありました．財力によるサポートが必要だったのです．」(インタヴュー)

徐重仁は初期の低迷時代にも自分の目標が実現できるのはここしかないと考え，統一超商に留まり続けた．当時，銀行，外資系企業，他のビジネス・グループからヘッド・ハンティングの話もあったが，徐は応じなかった（徐[1995:103], 荘[1999b:178]）．そしてついには夢を実現した．またそれによって，俸給経営者になって夢を追うという，手段の選択の正しさも立証されたのである．

### 3. 台南幇の伝統と高清愿の経営姿勢

徐が夢を追い続ける場所として統一超商を選んだ大きな理由は，高清愿が徐を信頼して統一超商の経営を委ね，口出しをしなかったからである（荘[1999b:178]）．このように俸給経営者に経営の多くを委任することは，創業者一族が強い力を持つ台湾企業の中では通常のことではない．しかし，統一グループが属する台南幇というビジネス・グループ[18]には，総経理に経営を任せる伝統があった．

台南幇の起源は戦前，侯基が開いた布地販売の商店まで遡ることができるが，直接の始祖は侯基の甥の侯雨利だろう[19]．彼は一時，侯基の店で徒弟として働くが，その後，独立して自ら布地商となり，財を成した．彼の下で働いていた呉修斉・尊賢兄弟がまた，独立し，布地商となった．それぞれの事業は戦争や戦後の混乱の中で断絶を繰り返すが，1955年，呉兄弟が中心となって台南紡織が設立され，グループの中核企業となった．侯雨利も出資し，最大の株主となった．会長には同郷の高名な政治家，呉三連が招かれて就任した．総経理には呉修斉が就き，経営を主導した．1960年にはもう一つの中核企業である環球セメントが設立された．台南紡織と同様に，台南幇の各メンバーが出資し，会長には呉三連が就き，経営は総

---

18) 台南幇は主として地縁に基づいて組織されたビジネス・グループで，台湾の他のビジネス・グループとはやや異なっている．グループ内の結びつきが緩やかで，また，統一グループのような自律性の高いサブ・グループを抱える重層的な構造をもっている．
19) 以下の台南幇の歴史は主として謝[1999]に基づいている．高清愿及び統一企業については，天下編輯[1996], 荘[1999a], 高[2000], 高・趙[2001]も参照している．

第3節　徐重仁と統一超商

経理となった呉尊賢が中心となって行った．

　高清愿は母方の従姉が呉修斉に嫁いでいた縁を頼って，戦後一時，呉兄弟の店で働いていた．いったん独立したが，台南紡織設立の際，呉修斉に請われて営業部長(「業務経理」)となった．その後，高は独立して統一企業を設立した．その時，「水を飲む時はその源を思うという気持ちから」(高[2000：140])，高恩ある呉修斉を会長として迎えた．台南幇の他の家族も出資している．また，高に誘われて出資した鄭高輝は，これを機に台南幇の有力なメンバーとなり，現在は台南紡織の会長となっている．

　このような台南幇の歴史から，統一超商の発展に関して重要と考えられる2つの特徴を認めることができる．第1に，グループが柔軟，開放的で，必要に応じて外部の人材を取り込むことに積極的である[20]．それゆえ，高清愿は徐を採用して，統一企業に欠けていた人材を補おうとした．徐によると，高は初めて会った時，次のように言ったという．

　　「高氏はこれまでずっと食料品のメーカーをしてきたので，どのように流通業を発展させたらいいのかわからないと言いました．例えばチェーン店の展開はどのようにやるとかです．……君がこの方面の研究をしてきたなら，戻ってきて，チェーン店の事業ができるかどうか，わたしを助けてもらえないかと高氏は言いました．」(インタヴュー)

　第2の特徴は総経理への権限の委譲である．台南幇傘下の企業は台湾の他のビジネス・グループと比べ，多くの家族によるパートナーシップとなっていて，そのため所有権の面で絶対的な優位に立つ株主はいない場合が多い．それが1つの原因となって(謝[1999：239])，台南幇の企業では会長や取締役会は直接，経営に関与せず，経営の大部分を総経理に委ねるようになった．この伝統を「総経理制」と呼んでいる．高清愿もこれを受け継ぎ(荘[1999a：110, 135])，統一グループでは経営の権限が傘下企業の総経理以下に委譲される傾向が強かった[21]．高は次のように言っている．この時，高は総経理を既に林蒼生に譲り，副会長兼グループ総裁となっていた．

---

20)　沼崎[1996]によれば，台湾社会のネットワークは一般的にこのような特徴を強く持っているが，ビジネス・グループの中では台南幇において特に顕著であると言えよう．

21)　しかも，統一超商が急速に発展し，徐が世間の注目を集めるようになっても，高は徐に嫉妬することはなかった(荘[1999a：242]，高・趙[2001：187-9])．

「統一は総経理制をとり，会長制ではありません．……わたしは彼ら(林蒼生たち——佐藤)の報告を聴いた後，少し意見を述べ，参考にしてもらいます．わたしの意見を実行するように強制することは絶対にありません．彼が企業の責任者であるのに，わたしがあまり強い態度をとれば，彼はとてもやりにくくなります．」(天下編輯[1996:24])

このような背景があって，徐重仁がかなり自由に統一超商を経営することができたのである．

### 4．創業の内部化と成長の経済

台南幇は新しい創業者を次々と生み出すことで発展してきた．侯雨利の下で働いていた呉修斉・尊賢兄弟が独立し，呉兄弟の下で働いていた高清愿が独立し，その度にグループは拡大した．呉兄弟に対して侯は，小切手の裏書きをしたり，銀行口座の保証人になったりなどの支援を行った(謝[1999:82])．上述のように，高が設立した統一企業に侯や呉兄弟は出資し，また，呉修斉は会長に就任した．これは新しい世代が持つ旺盛な企業家精神と古い世代が従前に蓄積した資本の結合とみることができる．新しい創業者を継続的につくり出すメカニズムを台南幇は持っていたのである[22]．

徐重仁と高清愿の結びつきもその延長線上にあるとみることができる．しかし，そこには重大な転換もある．徐は確かに統一超商という企業をつくりあげたが，あくまで俸給経営者である．徐は統一超商を所有権によって支配していない．したがって，彼の一族に統一超商が継承されることもあり得ない．新しい事業の創出は既存の企業あるいはビジネス・グループの内部で行われたのである．以前のメカニズムは創業者を次々と生み出してきたが，統一超商の段階ではトップ・マネジメントを務める俸給経営者を生み出すメカニズムに変質したといえる．

このような変質の直接の原因は，上述のように，創業に必要な資金が徐重仁が集められる規模を超えていたからである．つまり，創業は個人的に

---

22) 沼崎[1992]は台南幇の特徴を「バナナ型」と表現した．このような理解は確かに台南幇の特徴の一面を摘出しているが，静態的で，ここで述べたような台南幇の動態的な特徴をやや軽視してしまう嫌いがある．別の見方をすれば，所有の分布に議論が傾斜し，時間の経過とともに変化していく経営の担い手に対する関心が弱い．

動員できる規模をはるかに上回る資源を必要とするようになったのである．その結果，事業の仕組みを構築する機能とリスクを負担する機能が完全に分離し，異なる主体によって担われるようになったとみることができる．

　創業の内部化は，統一グループでは意図的に進められてきた．新しい事業の創出は俸給経営者たちにとって大きなチャンスであり，彼らの意欲を高める．その結果，グループの発展が促進され，さらに新規事業創出の可能性が高まるという好循環が発生する．一種の成長の経済である．高清愿はこのことを明確に意識し，多角化を俸給経営者のインセンティヴを高める戦略として進めてきた（天下編輯［1996：12］，謝［1999：176-7］，荘［1999a：145, 174, 326］）．「従業員は進んで努力さえすれば，みな総経理になる希望を持つことができる」（高・趙［2001：119］）と高は言っている[23]．

　このような戦略は徐重仁にも引き継がれている[24]．例えば，彼は次のように述べている．

　　「会社が不断に成長する中で，従業員の生活をよりよくすることができる．新しい事業を積極的に発展させる目的は，従業員により多くの選択肢を提供することにある．」（徐［1995：61］）

　　「発展の機会があれば，つらくても，給料が他の企業と比べて高くなくてもがまんできます．頑張ればいつか偉くなれますから．」（インタヴュー）

　統一超商の発展及び徐重仁の活躍は，総経理制など台南幇の伝統という特殊な要因に基づいている部分もある．しかし，今日の台湾において，新規の事業に必要な資源が個人で動員できる規模をはるかに超えることは一般的である．一方，企業を所有する創業者一族の中に新規事業を発掘し，仕組みを構築することができる人材が必ずいるとは限らない．とすれば，既存の企業ないしビジネス・グループの内部においてその資源と俸給経営者の企業家精神が結合するというモデルは一定の普遍性を持つだろう．また，成長の経済も，創業者一族にも俸給経営者にも利益をもたらす戦略と

---

23）　このようなインセンティヴが有効なのは，統一グループが内部昇進を原則とし，上層，中層の経営者に外部の人材を就けることが少なかったからである．統一超商でも同様に，内部昇進を原則としている．
24）　統一スターバックスとその徐光宇総経理のケースについては，遠見編輯［2001］を参照．

することができる.しかも徐重仁の経験はデモンストレーション効果を持つに違いない.

## むすび

　本章ではまず第1節と第2節において台湾の民間大企業を分析し,総経理が創業者一族から俸給経営者にシフトしていること,俸給経営者の多くは高学歴の内部昇進者であること,ただし,金融部門においては経営者の外部市場が形成されていることを明らかにした.また,統一超商の徐重仁総経理の事例を分析した第3節では,企業家精神と創業に必要な資源の結合が既存のビジネス・グループの内部において行われたことを示した.それは一面では台南幇や高清愿の持つ特性が作用しているが,事業の構築という機能と資源の動員あるいはリスク負担という機能の分離,その結合の企業内部への取り込みという一般的な傾向も反映していると考えられる.
　以上の成果から,冒頭に示した問題意識への暫定的な回答が得られる.まずミクロ面については,高学歴に裏付けられた能力を1つの企業に長期間勤め続け,総経理へと昇進していく中で発揮しようという人々が少なからず台湾にいたことが明らかになった.なかには徐重仁のように,既存の企業あるいはビジネス・グループの内部で,その資源を利用して新しい事業を起こすという途も観察された.一方,よりマクロ的な視点に立つならば,本章が示した俸給経営者のプレゼンスの拡大は,Amsden & Chu[2003]のいう大企業の比重の増大[25]と関連していると考えることもできよう.徐のケースはその点でも示唆的である.
　いずれにせよ,俸給経営者の研究はまだ緒に就いたばかりである.それゆえ,今後の課題の発掘も本章の重要な成果である.主なものを以下にまとめた.
　第1に,総経理が俸給経営者にシフトした理由はまだ十分には明らかに

---

25) Amsden & Chu[2003]は実際には,大企業の比重の増大を製造業全般の傾向としては確認できなかった(p. 68, Table 2.23).それは1996年のセンサスまでしか使えなかったためである.現在は2001年のセンサスが使えるので,より明確に傾向を把握することができる.

されていない．創業者一族には適当な人材がいないのか．それとも俸給経営者のインセンティヴを高めるためか．各ケースについてより深い分析が必要である．第2に，第2節で地場系企業と外資系企業の間で労働市場が分断されていた可能性を指摘した．さらに本章ではほとんど言及しなかったが，もう1つ重要な部門として政府及び公営企業がある．このような3部門からみた時，俸給経営者の市場はどのような構造になっていたのだろうか．より広い範囲から俸給経営者の研究を行わなければならない．第3に，徐重仁のケースがどの程度，一般化できるのだろうか．徐には台湾でコンビニエンス・ストアという新しい業態を立ち上げるという夢があった．他の俸給経営者はどのような夢を持っていたのか．台南幇のような伝統がない他の企業の場合，総経理にはどの程度，経営が任されるのだろうか．事例研究をさらに積み重ねる必要がある．


〔参考文献〕

〔日本語〕

川上桃子[2003]，「台湾」(星野妙子編『発展途上国のファミリービジネス——資料集』アジア経済研究所).

川上桃子[2004]，「台湾ファミリービジネスによる新事業への参入と所有・経営——移動電話通信事業の事例」(星野妙子編『ファミリービジネスの経営と革新——アジアとラテンアメリカ』アジア経済研究所).

高清愿(松岡榮司監訳，田中良司訳)[2000]，『美しい企業を求めて』プレジデント社．

佐藤幸人[1996]，「台湾の経済発展における政府と民間企業——産業の選択と成果」(服部民夫・佐藤幸人編『韓国・台湾の発展メカニズム』アジア経済研究所).

佐藤幸人[2002]，「台湾——エイサーの戦略とグローバリゼーション」(星野妙子編『発展途上国の企業とグローバリゼーション』アジア経済研究所).

沼崎一郎[1992]，「台南幇——"バナナ型"ビジネス・グループの生成と展開」『アジア経済』33(7)．

沼崎一郎[1996]，「台湾における『老板』的企業発展」(服部民夫・佐藤幸人編『韓

第 2 章　台湾民間大企業の経営者

国・台湾の発展メカニズム』アジア経済研究所).

〔中　国　語〕

陳介玄[2001],『班底與老闆――台灣企業組織能力之發展』台北：聯經出版事業.
高淸愿・趙虹[2001],『總裁一番 talk――世事，世態與事業』台北：商訊文化事業.
侯如珊[2001],「昨日嬉皮今日扛重任――光寶集團執行長林行憲」(『e 天下』2001 年 7 月号).
黃越宏[1996],『觀念――許文龍和他的奇美王國』台北：商周文化事業.
李仁芳[1995],『7-ELEVEN 統一超商縱橫台灣――厚基組織論』台北：遠流出版事業.
廖尉廷[2004],「高階專業經理人在企業成長階段之進入點探究」大葉大學事業經營研究所碩士論文.
天下編輯[1996],『他們爲什麼成功――統一』台北：天下雜誌.
施振榮[1996],『再造宏碁』台北：天下文化出版.
王永志[2003],『台灣名人錄』2004 年版　台北：中央通訊社.
吳沛珊[1998],「家族企業中企業主對專業經理人之信任評估及行爲導向――從家族企業組織結構特徵的觀點探討」中原大學企業管理學系碩士論文.
謝國興[1999],『台南幫――一個台灣本土企業集團的興起』台北：遠流出版事業.
行政院主計處[2004],『人力資源調查統計年報』中華民國 92 年版，台北：行政院主計處.
熊毅晰[2003],「創新，來自消費者的妥協點」(『e 天下』2003 年 11 月号).
徐重仁[1995],『夢在手心』台北：統一超商.
徐重仁(王家英　整理)[2004],『改變一生的相逢――徐重仁對工作與生活的觀想』台北：聯經出版事業.
嚴奇峰[1994],「台灣家族企業組織成長問題之研究――社會文化基礎與自發性規模抑制現象」(『中山管理評論』2(4)).
楊瑪利[2005],『台灣 7-ELEVEN 創新行銷學――每天 600 萬個感動』台北：天下雜誌.
游常山[2004],「中華汽車蘇慶陽――3 心 3 力打造總經理」(『30 雜誌』2004 年 7 月号).
遠見編輯[2001],『統一星巴克總經理徐光宇複製統一超商内部創業成功的活力』台北：天下遠見出版.
張國安[1987],『歷練――張國安自傳』台北：經濟與生活出版事業.
中國名人傳記中心[1991]『中華民國現代名人錄』增訂三版　中和：中國名人傳記中

〔参考文献〕

心.
中國名人傳記中心編輯委員會[1998],『中華民國現代名人錄』第四版　中和:中國名人傳記中心.
中華徵信所[various years a],『台灣地區大型企業排名』台北:中華徵信所.
中華徵信所[various years b],『台灣地區集團企業研究』台北:中華徵信所.
中華徵信所[various years c],『台灣地區企業經理人名錄』台北:中華徵信所.
中華徵信所[1996],『台灣地區政商名人錄』台北:中華徵信所.
莊素玉[1999a],『無私的開創——高清愿傳』台北:天下遠見出版.
莊素玉[1999b],『訪問成功』台北:天下遠見出版.
莊素玉[2001],『訪問成功 III』台北:天下遠見出版.

〔英　語〕

Amsden, Alice H. and Wan-wen Chu [2003], *Beyond Late Development : Taiwan's Upgrading Policies*, Cambridge & London : The MIT Press.

Hamilton, Gary G. [1997], "Organization and Market Processes in Taiwan's Capital Economy," in Marco Orru, Nicole Woolsey Biggart & Gary G. Hamilton ed. *The Economic Organization of East Asian Capitalism*, Thousand Oaks, London, New Delhi : Sage Publications.

Hamilton, Gary G. & Kao Cheng-Shu [1990], "The Institutional Foundations of Chinese Business : The Family Firm in Taiwan," *Comparative Social Research*, 12.

Numazaki, Ichiro [1986], "Networks of Taiwanese Big Business : A Preliminary Analysis," *Modern China*, 12(4).

Numazaki, Ichiro [1992], "Networks and Partnerships : The Social Organization of the Chinese Business Elite in Taiwan," Dissertation of Michigan State University.

Shieh, G. S. [1992], *Boss Island : the Subcontracting Network and Micro-Entrepreneurialism in the Taiwan's Development*, New York : Peter Lang.

付表　民間企業売上高上位50社の会長と総経理（売上高順）

A　1983年

| 1983 | 会　長 | 総経理 | 産業<br>（金融／<br>ハイテク） | 政府系／<br>外資系 | 会長<br>（創業者<br>／家族） | 総経理<br>（創業者<br>／家族） |
|---|---|---|---|---|---|---|
| 南亜プラスチック（塑膠）工業 | 王　永　慶 | 王　永　在 | | | 創業者 | 創業者 |
| 国泰生命（人寿）保険 | 蔡　萬　霖 | 劉　家　霖 | 金　融 | | 創業者 | 創業者 |
| 台湾プラスチック（塑膠）工業 | 王　永　慶 | 王　永　在 | | | 創業者 | 創業者 |
| 中　華　航　空 | 烏　　　鉞 | 張　麟　徳 | | 政府系 | | |
| 台湾化学繊維 | 王　永　慶 | 王　永　在 | | | 創業者 | 創業者 |
| 裕隆自動車（汽車）製造 | 呉　舜　文 | 呉　舜　文 | | | 創業者 | 創業者 |
| 遠　東　紡　織 | 徐　有　庠 | 徐　旭　東 | | | 創業者 | 家　族 |
| 新光生命（人寿）保険 | 呉　火　獅 | 呉　家　録 | 金　融 | | 創業者 | |
| 大　　　同 | 林　廷　生 | 林　蔚　山 | | | 創業者 | 家　族 |
| 統　一　企　業 | 呉　修　斉 | 高　清　愿 | | | 創業者 | 創業者 |
| 台湾セメント（水泥） | 辜　振　甫 | 辜　振　甫 | | | 創業者 | 創業者 |
| フォード（福特）六和自動車（汽車） | 劉　大　柏 | 范　　　諾 | | | | |
| 中興紡織廠 | 鮑　朝　橒 | 繆　新　吾 | | | 創業者 | |
| 国産自動車（汽車） | 張　添　根 | 張　建　安 | | | 創業者 | 創業者 |
| 台湾松下電器 | 洪　建　全 | 大江康男 | | | 創業者 | |
| 三　陽　工　業 | 黄　世　恵 | 張　国　安 | | | 家　族 | 創業者 |
| 声　　　宝 | 陳　茂　榜 | 石　柄　燿 | | | 創業者 | |
| 台湾RCA（美国無線電） | 柏　雷　克 | 魏　立　志 | | 外資系 | | |
| 亜洲セメント（水泥） | 徐　有　庠 | 徐　旭　時 | | | 創業者 | 家　族 |
| 味全食品工業 | 黄　烈　火 | 黄　克　銘 | | | 創業者 | 家　族 |
| 華　　　隆 | 翁　大　銘 | 翁　有　銘 | | | 創業者 | 家　族 |
| 国泰信託投資 | 蔡　辰　男 | 謝　森　展 | 金　融 | | 家　族 | |
| 中国信託投資 | 辜　振　甫 | 辜　濂　松 | 金　融 | | 創業者 | 家　族 |
| 永豊余製紙（造紙） | 何　　　伝 | 何　寿　川 | | | 創業者 | 家　族 |
| 匯豊自動車（汽車） | 陳　炳　林 | 呂　良　弼 | | | 創業者 | 創業者 |
| 台湾三洋電機 | 張　川　流 | 李　石　柱 | | | 創業者 | 創業者 |
| 台湾フィルコ（飛歌） | 葛　若　斯 | 華　爾　徳 | | 外資系 | | |
| 東　元　電　機 | 林　長　城 | 張　火　山 | | | 創業者 | |
| 中　国　力　覇 | 閻　奉　璋 | 王　又　曾 | | | 創業者 | 創業者 |
| 台　元　紡　織 | 呉　舜　文 | 呉　舜　文 | | | 創業者 | 創業者 |
| 台湾テキサス・インスツルメンツ（徳州儀器工業） | ― | 羅　浩　傅 | ハイテク | 外資系 | 創業者 | 創業者 |
| 高　林　実　業 | 李　錫　禄 | 李　錫　禄 | | | 創業者 | |
| 国泰プラスチック（塑膠）工業 | 蔡　萬　春 | 蔡　超　倫 | | | 創業者 | |
| 台湾聚合化学品 | 張　植　鑑 | 席　徳　鑾 | | | | |
| 遠　東　百　貨 | 徐　有　庠 | 柏　舜　如 | | | 創業者 | |
| 国泰損害（産物）保険 | 蔡　萬　才 | 廖　史　眼 | 金　融 | | 創業者 | |
| 大成長城企業 | 韓　浩　然 | 韓　浩　然 | | | 創業者 | 創業者 |
| 国　泰　建　設 | 蔡　萬　霖 | 李　肇　基 | | | 創業者 | |
| 中華自動車（汽車）工業 | 呉　舜　文 | 徐　廣　九 | | | 創業者 | |
| 高興昌鋼鉄 | 呂　択　賢 | 呂　特　興 | | | 創業者 | 創業者 |
| 華新麗華電線電纜 | 焦　廷　標 | 金　世　添 | | | 創業者 | |
| 福　懋　興　業 | 頼　樹　旺 | 謝　式　銘 | | | 創業者 | |

| 1983 | 会 長 | 総経理 | 産業<br>(金融/<br>ハイテク) | 政府系/<br>外資系 | 会 長<br>(創業者<br>/家族) | 総経理<br>(創業者<br>/家族) |
|---|---|---|---|---|---|---|
| 福　　聚 | 辜 振 甫 | 廬　　沛 | | | 創業者 | |
| 嘉新セメント(水泥) | 張 敏 鈺 | 呉 徳 徴 | | | 創業者 | |
| 春源鋼鉄工業 | 蔡 進 季 | 鄭 春 生 | | | 創業者 | 創業者 |
| 太平洋電線電纜 | 孫 法 民 | 蒋 蘊 経 | | | 創業者 | |
| 義　　新 | 翁 大 銘 | 翁 徳 銘 | | | 創業者 | 家　族 |
| 羽田機械 | 葉林月昭 | 葉 松 根 | | | 創業者 | 創業者 |
| 華夏海湾プラスチック(塑膠) | 趙 廷 箴 | 趙 廷 箴 | | | 創業者 | 創業者 |
| 台湾ユニデン(有力電子) | 武藤洋美 | 小倉啓一 | | 外資系 | | |

注）ハイテクとはコンピュータ関連製品，半導体(組立を含む)，LCD の製造・販売．
　　政府系とは旧公営企業及びその他国策会社．
出所）中華徴信所『台湾地區大型企業排名』各年版，同『台湾地區集團企業研究』各年版等より作成．

B　1993年

| 1993 | 会 長 | 総経理 | 産業<br>(金融/<br>ハイテク) | 政府系/<br>外資系 | 会 長<br>(創業者<br>/家族) | 総経理<br>(創業者<br>/家族) |
|---|---|---|---|---|---|---|
| 国泰生命(人寿)保険 | 蔡 宏 図 | 范 光 煌 | 金　融 | | 家　族 | |
| 新光生命(人寿)保険 | 呉 東 進 | 藍 昭 輝 | 金　融 | | 家　族 | |
| 南亜プラスチック(塑膠)工業 | 王 永 慶 | 王 永 慶 | | | 創業者 | 創業者 |
| 和泰自動車(汽車) | 蘇 燕 輝 | 柯 玉 煜 | | | 創業者 | |
| フォード(福特)六和自動車(汽車) | 劉 大 柏 | 欧　　棟 | | 外資系 | | |
| 中華航空 | 蒋 洪 彝 | 傅 俊 璠 | | 政府系 | | |
| 南山生命(人寿)保険 | 謝 仕 栄 | 梁 家 駒 | 金　融 | 外資系 | | |
| 大　　同 | 林 廷 生 | 林 蔚 山 | ハイテク | | 創業者 | 家　族 |
| 長栄海運 | 林 省 三 | 許 昭 義 | | | | |
| 三陽工業 | 黄 世 恵 | 劉 義 雄 | | | 家　族 | |
| 国瑞自動車(汽車) | 蘇 燕 輝 | 岸本滋測 | | | 創業者 | |
| 南陽実業 | 黄 世 恵 | 徐 吉 永 | | | 家　族 | |
| 台湾プラスチック(塑膠)工業 | 王 永 慶 | 王 永 在 | | | 創業者 | 創業者 |
| 中華自動車(汽車)工業 | 呉 舜 文 | 林 信 義 | | | 創業者 | |
| 台湾化学繊維 | 王 永 慶 | 王 永 在 | | | 創業者 | 創業者 |
| 裕隆自動車(汽車)製造 | 呉 舜 文 | 李 振 華 | | | 創業者 | |
| 台湾松下電器 | 洪 游 勉 | 市川啓一 | | 外資系 | 家　族 | |
| 統一企業 | 呉 修 斉 | 林 蒼 生 | | | 創業者 | |
| 富邦損害(産物)保険 | 蔡 明 忠 | 李 義 雄 | 金　融 | | 家　族 | |
| 台湾マクロ(萬客隆) | 張 国 安 | 貝 瑞 智 | | | 創業者 | |
| 奇美実業 | 許 文 龍 | 何 昭 陽 | | | 創業者 | |
| 華　　隆 | 翁 有 銘 | 梁 清 雄 | | | 家　族 | |
| 台湾フィリップス(飛利浦)建元電子 | 羅 益 強 | 羅 益 強 | ハイテク | 外資系 | | |
| 匯豊自動車(汽車) | 林 錫 瑞 | 呂 良 弼 | | | 創業者 | 創業者 |
| 台湾フィリップス(飛利浦)電子工業 | 羅 益 強 | 羅 益 強 | | 外資系 | | |
| 遠東紡織 | 徐 旭 東 | 徐 旭 東 | | | 家　族 | 家　族 |
| 台湾セメント(水泥) | 辜 振 甫 | 辜 成 允 | | | 創業者 | 家　族 |

| 1993 | 会　　長 | 総経理 | 産業<br>(金融/<br>ハイテク) | 政府系/<br>外資系 | 会長<br>(創業者<br>/家族) | 総経理<br>(創業者<br>/家族) |
|---|---|---|---|---|---|---|
| 中 華 映 管 | 林 鎮 源 | 林 鎮 源 | | | 家　族 | 家　族 |
| エイサー(宏碁電脳) | 施 振 栄 | 林 憲 銘 | ハイテク | | 創業者 | |
| 光 陽 工 業 | 柯 弘 明 | 王 双 慶 | | | 家　族 | |
| 国華生命(人寿)保険 | 蕭 新 民 | 宋 宏 烈 | 金　融 | | | |
| 統 一 超 商 | 高 清 愿 | 徐 重 仁 | | | 創業者 | |
| 亜州セメント(水泥) | 徐 有 庠 | 張 才 雄 | | | 創業者 | |
| 永豊余製紙(造紙) | 何 寿 川 | 何 寿 川 | | | 家　族 | 家　族 |
| 東 元 電 機 | 黄 茂 雄 | 謝 天 下 | | | 家　族 | |
| 台湾山葉オートバイ(機車)工業 | 謝 文 郁 | 武田幸士 | | 外資系 | 家　族 | |
| 遠 東 百 貨 | 徐 旭 東 | 応 鶴 鳴 | | | 家　族 | |
| 中美和石油化学 | 陳 耀 生 | 韋 安 寧 | | 外資系 | | |
| 太平洋電線電纜 | 仝 玉 潔 | 孫 道 存 | | | 創業者 | 家　族 |
| 中華賓士自動車(汽車) | 劉 玉 波 | 韓 福 克 | | | 創業者 | |
| 声　　　　宝 | 陳 盛 沺 | 陳 盛 沺 | | | 家　族 | 家　族 |
| 萬 海 航 運 | 陳 朝 伝 | 陳 徳 勝 | | | 家　族 | |
| モトローラ(摩托羅拉)電子 | 黄 培 坤 | 李 石 松 | ハイテク | 外資系 | | |
| TSMC(台湾積体電路製造) | 張 忠 謀 | 布 魯 克 | ハイテク | 政府系 | | |
| 迪　　　　和 | 金 作 鎰 | 簡 茂 男 | 金　融 | | | |
| 国産自動車(汽車) | 張 朝 翔 | 張 哲 偉 | | | 家　族 | |
| 大衆コンピュータ(電脳) | 簡 明 仁 | 王 雪 齢 | ハイテク | | 創業者 | 創業者 |
| 新光合成繊維 | 呉 東 進 | 呉 東 亮 | | | 家　族 | 家　族 |
| 福 懋 興 業 | 頼 樹 旺 | 謝 式 銘 | | | 創業者 | |
| 明台損害(産物)保険 | 林 傅 生 | 陳 暁 堂 | 金　融 | | 家　族 | |

C　2003年

| 2003 | 会　　長 | 総経理 | 産業<br>(金融/<br>ハイテク) | 政府系/<br>外資系 | 会長<br>(創業者<br>/家族) | 総経理<br>(創業者<br>/家族) |
|---|---|---|---|---|---|---|
| 国泰生命(人寿)保険 | 蔡 宏 図 | 黄 調 貴 | 金　融 | | 家　族 | 家　族 |
| 鴻海精密工業 | 郭 台 銘 | 郭 台 銘 | ハイテク | | 創業者 | 創業者 |
| 広達コンピュータ(電脳) | 林 百 里 | 梁 次 震 | ハイテク | | 創業者 | |
| 南山生命(人寿)保険 | 郭 文 徳 | 陳 潤 霖 | 金　融 | 外資系 | | 家　族 |
| 台 塑 石 化 | 王 永 慶 | 王 文 潮 | | | 家　族 | |
| 新光生命(人寿)保険 | 呉 東 進 | 潘 柏 錚 | 金　融 | | | |
| TSMC(台湾積体電路製造) | 張 忠 謀 | 蔡 力 行 | ハイテク | 政府系 | | |
| 仁宝コンピュータ(電脳)工業 | 許 勝 雄 | 陳 瑞 聡 | ハイテク | | 家　族 | |
| 中 国 鋼 鉄 | 林 文 淵 | 陳 振 栄 | | 政府系 | | |
| 南亜プラスチック(塑膠)工業 | 王 永 慶 | 呉 欽 仁 | | | 創業者 | |
| 台湾ING生命保険(美商美国安泰人寿保険) | 潘 燊 昌 | 陳 丕 燿 | 金　融 | 外資系 | | |
| 明 基 電 通 | 李 焜 燿 | 李 錫 華 | ハイテク | | | |
| 台湾化学繊維 | 王 永 慶 | 王 文 淵 | | | 創業者 | 家　族 |
| 光 宝 科 技 | 宋 恭 源 | 林 行 憲 | ハイテク | | 創業者 | |
| 友 達 光 電 | 李 焜 燿 | 陳 炫 彬 | ハイテク | | | |
| 台湾三星電子 | 洪 完 勳 | 洪 完 勳 | ハイテク | 外資系 | | |

| 2003 | 会長 | 総経理 | 産業（金融／ハイテク） | 政府系／外資系 | 会長（創業者／家族） | 総経理（創業者／家族） |
|---|---|---|---|---|---|---|
| 聯華電子 | 曹興誠 | 張崇徳 | ハイテク | 政府系 | | |
| 台湾プラスチック(塑膠)工業 | 王永慶 | 李志村 | | | 創業者 | |
| 大同 | 林挺生 | 林蔚山 | ハイテク | | 創業者 | 家族 |
| エイサー(宏碁) | 施振栄 | 王振堂 | ハイテク | | 創業者 | |
| 英業達 | 葉国一 | 李詩欽 | ハイテク | | 創業者 | |
| 緯創資通 | 林憲銘 | 鄭定群 | ハイテク | | | |
| 統一超商 | 高清愿 | 徐重仁 | | | 創業者 | |
| 台湾テキサス・インスツルメンツ(徳州儀器工業) | 程天縦 | 李同舟 | ハイテク | 外資系 | | |
| 中華航空 | 李雲寧 | 魏幸雄 | | 政府系 | | |
| 華碩コンピュータ(電脳) | 施崇棠 | 施崇棠 | ハイテク | | 創業者 | 創業者 |
| 聯強国際 | 苗豊強 | 杜書伍 | ハイテク | | 家族 | |
| 長栄航空 | 張国政 | 林宝水 | | | 家族 | |
| 微星科技 | 徐祥 | 徐祥 | ハイテク | | 創業者 | 創業者 |
| 陽明海運 | 盧峯海 | 黄望修 | | 政府系 | | |
| 奇美電子 | 許文龍 | 何昭陽 | ハイテク | | 創業者 | |
| 国瑞自動車(汽車) | 蘇燕輝 | 横浜孝志 | | | 創業者 | |
| 和泰自動車(汽車) | 蘇燕輝 | 張重彦 | | | 創業者 | |
| 国華生命(人寿)保険 | 翁一銘 | 郭井田 | 金融 | | 家族 | |
| 台湾フィリップス(飛利浦)建元電子 | 荘鈞源 | 荘鈞源 | ハイテク | 外資系 | | |
| 富邦生命(人寿)保険 | 蔡明興 | 鄭本源 | 金融 | | 家族 | |
| 中華自動車(汽車)工業 | 呉舜文 | 蘇慶陽 | | | 創業者 | |
| 中国信託商業銀行 | 辜仲諒 | 陳聖徳 | 金融 | | 家族 | |
| 台湾東芝国際調達(採購) | 山近隆 | 石川隆彦 | ハイテク | 外資系 | | |
| 家福 | 高伯寿 | 呉偉生 | | 外資系 | | |
| 大衆コンピュータ(電脳) | 簡明仁 | 簡明仁 | ハイテク | | 創業者 | 創業者 |
| 中国生命(人寿)保険 | 王章清 | 王銘陽 | 金融 | | | |
| 燁聯鋼鉄 | 林義守 | 楊森隆 | | | 創業者 | |
| 中華映管 | 林鎮弘 | 林鎮弘 | ハイテク | | 家族 | 家族 |
| 第一商業銀行 | 謝寿夫 | 廖龍一 | 金融 | 政府系 | | |
| 三商美邦生命(人寿)保険 | 陳河東 | 劉中興 | 金融 | | | |
| 新光三越百貨 | 呉東興 | 天野治郎 | | | 家族 | |
| 台湾セルラー(大哥大) | 蔡明忠 | 張孝威 | | | 家族 | |
| 精英コンピュータ(電脳) | 蒋東濬 | 陳明村 | ハイテク | | 創業者 | 創業者 |
| 台湾生命(人寿)保険 | 朱炳昱 | 凌氤宝 | 金融 | 政府系 | 創業者 | |

〔付表の解説〕

　創業者とは，当該企業が所属するビジネス・グループの創業者を意味する場合もある．したがって，精英コンピュータや台湾セルラーのように，経営権の移動があった場合，当該企業の創業者だけではなく，現在の経営権の保有者も創業者あるいはその一族として表示している．

## 第2章　台湾民間大企業の経営者

　リスト上の人物全てについて創業者か，その一族か，俸給経営者か完全に確認できたわけではない．明確な証拠がない場合は俸給経営者に分類されている．したがって，その分，俸給経営者の数は過大になっているかもしれない．しかし，疑問が残る人物は1983年と1993年の数名に限られるので，総経理の俸給経営者へのシフトという結論は変わらない．

　創業者とすべきか，その一族とすべきか，分類が難しい場合がある．例えば，台湾プラスチック工業等の総経理を務めた王永在は王永慶の弟で，兄の補佐役である．永慶のみを創業者と考えることもできるが，永在は創業時から貢献が大きいと判断し，創業者にした．また，許勝雄は金宝電子工業（仁宝コンピュータ工業の親会社）の創業に父とともに加わっている．聯華神通グループのうち聯強国際等のハイテク部門は2代目に当たる苗豊強が立ち上げたものである．しかし，彼らの活動は2代目だからこそ可能だったと考え，創業者とはしなかった．ただ，いずれにせよ，本章の議論に対して，彼らを創業者に分類するか，その一族に分類するかはほとんど影響を与えない．

　より影響が大きいのは，一部のハイテク企業の総経理を俸給経営者とするか，創業者とするかである．実際の経緯からみて，微妙なケースが幾つかある．広達コンピュータの梁次震と英業達の李詩欽が特に難しい．しかし，彼らの保有株式はそれぞれの企業の創業者とした林百里や葉国一よりもかなり少なく，所有権を使って一族をそれぞれの企業の経営者とすることは難しい．仁宝コンピュータ工業の陳瑞聡，聯強国際の杜書伍も同様である．陳の保有株式は会長の許勝雄よりも多いが，親会社の金宝電子工業にははるかに及ばない．したがって，本章の議論の主旨からは彼らを俸給経営者とすることがより適切であると判断した．

## 第3章

# タイのファミリービジネスと「トップ経営陣」
―― 創業者一族，内部昇進者，外部リクルート者 ――

## 末廣　昭，ネーナパー・ワイラートサック

## はじめに

　タイで「専門経営者」の存在がマスメディアなどで話題となるのは，1980年代半ば以降のことである．その口火を切ったのは，タイ語の経営専門雑誌として刊行された『月刊支配人』(83年創刊)が，総力を挙げて編集した1987年8月号の「特集：新世代の経営支配人」(160頁)であろう．このときの「特集号」で，同誌の編集部は新世代のビジネスリーダーの重要な担い手として，「ナック・トゥラキット・ムーアーチープ」(nak-thurakit mue acheep)，つまり「専門職としての経営者」の存在に初めて光をあてた．

　この時期のタイで，いわゆる「専門経営者」の存在と役割が関心を集めたのは二つの理由による．一つ目は，1980年代後半という時期が，急速に拡大する経済のもとで，有能な人材の不足がファミリービジネスを含む民間セクターの間で強く認識された時期と重なった点である．同時に，大卒者の間でも進路の選択先として，公務員・国営企業から民間大企業への移行が急速に進んだ時期でもあった[1]．二つ目は，『月刊支配人』の編集部が，当時活発化していた民主化運動の積極的な担い手として，政治指導者との人的コネクションを通じて事業を拡大してきた伝統的なファミリービジネスではなく，政治と直接関わりのない大企業の俸給経営者や上級ホワイトカラー層の役割に，つまり新興都市中間層の役割に大きな期待を寄せた点である(末廣[1993:202-206])．その結果，「専門経営者」の存在に対

---

1) ナパポーンの調査によると，タイの大学新卒者の進路は，1976年当時，民間企業29%に対して公務員68%であった(残りの数字は国営企業と不明)．この比率は1982年になると46%対47%と拮抗し，86年には民間(51%)が初めて公務員(44%)を抜いた．そして，1989年には63%対32%と両者の関係は完全に逆転した(Napaporn[1996:41])．

## 第3章 タイのファミリービジネスと「トップ経営陣」

する関心がタイでも一挙に高まった．

「専門経営者」の代表としてタイでよく知られているのは，電気通信業の最大手であるSHINグループの経営最高責任者(CEO)に抜擢されたブンクリー・パラングシリ(Bunkhlee Plangsiri, 1951年生まれ)の事例であろう[2]．彼は，もともとグループの経営支配人として国営企業・タイ通信公団(CAT)から引き抜かれ，のち同グループのCEOに昇進した．『月刊支配人』がブンクリーに関する特集を組んだとき，同誌は「新時代の専門経営者」という側面を前面に打ち出した(Phairo[1999])．

もう一つ，経営を指揮する技術者の事例も紹介しておきたい．2004年7月にバンコクに初めて地下鉄が開通した．この地下鉄はドイツのジーメンス社の技術を導入し，タイの三大建設請負会社の一つである「チョー・ガーンチャーン社」(Ch. Karnchang PLC：CK社)の子会社であるBangkok Metro PLC(BMCL)社が建設を担当した．CK社は株式を公開しているとはいえ，その経営形態は，創業者であるターウォン・トゥリサワウェート(Tavon Trisvavet, 張蔡雨, 1929年生まれ)が会長を，その六弟のプレーウ(Plew, 張蔡彪)がCEOを務める，典型的なファミリービジネスである[3]．しかし，地下鉄建設を実際に担当したBMCL社の経営支配人は，一族とは関係のないソムバット・ギッチャラクサナ(Sombat Kitjalaksana, 土木工学博士，1957年生まれ)である．彼は，チュラーロンコン大学土木工学の出身で，7年間，タイ発電公団(EGAT)でエンジニアとしての経験を積み，90年にCK社に移ってからは，バンコク高架鉄道(MTR)の建設を指揮したことで名声を馳せた．初の地下鉄敷設の成功は，このソムバットの技術的知識と経営能力を抜きにしてはありえなかったというのがもっぱらの評価であり，「専門経営者」の台頭を人々に印象づけた[4]．

2) ブンクリーのプロフィールと彼が主導したSHINグループの経営改革については本章の第4節を参照．そのほか，末廣・ネーナパー[2002：347-355]，Phairo[1999]も参照．
3) トゥリサワウェート家＝「チョー・ガーンチャーン」グループの事業発展とその一族については，The Brooker Group PLC ed.[2001：503-505][2003：703-707]；「訃代告知交初千創建築有限公司董事長張少峯(張蔡雨)先生他之尊翁　張招掲老先生」(『星暹日報』1978年3月9日号)などを参照．
4) 詳しくは次の特集記事を参照．"Quiet Diplomacy helped a mild-mannered engineer get the country's first subway system up and running," *Bangkok Post: Business*, August 30, 2004.

## はじめに

　以上のように，タイでも「専門経営者」の役割は日増しに重要性を増している．筆者のひとりは最近の論稿(末廣[2004])で，ファミリービジネスがその事業発展のなかで直面する経営諸資源面での本源的な問題として，①投資資金の制約，②人的資源の制約，③生産技術と情報・知識の制約の三つを指摘し，これを「ファミリービジネスの経営的臨界点」と呼んだ．そして，ファミリービジネスはこの「経営的臨界点」を企業内部での経営改革やさまざまな手段を通じて緩和することで，自らの企業形態の存続と発展を図ってきたと主張した．所有主家族内部で生じている「脱アマチュア経営者」の傾向や，専門的知識・経営ノウハウを積んだ人物を一族外から登用する試みは，②人的資源の制約を緩和するための動きとみなすことができる．

　そこで本章では，タイの大企業，とりわけ大規模なファミリービジネスにおける「専門経営者」の役割，より正確に言えば，所有主家族のキャリア形成と，いわゆる「俸給経営者」(salaried manager)の登用に焦点をあてることにする．もっとも，本章はタイの支配的な企業形態が，「ファミリービジネス」もしくは「所有主企業」から「経営者企業」(Managerial Firm)へと移行している，ということを強く主張したいわけではない．俸給経営者の役割が大きくなったとはいえ，大企業に占めるファミリービジネスの比重は依然として大きく，その経営的実態(会長と社長の兼任)をみても，創業者一族や所有主家族の影響は無視できないからである(末廣[2004：153-159])．

　仮に企業経営の権限を，戦略の策定や意思決定の側面と，日常業務の執行の側面に分けると，俸給経営者の役割は増大したとはいうものの，その権限が後者を越えて前者の意思決定にまで及んでいるのかどうかについては，慎重な検討を要する．そこで本章では，タイの企業経営組織をいまも代表するファミリービジネスの「トップ経営陣」の構成にまず注目し，所有主家族と俸給経営者(内部昇進者と外部リクルート者)がどのような比率になっているのか，そして彼らは相互にどのような役割分担と協力関係を構築しているのか，実態に即して検討することにした．

　本章の構成は以下のとおりである．まず第1節で，「専門経営者」に関

わる論点を整理し，彼らを含むタイの「トップ経営陣」を，企業の所有形態と経営者本人の属性にもとづいて分類する．第2節では，冒頭で紹介した『月刊支配人』特集号の内容を整理し，1987年時点でのタイの「トップ経営陣」のイメージを導き出す．また，2000年現在の上場企業の「トップ経営陣」に関する筆者たちの悉皆調査の一端を紹介し，最近の俸給経営者（もしくは専門経営者）と呼ばれるグループの台頭を確認する．

第3節以下は，タイを代表する主要ファミリービジネスの「トップ経営陣」に関する一次データを使って，俸給経営者を含めた人的資源の分布とそのキャリアを詳細に検討する．第3節では，商業銀行とアグロインダストリーを例にとり，所有主家族内でのキャリア形成の具体的な事例（バンコク銀行）と，貪欲なまでの引き抜き戦略の実態（TIPCO社）を紹介する．第4節では，1980年代末以降，目覚しい発展を遂げてきた電気通信業，そして第5節では新業態の代表である芸能・コンテンツ産業をそれぞれ取り上げ，個別企業レベルに見られる所有主家族と俸給経営者の間の多様な結合関係を確認する．第6節は以上の事例研究をもとに，「トップ経営陣」の内部市場と外部市場の相互関係について考察してみたい．

## 第1節　問題の所在と「トップ経営陣」の分類

### 1.「専門経営者」をめぐる四つの論点

ファミリービジネスにおける「トップ経営陣」を検討する前に，そもそも「専門経営者」をどう定義するのか，予め整理しておきたい．論点は四つの領域にまたがる．

第1は，専門経営者の定義と企業の所有形態の関係，もしくは「所有と経営の分離」との関係に関わる問題である．じつは，専門経営者という日本語には二つの異なる概念が含まれていることに注意する必要がある．

一つ目は，専門経営者を「所有機能を持たないで，経営機能に専門化している俸給経営者（salaried manager）」と理解する立場である（森川［1996：7］）．この場合，創業者・所有主家族は，当然ながら専門経営者から除外される．アメリカの大企業において「所有と経営の分離」が進み，「経営

第1節 問題の所在と「トップ経営陣」の分類

者支配」(management control)が支配的であることを明らかにしたバーリーたちの古典的な研究(バーリー/ミーンズ[1958]；末廣[2004：142-144])；家族企業から経営者企業への移行を説いたチャンドラーの研究(Chandler [1986]；チャンドラー[1993：7-9])，日本における経営者企業の発展に着目する森川の一連の研究([1991][1996])などが，この立場をとっている[5]．

　二つ目は，所有の有無にかかわらず，経営者の専門性やキャリア形成に注目して，専門経営者(professional manager, specialist-type manager)を理解する立場である．この場合には創業者・所有主家族も含まれる．本章は所有主企業から峻別された経営者企業の発展ではなく，ファミリービジネスを含めた，大企業における「専門経営者」の形成を課題とするので，必然的に後者の立場をとる[6]．

　第2は，専門経営者のリクルートの経路に関する問題である．この点については，大きく分けて(1)所有主家族内部での育成(企業内OJT)，(2)内部昇進者の登用，(3)外部リクルート者の活用，の三つに分類することができる．なお，森川は日本の経験に照らして，専門経営者を(1)を除く三つの類型，すなわち，(i)内部昇進者，(ii)企業から企業へと移動する「ワンダーフォーゲル経営者」，(iii)高級官僚から直接トップ経営者へと招かれる「天下り経営者」に区分した(森川[1996：8])．より厳密な分類はすぐあとで検討するが，これらのタイプの違いは，じつは専門経営者に要請される専門性の内容の違いとも密接に関連している点に注意しておきたい．

　第3は，専門経営者を捉えるスコープに関わる問題，つまり，分析の対象はトップ経営者個人か，経営者集団(取締役会や経営執行委員会のメンバー)か，という問題である．大量観察を行うためには，トップ経営者個人(社

---

5) ドイツ大企業の経営史を研究してきたコッカ(Jurgen Kocka)は，チャンドラーが定式化した「所有者企業家」と「経営者企業家」の区分とは別に，「戦略的な決定はなお創設者ないしはその家族，相続人，緊密な友人によってなされるが，継続的な経営管理の少なくとも大部分は，有給の経営者の手中にある」という「中間形態」の存在を主張した．そして，彼自身の調査の結果，1927年現在のドイツ10大企業のうち，8企業がすでに経営者企業に転化しているとはいえ，クルップ社とジーメンス社というドイツを代表する2大企業が，「中間形態」の企業であったと述べている(コッカ[1992：40])．
6) 専門経営者の中に，「俸給経営者」，「スペシャリスト型経営者」，「プロフェッショナル型経営者」の三つの要素が混合していることから，森川はこうした経営者を総体として「プロフェッショナル企業人」と呼んだことがある(森川[1980])．その後，森川はこの表現を使っていない．

長/CEOなど)に限定したほうが便利であろう.しかし,個別のファミリービジネスを対象とする場合には,取締役会や経営執行委員会のメンバーを見ていく方がより現実的である.本章では,取締役会(Board of Directors)と経営執行委員会(Executive Committee)のメンバーを対象範囲とし,これを「トップ経営陣」と呼ぶことにする[7].なお,過去の論文でも強調したように,タイのファミリービジネスでは,両者のメンバーは重複する場合が圧倒的に多かった(末廣[2004:154-156]).したがって,社長/CEOをはじめ,取締役会役員を兼任する経営執行委員(Executive Director)が主たる分析対象となる(企業経営組織の各国・地域の違いについては,本書の序章を参照).

第4は,第1や第2の問題とも重なる点であるが,専門経営者の有無とその要件をどのような指標で判別するのかという問題である.この問題は簡単そうで,じつはそうでもない.例えば,経営者資本主義論で知られるチャンドラーは,個別の企業を分析する際には,トップ経営者のパーソナリティに絶えず細心の注意を払っていた.しかし,彼の研究は「企業経営史論」(business history)であっても,「企業経営者史論」ではない.むしろ彼の主たる関心は,家族企業家に替わる専門経営者の登場ではなく,規模の経済と範囲の経済に基づく事業の拡大を支える「官僚制組織」の発展,もしくは「経営階層組織」(managerial hierarchies)の発展にあり(Chandler [1980];チャンドラー[1993:18]),この組織の発展を監視・調整する特定の階層として俸給経営者の存在に注目するからである(Kobayashi and Morikawa eds.[1986:282-285]).したがって,チャンドラーの議論の中には,そもそも専門経営者の属性を分類するという関心や,その要件を問うという問題設定がないのである.

一方,専門経営者を所有機能からの離脱ではなく専門性の形成から捉えていく以上,「専門経営者」の要件について一定の定義が必要となる.そこで筆者たちは,タイの事例を念頭にその要件を独自に検討することにした.具体的には,専門経営者の要件を(イ)学歴,(ロ)企業内もしくは企業

---

7) タイにおける経営組織については,末廣[2004:156]に図示しておいた.

外での経験とキャリア，(ハ)経営能力の三つの側面から捉えておきたい．問題となるのは(ハ)の経営能力である．先に紹介した森川はこの点について，(i)激変する経営環境に対応する能力(先見性や状況判断力)，(ii)企業成長に関するコンセプト形成力(理念や長期的な政策構想)，(iii)管理者，技術者の大群を調整する手腕の三つを掲げる(森川[1996：56-57])．しかし，この三つはいずれも客観的な測定が難しい指標であり，企業の経営実績を通じて事後的にしか確認できない能力であろう．そこで，筆者たちは経営能力を測る指標として，経営陣の能力そのものではなく，企業内部に経営の近代化を推進する組織的合意がまずあり，これを実施するためにトップ経営陣を選抜するための制度的な枠組みが整備されているかどうかを重視したい．もっとも，この点を論じるためには，企業の組織内部に立ち入った本格的な調査が必要であり，将来タイにおける「経営者企業」の発展可能性を論じる際の課題としておきたい[8]．

## 2. トップ経営陣の分類とその属性

以上の論点を念頭に置きながら，タイの「トップ経営陣」を六つの類型に分類したものが，表3-1である．表ではまず経営者を，(A)所有に関わるグループ(融資銀行を含む)と，(B)所有に関わらないグループに分け，前者はさらに，(1)オーナー経営者，(2)親会社や主要大株主からの派遣者，(3)金融機関からの派遣者の三つに分ける．一方，後者は，(4)内部昇進者で創業時もしくは初期からの「生え抜き組」(タイではこうしたグループをluk mo〔闘魚の純粋培養種〕と呼んでいる)，(5)内部昇進者で中途採用組，(6)外部リクルート者(直接役員就任者)の三つに分ける．(5)と(6)を区別するのは，中途採用のあと一定の期間を置いてトップ経営陣に昇進するか，それとも中途採用時に直接役員に就任するかの違いである[9]．

ここで注意しておきたいのは，表3-1の類型が，じつは経営者に必要とされる要件の違いと密接に関連している点である．例えば，(1)(2)は企業

---

[8) 筆者のひとりであるネーナパーは，タイ石油公団，アドヴァンス・インフォ社(SHINグループの情報通信)，サイアムセメント社，トヨタ・タイランド社の4社について，企業内の選抜システムに関する詳細な聞き取り調査の結果を提示している(Natenapha [2005])．Natenapha and Suehiro [2004b]も参照．

表 3-1　トップ経営陣と企業所有関係：6つの類型

| 経営者の分類 | 経営者就任の根拠と機能的役割 |
| --- | --- |
| (A)所有(融資)関係に関わる経営者 | |
| 　(1)オーナー経営者 | |
| 　　＊創業者本人 | 創業と所有にもとづく経営支配 |
| 　　＊創業者による直接任命 | 所有と創業一族との関係にもとづく経営支配 |
| 　　＊創業者一族の企業内での訓練 | 所有と経験，能力にもとづく経営支配 |
| 　(2)派遣経営者1 | |
| 　　＊本社からの派遣 | 出資にもとづく経営管理 |
| 　　＊主要株主からの派遣 | 同　上 |
| 　(3)派遣経営者2 | |
| 　　＊金融機関からの派遣 | 融資にもとづく監視機能 |
| (B)所有関係に関わらない経営者 | |
| 　(4)内部昇進者/内部生え抜き組 | 経験，能力，年功 |
| 　　＊同一企業内の昇進 | 企業に固有のノウハウ(firm-specific skill) |
| 　　＊企業グループ内での昇進 | 同　上 |
| 　(5)内部昇進者/中途採用組 | 専門知識・技術，経験，能力 |
| 　　＊競争他企業からの引き抜き | |
| 　　＊(6)の経歴の分類と同じ | |
| 　(6)外部リクルート者 | 専門知識・技術，能力，コネクション |
| 　　＊政府機関・省庁 | 経験，能力，認可事業へのコネクション |
| 　　＊中央銀行・国営企業 | 同　上 |
| 　　＊地場企業 | 専門知識・技術，能力，経験 |
| 　　＊外国企業 | 同　上 |
| 　　＊大学・研究機関 | 同　上 |
| 　　＊会計事務所，その他 | 同　上 |

注)　外部リクルート者は中途採用時に直接役員に就任．
　　中途採用時に非役員職に就任し，のち役員に昇進した場合は「内部昇進者/中途採用組」に分類する．
出所)　筆者たち作成．

の所有支配が，(3)は企業への融資が経営者就任の要件となっている．これに対して，(4)と(5)の内部昇進者の場合には，単なる資格や能力だけではなく，企業に固有のスキル(firm-specific skill)や経験の蓄積に，より比重を置いていることは容易に類推できるだろう．逆に，(6)の外部リクルート者の場合には，スペシャリスト(技術，財務，営業，総務など)としての経験や専門知識，あるいは電気通信業(政府認可事業)に見られるように，政府との人的コネクションが，引き抜き・招聘の際の理由になっているこ

第1節　問題の所在と「トップ経営陣」の分類

とが多い．

　さて六つの類型は，ほぼ前項で定義した「専門経営者」に含めることができるとはいえ，該当しない場合もある．一つは(1)のオーナー経営者である．創業者・所有主家族の成員という理由のみでトップ経営陣に参加している場合には，プロフェッショナルと呼ぶことはできないだろう．そこで，該当する企業内やグループ内企業で一定の期間，訓練を受けてキャリアを積み，選抜されたオーナー経営者(in-house trained owner manager──筆者たちの概念)を，ここでは「専門的な経営者」(professional manager)とみなすことにしたい．同様に，(4)の内部昇進者・生え抜き組の中にも，勤続年数や創業者との個人的な関係だけでトップ経営陣に加わっている場合がありえる．彼らについても，学歴，企業内キャリア，経営能力に照らして判別すべきであろう．

　以上の理由から，本章ではタイトルを「タイの専門経営者」としないで，あえて「トップ経営陣」とした．同時に本章の記述も，概念ではなく実態を指す場合には，本書の序章に従って，「専門経営者」と括弧で囲うことにした．トップ経営陣の(イ)学歴と(ロ)キャリア形成は確定できるが，(ハ)経営能力を客観的に測定できる統一的なデータや手法がいまだ欠けているからである．

　そこで本章では，ファミリービジネスの「トップ経営陣」に焦点をあて，彼らを企業内訓練を積んだ創業者・所有主家族，内部昇進者，外部リクルート者の三つのグループに大きく分け(後者の二つが俸給経営者となる)，三つのグループがどのような協力関係にあるのかを個別具体的に検証することにした．なお，表3-1に示した(2)と(3)の派遣経営者については，本章では分析の対象外とする．

---

9)　森川[1980 : 41-42]は，戦前日本における「経営者企業の発展」を主張するに当たって，専門経営者の内訳を，「社員からの昇進」(本稿でいう内部昇進型)，「社員としての転職・昇進」(中途採用・内部昇進型)，「重役としての転職」(外部リクルート型)の三つに分け，明治38年，大正2年，昭和5年の3時点について検証を行った．その結果，社員からの昇進の比重が日本の大企業では傾向的に増加していることを報告している．この観察については，本稿の結語も参照のこと．

## 第2節　トップ経営陣の属性とキャリア

### 1.「新世代ビジネスリーダー」の群像：1987年調査

新しいタイプの経営者のイメージを得るために，まず冒頭で紹介した『月刊支配人』による1987年時点の調査を紹介しておこう．この調査は，同誌の編集部が，①専門経営者(所有にもとづかない経営の専門家)，創業者(頭家，taoke)，事業の継承者(thayart)のいずれかで，現在活躍中の人物，②地位の昇進にもとづき際立った役割と業績を挙げている人物，③1986年現在，原則として45歳未満の人物，という三つの条件に照らして，120名の経営者を選んだもので，この120名を同誌は「新世代の経営支配人」と呼んだ(Phu Chatkan[1987 : 87-88])．なお，120名のうち2名については個人データが欠落していたため，当時のタイを代表する専門的な経営者2名に差し替えた[10]．その上で，筆者たちが独自に収集した各種情報も加えて，120名の属性別データを集計したものが，表3-2である．

表3-2は，縦軸に各経営者の属性として，1987年時点における地位，年齢，最終学歴のレベル，就学場所，専攻分野，所属する企業の形態(ファミリービジネス，非ファミリービジネス系タイ企業，外国企業，国営・公企業)，現在の地位に就くまでのキャリアの七つをとり，横軸には，経営者が当該企業の「創業者・所有主家族」の成員である場合とそうでない場合の二つに分けた[11]．

表3-2にはあらかじめ留意すべきことが2点ある．一つ目は，1987年時点の地位には，社長/CEOや会長/CEOといった「トップ経営者」(120名中85名)だけではなく，副社長，社長補佐，役員も含んでいることである．これは『月刊支配人』が，調査対象をトップ経営者に限定しなかった

---

10) この2名とは，Lever Brothers(Thailand)Ltd. 社長のウィロート・プートゥラグン(Wiroj Putrakul，1935年生まれ．イギリスで経済学学士．イギリス本社をはじめ，ユニリーバー社の10カ国の支社で勤務する)と，Exxon Chemical Thailand Ltd. 社長のトゥム・フッタシング(Toum Hutasing，1932年生まれ．アメリカのMIT卒業の第1号．1960年にエクソン社のタイ石油子会社[Stanvac Bangkok]に入社．Esso Standard Thailandを経て，78年からエクソン・ケミカル社の社長に就任)である．詳しいデータは，Sida[1988 : kho. 111-112 ; kho. 297]．

表 3-2 タイの「新世代ビジネスリーダー」120名のプロフィール(1987年調査)

| 項　目 | 合　計 | % | 創業者・所有主家族 | % | 非創業者・非所有主家族 | % |
|---|---|---|---|---|---|---|
| 合　　計 | 120 | 100.0 | 49 | 40.8 | 71 | 59.2 |
| (1) 1987年の地位 | | | | | | |
| 　会長兼CEO | 8 | | 8 | | 0 | |
| 　社長・CEO | 77 | | 28 | | 49 | |
| 　副 社 長 | 11 | | 4 | | 7 | |
| 　社長補佐 | 12 | | 5 | | 7 | |
| 　そ の 他 | 12 | | 4 | | 8 | |
| (2) 年齢別分布 | | | | | | |
| 　＊30歳未満 | 4 | 3.4 | 2 | 4.2 | 2 | 2.8 |
| 　＊30-34歳 | 13 | 10.9 | 10 | 20.8 | 3 | 4.2 |
| 　＊35-39歳 | 34 | 28.6 | 14 | 29.2 | 20 | 28.2 |
| 　＊40-44歳 | 59 | 49.6 | 17 | 35.4 | 42 | 59.2 |
| 　＊45-49歳 | 7 | 5.9 | 5 | 10.4 | 2 | 2.8 |
| 　＊50歳以上 | 2 | 1.7 | 0 | 0.0 | 2 | 2.8 |
| 　小　　計 | 119 | 100.0 | 48 | 100.0 | 71 | 100.0 |
| (3) 最終学歴 | | | | | | |
| 　高校卒, それ未満 | 3 | 2.5 | 0 | 0.0 | 3 | 4.3 |
| 　短大卒(Diploma) | 12 | 10.1 | 7 | 14.3 | 5 | 7.1 |
| 　学 士 卒 | 57 | 47.9 | 29 | 59.2 | 28 | 40.0 |
| 　修 士 修 了 | 24 | 20.2 | 7 | 14.3 | 17 | 24.3 |
| 　Ｍ　Ｂ　Ａ | 17 | 14.3 | 6 | 12.2 | 11 | 15.7 |
| 　博　　士 | 6 | 5.0 | 0 | 0.0 | 6 | 8.7 |
| 　小　　計 | 119 | 100.0 | 49 | 100.0 | 70 | 100.0 |
| 　大学以上 | 104 | 87.4 | 42 | 85.7 | 62 | 88.6 |
| (4) 最終学歴の取得国 | | | | | | |
| 　タ　　イ | 31 | 25.8 | 9 | 18.4 | 22 | 31.0 |
| 　アメリカ | 70 | 58.3 | 29 | 59.2 | 41 | 57.7 |
| 　イギリス | 12 | 10.0 | 7 | 14.3 | 5 | 7.0 |
| 　オーストラリア | 3 | 2.5 | 1 | 2.0 | 2 | 2.8 |
| 　そ の 他 | 4 | 3.3 | 3 | 6.1 | 1 | 1.4 |
| 　小　　計 | 120 | 100.0 | 49 | 100.0 | 71 | 100.0 |
| (5) 学位の専攻分野 | | | | | | |
| 　経 済 学 | 26 | 30.6 | 8 | 22.2 | 18 | 36.7 |
| 　経営学, 財政, 金融 | 27 | 31.8 | 16 | 44.4 | 11 | 22.4 |
| 　会 計 学 | 5 | 5.9 | 1 | 2.8 | 4 | 8.2 |
| 　理 工 学 | 23 | 27.1 | 10 | 27.8 | 13 | 26.5 |
| 　法学, 政治学 | 4 | 4.7 | 1 | 2.8 | 3 | 6.1 |
| 　小　　計 | 85 | 100.0 | 36 | 100.0 | 49 | 100.0 |

| 項　　目 | 合　計 | % | 創業者・所有主家族 | % | 非創業者・非所有主家族 | % |
|---|---|---|---|---|---|---|
| (6) 企業の形態 | | | | | | |
| 　ファミリービジネス | 71 | 59.2 | 46 | 93.9 | 25 | 35.2 |
| 　タイ企業 | 32 | 26.7 | 2 | 4.1 | 30 | 42.3 |
| 　外国企業 | 15 | 12.5 | 1 | 2.0 | 14 | 19.7 |
| 　国営・公企業 | 2 | 1.7 | 0 | 0.0 | 2 | 2.8 |
| 　　小　　　計 | 120 | 100.0 | 49 | 100.0 | 71 | 100.0 |
| (7) 経営者のキャリア形成と経歴パターン | | | | | | |
| 　同一企業内部昇進者 | 37 | 31.1 | 18 | 37.5 | 19 | 26.8 |
| 　グループ内企業内部昇進者 | 29 | 24.4 | 18 | 37.5 | 11 | 15.5 |
| 　中央銀行, 国営企業に在籍 | 5 | 4.2 | 1 | 2.1 | 4 | 5.6 |
| 　政府省庁に在籍 | 8 | 6.7 | 2 | 4.2 | 6 | 8.5 |
| 　他のタイ企業に在籍 | 9 | 7.6 | 1 | 2.1 | 8 | 11.3 |
| 　タイ企業→外国企業 | 2 | 1.7 | 0 | 0.0 | 2 | 2.8 |
| 　外国企業に在籍 | 21 | 17.6 | 7 | 14.6 | 14 | 19.7 |
| 　外国企業→政府企業 | 1 | 0.8 | 0 | 0.0 | 1 | 1.4 |
| 　外国企業→タイ企業 | 5 | 4.2 | 1 | 2.1 | 4 | 5.6 |
| 　混　合　型 | 2 | 1.7 | 0 | 0.0 | 2 | 2.8 |
| 　　小　　　計 | 119 | 100.0 | 48 | 100.0 | 71 | 100.0 |
| 　内部昇進者の小計 | 66 | 55.5 | 36 | 75.0 | 30 | 42.3 |
| 　外国企業在籍者の小計 | 29 | 24.4 | 8 | 16.7 | 21 | 29.6 |

注)　創業者もしくは所有主家族の一員が経営幹部に就任した場合でも，経歴により同一企業内もしくはグループ内企業内部昇進者に分類する．なお，「新世代ビジネスリーダー」の定義は本文を参照のこと．

出所)　Phu Chatkan ed. [1987:84-208, 212-244], 末廣の企業・人物データベースをもとに筆者たち作成．

ためである．ふたつ目は，年齢別分布では，選出の基準が原則として45歳未満となっているので，若い世代に集中していることである．とはいえ，それを考慮したとしても，20代が4名，30代が47名に達した点は注目に値する．なお，50代が2名含まれているのは差し替え分の2名である．

　さて，表3-2から判明する事実をまとめると，次のようになる．

　第1に，学歴をみると，大卒以上の最終学歴が87%（修士以上でも39%）ときわめて高いことが判明した．注意すべきは，この比重は「創業者・所有主家族」のグループとそうでないグループを比べても，差がなかったと

---

11)　創業者・所有主家族の成員であるかどうかの判別は，末廣の企業・人物データベースと家系図データ(320家族)に基づいて実施した．

いう事実である．次に就学場所をみると，タイ国内は120名中31名にすぎず，残り89名(74%)が外国，とりわけアメリカ70名(58%)に集中していた．海外留学の比重は「創業者・所有主家族」の方が高い．

第2に，専攻分野をみると，判明する85名のうち27名が経営学・財政・金融，26名が経済学，5名が会計学で，これらを合計すると全体の3分の2を占めた．これにつぐのが理工学の23名である．日本のトップ経営者の場合には，経済学(25%)，法学(21%)，工学(21%)，商学・経営学(14%)の順となるが(稲上ほか[2000])，これに比べると経営学，とくにMBA(17名)の比重が高いのが特徴である．

第3に，経営者が所属する企業形態をみると，120名中71名の企業がいわゆる「ファミリービジネス」に所属していた．注目すべきは，この71名のうち「創業者・所有主家族」のメンバーは46名であり，残り25名(35%)が非所有主家族だった点である．1987年の時点で，大手ファミリービジネス企業のうち3分の1のトップ経営者が，すでに所有と関係のない「俸給経営者」であった事実に注目しておきたい．

第4に，もっとも興味深い点として，経営者たちのキャリア形成に占める内部昇進の比重の大きさである．履歴が判明する119名のうち，じつに過半を超える66名が表3-1でいう「内部昇進者」であった．外国企業の在籍者もしくはかつて在籍したことのある経営者の数も27名(うち14名は外国企業の経営者)と多い．一方，創業者・所有主家族のメンバーに限定してみると，48名中36名が同一企業内もしくはグループ内企業で一定期間，キャリアを積んだあと経営者に昇進していることが判明した．また，一族が所有する企業に移る前に外国企業で経験を積んでいる場合も7名を数えた．

以上の結果をみると，「新世代の経営支配人」と『月刊支配人』が名づけた新しいタイプの経営者層の特徴としては，高学歴であること，海外留学組が多いこと，内部昇進組が結構多いこと，それ以外にもキャリア形成には幅広いパターンが見られることを挙げることができる．第1節の論点にひきつけて言えば，企業内キャリアを積んだ所有主家族，内部昇進者，外部リクルート者という三つの類型が，1987年の時点ですでに出揃って

いたのである.

## 2. 上場企業の社長/CEOとその属性：2000年調査

次に筆者たちの上場企業の「トップ経営者」(社長/CEO)に関する調査結果(2000年データ)を紹介しておきたい．表3-3はトップ経営者の詳しい経歴が判明した259社(当時の上場企業の総数は381社)について，家族所有型企業と非家族所有型企業にまず分け，それぞれについて年齢別分布と学歴に関する情報を整理したものである．また，表3-4はトップ経営者の属性を，表3-1の六つの分類に合わせて集計したものである．この2000年調査と先の1987年調査の大きな違いは，前者が「上場企業のトップ経営者」に限定しているため，タイ国籍の経営者だけではなく，親会社派遣の外国人経営者も含んでいる点である．259社のうち外国人所有企業は57社を数え，うち50社のトップ経営者が親会社派遣の外国人であった．

以下，調査の結果を簡単にまとめておこう．年齢別分布をみると，50歳未満が全体では42%，家族所有型企業の場合には46%を占めた．日本に比べてはるかに平均年齢が若いことが判明する．最終学歴は，1987年調査よりももっと高くなり，大卒以上が占める比率は全体で90%，家族所有型企業でも86%の高さに達した．これは上場した家族所有型企業(ファミリービジネスの傘下企業とほぼ重なる)のなかで世代交替が進み，新世代が創業者世代に比べて高い教育を受けているからである．就学場所に占める外国の比重，とりわけアメリカの抜きん出た地位と，専攻分野の分布は，1987年調査とそれほど変わらない．なお，就学場所で日本が14名を数え，専攻分野で理工学の数が増えているのは，外国企業の派遣経営者のなかに日本人が含まれているためである．

さて，表3-4に目を転じてみよう．トップ経営者はその属性に従って，大きく(1)所有に関係のある経営者，(2)所有に関係のない内部昇進者，(3)所有に関係のない外部リクルート者の三つに分け，上場企業の企業形態は家族所有型企業と非家族所有型の二つに分けた[12]．

まず全体でみると，経歴が判明する241名のうち，(1)が67%，(2)が8%，(3)が25%であった．注目したいのは，本章が対象とするファミリ

表3-3 タイ上場企業259社の社長・CEOの性差，年齢，学歴（2000年調査）

| 項　　目 | 合　計 | % | 家族所有企業 | % | 非家族所有企業 | % |
|---|---|---|---|---|---|---|
| 合　　計 | 259 | 100.0 | 114 | 44.0 | 145 | 56.0 |
| (1) 性差分布 | | | | | | |
| 　男　　性 | 245 | 94.6 | 106 | 93.0 | 139 | 95.9 |
| 　女　　性 | 14 | 5.4 | 8 | 7.0 | 6 | 4.1 |
| (2) 年齢別分布 | | | | | | |
| 　＊40歳未満 | 21 | 8.5 | 13 | 11.8 | 8 | 5.9 |
| 　＊40-44歳 | 25 | 10.2 | 9 | 8.2 | 16 | 11.8 |
| 　＊45-49歳 | 57 | 23.2 | 29 | 26.4 | 28 | 20.6 |
| 　＊50-54歳 | 66 | 26.8 | 29 | 26.4 | 37 | 27.2 |
| 　＊55-59歳 | 32 | 13.0 | 12 | 10.9 | 20 | 14.7 |
| 　＊60歳以上 | 45 | 18.3 | 18 | 16.4 | 27 | 19.9 |
| 　　小　　計 | 246 | 100.0 | 110 | 100.0 | 136 | 100.0 |
| 　不　　明 | 13 | | 4 | | 9 | |
| 50歳未満　小計 | 103 | 41.9 | 51 | 46.4 | 52 | 38.2 |
| (3) 最終学歴 | | | | | | |
| 　高校卒，それ未満 | 19 | 8.6 | 12 | 12.4 | 7 | 5.6 |
| 　短　大　卒 | 4 | 1.8 | 2 | 2.1 | 2 | 1.6 |
| 　学　士　卒 | 84 | 38.0 | 34 | 35.1 | 50 | 40.3 |
| 　修　士　修了 | 44 | 19.9 | 25 | 25.8 | 19 | 15.3 |
| 　Ｍ　Ｂ　Ａ | 54 | 24.4 | 16 | 16.5 | 38 | 30.6 |
| 　博　　士 | 16 | 7.2 | 8 | 8.2 | 8 | 6.5 |
| 　　小　　計 | 221 | 100.0 | 97 | 100.0 | 124 | 100.0 |
| 　不　　明 | 38 | | 17 | | 21 | |
| 大学以上　小計 | 198 | 89.6 | 83 | 85.6 | 115 | 92.7 |
| (4) 最終学歴の取得国 | | | | | | |
| 　タ　　イ | 62 | 34.3 | 32 | 41.0 | 30 | 29.1 |
| 　アメリカ | 81 | 44.8 | 34 | 43.6 | 47 | 45.6 |
| 　イギリス | 10 | 5.5 | 3 | 3.8 | 7 | 6.8 |
| 　オーストラリア | 4 | 2.2 | 0 | 0.0 | 4 | 3.9 |
| 　カ　ナ　ダ | 4 | 2.2 | 2 | 2.6 | 2 | 1.9 |
| 　日　　本 | 14 | 7.7 | 5 | 6.4 | 9 | 8.7 |
| 　台　　湾 | 3 | 1.7 | 1 | 1.3 | 2 | 1.9 |
| 　シンガポール | 3 | 1.7 | 1 | 1.3 | 2 | 1.9 |
| 　　小　　計 | 181 | 100.0 | 78 | 100.0 | 103 | 100.0 |
| 外国での取得小計 | 119 | 65.7 | 46 | 59.0 | 73 | 70.9 |
| (5) 学位の専攻分野 | | | | | | |
| 　経　済　学 | 12 | 6.6 | 5 | 6.7 | 7 | 6.6 |
| 　経営学，商学，金融 | 80 | 44.2 | 25 | 33.3 | 55 | 51.9 |
| 　会　計　学 | 12 | 6.6 | 6 | 8.0 | 6 | 5.7 |
| 　理　工　学 | 56 | 30.9 | 30 | 40.0 | 26 | 24.5 |
| 　医　　学 | 6 | 3.3 | 3 | 4.0 | 3 | 2.8 |
| 　政治学，法学 | 6 | 3.3 | 2 | 2.7 | 4 | 3.8 |
| 　その他人文社会学系 | 9 | 5.0 | 4 | 5.3 | 5 | 4.7 |
| 　　小　　計 | 181 | 100.0 | 75 | 100.0 | 106 | 100.0 |

注）　2000年現在，上場企業381社のうち，トップ経営者の経歴の詳細が判明する259社を集計した．
出所）　タイ証券取引所に提出された各社の「56-1形式」の付属文書より筆者たち作成．

表 3-4 タイ上場企業 259 社の社長・CEO のキャリア形成(2000 年調査)

(単位:件数,％)

| 項　目 | 合　計 | ％ | 家族所有型企業 | ％ | その他の所有型企業 | ％ |
|---|---|---|---|---|---|---|
| 合　　計 | 259 | | 114 | | 145 | |
| | 100.0 | | 44.0 | | 56.0 | |
| (1) 所有に関係のある社長・CEO | | | | | | |
| 　(1A)創業者一族 | 86 | 35.7 | 51 | 46.8 | 35 | 26.5 |
| 　(1B)主要株主派遣者 | 49 | 20.3 | 14 | 12.8 | 35 | 26.5 |
| 　(1C)株主関連企業派遣者 | 20 | 8.3 | 5 | 4.6 | 15 | 11.4 |
| 　(1D)直接社長就任，区分できず | 7 | 2.9 | 3 | 2.8 | 4 | 3.0 |
| 　小　　計 | 162 | 67.2 | 73 | 67.0 | 89 | 67.4 |
| 　％ | 100.0 | | 45.1 | | 54.9 | |
| (2) 所有に関係のない社長・CEO / 内部昇進組 | | | | | | |
| 　新卒者，生え抜き | 6 | 2.5 | 3 | 2.8 | 3 | 2.3 |
| 　中途採用者 | 14 | 5.8 | 8 | 7.3 | 6 | 4.5 |
| 　小　　計 | 20 | 8.3 | 11 | 10.1 | 9 | 6.8 |
| 　％ | 100.0 | | 55.0 | | 45.0 | |
| (3) 所有に関係のない社長・CEO / 外部リクルート組 | | | | | | |
| 　金融機関の出身 | 2 | 0.8 | 1 | 0.9 | 1 | 0.8 |
| 　政府関係の出身 | 14 | 5.8 | 5 | 4.6 | 9 | 6.8 |
| 　他の民間企業の出身 | 42 | 17.4 | 18 | 16.5 | 24 | 18.2 |
| 　大学の出身 | 1 | 0.4 | 1 | 0.9 | 0 | 0.0 |
| 　小　　計 | 59 | 24.5 | 25 | 22.9 | 34 | 25.8 |
| 　％ | 100.0 | | 42.4 | | 57.6 | |
| 合　　計 | 241 | 100.0 | 109 | 100.0 | 132 | 100.0 |
| 経歴不明 | 18 | | 5 | | 13 | |

注) 1. 2000 年現在，上場企業 381 社のうち，トップ経営者の経歴の詳細が判明する 259 社を集計した．
　　2. その他の所有型企業は，「タイ金融機関所有型」「タイ事業会社所有型」「分散所有型」「外国人企業」「政府系企業」の 5 類型を含む．所有に基づく企業分類については，末廣・ネーナパー[2002:327-330]を参照．
出所) タイ証券取引所に提出された各社の「56-1 形式」の付属文書より筆者たち作成．

ービジネス，つまり家族所有型企業におけるトップ経営者の属性別分布である．家族所有型企業の中でキャリア形成が判明したのは 114 名中 109 名

---

12) ここで家族所有型企業とか非家族所有型企業と呼んでいるのは，「究極の所有主」の判別によって区分している．判別の方法と企業形態のより詳しい分類やその説明は，末廣・ネーナパー[2002:327-330]を参照．

である．そのうち，51名(47%)が創業者・所有主家族に所属し，そのほか内部昇進者が11名(10%)，外部リクルート者が25名(23%)であった．したがって，主要株主や株主関連企業の派遣経営者をいま無視すると，内部昇進者・外部リクルート者36名(33%)が，本章でいう「俸給経営者」の範疇に該当する．これは，タイのファミリービジネスの間でも，経営の専門化(経営者企業化ではない)が始まっていることを示唆する数字である[13]．

## 第3節　トップ経営陣の構成(I)：商業銀行とアグロインダストリー

### 1. ファミリービジネスと「専門経営者」

以下では，ファミリービジネスと「トップ経営陣」の構成について，個別企業の事例に即しながら検討していくことにする．最初に筆者たちがたてた仮説は，「トップ経営陣」の構成において，新しい生産技術や情報・知識を必要とする新興産業(電気通信業など)では「外部リクルート組」，とりわけスペシャリスト型経営者(specialist-type manager)の比重が高く，農産物加工(アグロインダストリー)や不動産産業など伝統的な分野では創業者・所有主家族と内部昇進組が多いというものであった．したがって，産業構造が高度化し経済のサービス化が進めば，俸給経営者やスペシャリスト型経営者の比重は当然高くなるであろうという仮説をたてた[14]．

しかし，この仮説は各産業分野(13業種)を代表する上位3社のファミリービジネス(いずれも上場企業)の役員構成を調べた結果，妥当しないことが判明した．役員構成に占める「創業者・所有主家族」「内部昇進組」「外部リクルート組」の3者の比率は，会社の年齢や業種の違い，あるいは所有

---

[13] 筆者の一人は，1997年のデータにもとづいて220の所有主家族・グループの詳しい検討を行ったことがある．その経営形態の分布は，所有主家族支配型116，所有主家族と専門経営者のハイブリッド型63，専門経営者優位型41．ただし，公企業グループ，王室財産管理局の6グループを含む)であった(末廣[2003：116-117])．

[14] 実際，ソフトウェアの開発などIT関連産業の分野では，専門知識を有する創業者がベンチャー企業を立ち上げ，家族内の資金や人的資源に依存するのではなく，専門家集団を率いて事業を拡大する事例が圧倒的に多い．この点は，タイを代表する11名のIT産業の「将軍」を詳しく紹介したNattaphong and Dao[2002]を参照．

支配の度合い(所有主家族に対する機関投資家の株式保有比率)とは相関しなかったからである．むしろ，企業の戦略なり創業者の方針がより大きな影響を与えているようにもみえた．もっともこの点は厳密な統計手続きを施したわけではないので，今後の課題として残されている．そこで本章では，「トップ経営陣」の実態を把握するために，個別企業の一次データをまず筆者たちの枠組みに整理しなおし，企業ごとに検討することにした．本節では，伝統業種である商業銀行とアグロインダストリーをまず取り上げ，次節以下では経済の情報化・サービス化を代表する電気通信業と芸能・コンテンツ産業を取り上げる．

## 2. 所有主家族の企業内訓練：バンコク銀行の事例

タイ最大の商業銀行であるバンコク銀行は，事業の拡大にあたって外部のスペシャリストと内部昇進組を積極的に活用してきたことで知られる[15]．しかし，同行の経営トップは，所有主家族が三世代にわたってほぼ独占しており，所有主家族が専門の経営者を家族内部でどのように育成してきたかを示す格好の事例でもある．

さて，所有主であるソーポンパニット家の初代であるチン(陳弼臣，1910-88年)は，バンコク銀行設立時(1944年)の役員の一人であるが，創業者の主たるメンバーではない．ところが，1952年の理事会で支配人に任命されてから，チンは支配人・社長(52-77年)，会長(73-83年)，名誉会長(83-88年)を，チンの次男チャートリー(陳有漢，1933年生まれ)が副社長(74-80年)，社長(80-94年)，会長(94年-現在)を，チャートリーの長男チャートシリ(陳智深，1959年生まれ)が副社長(93-94年)，社長／CEO(94年-現在)の地位を，それぞれ継承してきた．ソーポンパニット家の同行の株式保有比率はすでに10％を切っているにもかかわらず，バンコク銀行に同家が大きな影響力を行使できるのは，三世代にわたる経営支配権の継承と掌握にある．

表3-5は，チン，次男チャートリー，その子どもたちの経歴を整理した

---

15) バンコク銀行の外部リクルート者と内部昇進者の積極的な登用については，末廣[1992a][1992b]を参照．

ものである．まず学歴をみると，チンはバンコクの対岸に位置するトンブリーの小学校をでたあと，親戚を頼って中国本土に渡り，親族の店を手伝いながら卒業した華語中学校が最終学歴であった(Chin[1988 : 72-74])．一方，二代目のチャートリーは香港のカレッジ(2年制)で会計学を修了し，三代目のチャートシリになると，アメリカのマサチューセッツ工科大学(MIT)で工学修士を，さらに名門MITスローン経営大学院でMBAを取得した(Kan Ngoen Thanakhan ed. [2001 : 167])．タイの華人系ファミリービジネスでは，世代交替に伴う学歴の飛躍的上昇は決して珍しいことではない．とはいえ，ソーポンパニット家の絵に描いたような「学歴のエスカレート」は，華人系グループが事業の拡大と継承のために，いかに次世代の教育投資に熱心であったかを物語っている(末廣[2004 : 161-162])．

他方，銀行内でのキャリア形成をみると，チャートリーは，軍事クーデタの難を避けるために香港に亡命した父親チンの指示にしたがって，1959年(26歳)にアジア信託社からバンコク銀行に移籍し，ただちに経理担当部長補佐に就任した．副社長就任(41歳)は入行から15年後，社長就任(47歳)は21年後である．1970年代は，ソーポンパニット家とその関連企業が保有するバンコク銀行の株式は全体の30%近くに達しており(末廣[1992b : 59-60])，チャートリーの社長就任は当然であった．ただし，20年を超えるキャリアを考えれば，彼の社長昇進の理由は「所有主家族」という側面だけではなく，企業内OJTで蓄積した経営能力も正当に評価すべきであろう．

これに対して，三代目のチャートシリは，MITスローン経営大学院でMBAを取得後，米シティバンクで短期間の研修を受け，帰国後ただちにバンコク銀行に入行している．彼が26歳(1986年)の時であった．そして，外国為替部や営業部を経験したあと，34歳(93年)の若さで副社長に就任し，翌94年(35歳)に社長に就任した(Kan Ngoen Thanakhan ed.[2001 : 167])．入行から社長就任までの期間はわずか9年間であった．父親と比べると「超特急型昇進」(筆者たちの言葉)であり，当初から約束された地位であったともいえる．

もっとも，だからといってチャートシリを「親の七光り」に依存した経

表 3-5　バンコク銀行(BBL)とソーポンパニット一族の経歴

| 番号 | 名前／家族関係 | 生年月日 | 学歴 | 経歴 |
|---|---|---|---|---|
| (1) 創業者世代 | | | | |
| 1 | Chin Sophonpanich (陳弼臣) | 1910年11月10日生, 1988年死去. | 中国汕頭, 中学卒 | 17歳まで中国. 39年, 森興隆有限公司(木材商)の雇われ支配人. 同時期, 自分の亜洲貿易社設立. 47年, Asia Trading, Co., Ltd. 49年 Asia Trust Co., Ltd. を設立. 亜洲信託グループを率いる／44年　バンコク銀行(BBL)のコンプラドールとして役員に就任. 52年〜77年　同行の経営支配人のち社長／58年のクーデタで, 64年まで香港に亡命. 支配人のまま／73年から83年まで同行の会長を兼任／83年〜88年同行の名誉会長. |
| (2) 第二世代 | | | | |
| 2 | Chatri チンの次男 (陳有漢) | 1933年2月28日 | 香港会計学校 (Kwang Tai High Accountancy College of Hong Kong)会計学 Institute of Bankers, London 銀行学資格取得 | 6歳のときに中国へ. 中国共産党の勝利のあと香港へ移動. 52年帰国. 父親チンが所有経営する Asia Trust Co., Ltd. 入社／59年, チンの香港亡命に伴い, BBL経理担当部長補佐に就任／63年　同行の経理担当部長／68年　同行の商業部門担当部長を兼任／71年　同行社長補佐／74年(41歳)　同行副社長／80年(47歳)〜94年11月　同行社長／92年　経営執行委員会会長(CEO) に就任. 94年12月から現在まで, 同行取締役会長 |
| 3 | Charn チンの三男 (陳永徳) | 1940年1月19日 | シドニー大学電気工学部；シカゴ大学修士, 金融 | 70年(30歳)　Bangkok Nomura Securities Co., Ltd.(BBLグループ内企業)に入社／71年　BBL経営執行役員／73年　BBLロンドン支店長／76年　BBLヨーロッパ地区責任者／80年　帰国, BBL経営執行委. 2003年現在, BBL執行役員, 香港ベースで自分の事業を展開 |
| 4 | Chote チンの四男 (陳永建) | 1941年11月1日 | シドニー大学経済学部卒(64年) | 65年11月BBL入社. 秘書部中央課課長補佐／67年　BBL社長補佐／70年　同行ロンドン支店長／73年　同行ヨーロッパ地区責任者, アジア地区担当者／74年　BBL上級職員担当部長／77年　同行海外部門担当部長／80年(39歳)　同行副社長(海外部門統括責任者)　2003年現在, Wilson Insurance Co., Ltd. Krungthep Sophon PLC の会長(両社ともグループ内企業), Green Spot Thailand Co., Ltd.(ソフトドリンク, グループ内企業)の経営執行委会長. |

| 番号 | 名前 家族関係 | 生年月日 | 学　歴 | 経　歴 |
|---|---|---|---|---|
| 5 | Chai チンの五男 (陳永名) | 1943年11月21日 | コロラド大学経営学部 | 68年(25歳)　バンコク保険会社(Bangkok Insurance Co., Ltd., グループ内企業)に一般職員と同格で入社/76年(33歳)　同社の社長に就任/78年以降現在　同社の取締役会会長兼CEO. 2003年現在, 同社の会長, Bumrungrad Hospital PLC(グループ内企業)会長. |
| 6 | Choedchu チンの六男 (陳永立) | 1946年8月21日 | 高校 St. Gabriel's College (Bangkok); London School of Economics 経済学 | 69年(23歳)～73年　タイ中央銀行エコノミスト, のち同行海外送金課長/74年～75年 Director of Commercial Bank of Hong Kong(長兄ラビンが社長, グループ内企業)/76年(30歳)～99年 Bangkok First Investment Co., Ltd. 取締役会会長兼経営執行委員長(CEO). 2003年現在, 同社の顧問. |

(3) 第三世代

| 番号 | 名前 家族関係 | 生年月日 | 学　歴 | 経　歴 |
|---|---|---|---|---|
| 7 | Chatsiri チャートリーの長男 (陳智深) | 1959年5月12日 | マサチューセッツ工科大学(MIT)工学部修士；MBA MITスローン経営大学院 | 米シティバンクで研修. 86年2月(26歳)に帰国後, 直ちにBBL入行/87年外国為替部上級ディーラーに就任/88年外国為替部長補佐/同年　営業部副部長/89年　営業部長/90年　BBLの金融並びに営業担当責任者/92年4月(32歳)　BBL取締役会役員兼経営執行委員会委員に任命/92年6月　同行社長補佐(Executive Vice President)/93年6月(34歳)　同行副社長/94年12月1日付け(35歳)で, 父親のあとを継いで同行社長, CEOに就任. |
| 8 | Saowitri チャートリーの長女 (陳麗碧) | 1960年 | チュラーロンコン大学経営大学院(CIBA) | 米シティバンクで研修. 85年に帰国後, Asia Sermkij Co., Ltd.(グループ内証券会社)/86年　同社の経営執行委, 証券業務担当部長/95年 Asia Sermkijの社長/97年通貨危機で事業破綻. |
| 9 | Chali チャートリーの次男 (陳智淦) | 1961年 | ブラウン大学(米)電気工学；シカゴ大学経営学士 | 米First Boston社で1年間, 研修. 87年帰国後, Asia Warehouse Co., Ltd., Asia Investment Co., Ltd.(グループ内企業) 社長. 2003年現在, Asia Securities Trading Co., Ltd. 会長, City Reality Co., Ltd.(不動産開発)社長. |

注)　バンコク銀行グループの中核金融会社であったAsia Sermkij Co., Ltd. は, Dr. Chaiyut Pilan-owart(もと財務省, タンマサート大学講師)が副社長(1979-86年), 社長(1986-95年)を務めていたが, サオウィトリー(チャートリーの長女)の社長就任により, 経営執行委員会会長職に退いた.

出所)　(1) Chin[1988]；(2) Matichon ed.[1988: 109-113]；(3) The Brooker Group PLC ed.[2003: 601-610]；(4) Kan Ngoen Thanakhan ed.[2001]；末廣[1992a][1992b].

営者と即断することはできない．というのも，彼は1997年の通貨危機後に，同行の経営危機の克服と不良債権処理に手腕を発揮し，同時に大掛かりな機構改革や「ラーマ9世通り店」をモデルとする支店の全面的な改革などを主導したからである(*ibid.*, 162-163)．そして，これらの功績によって，チャートシリはタイ銀行協会(TBA)が毎年顕彰する「ベスト・バンカー」(2001年度)に選出され，彼を金融分野における「専門家」として評価する見解が，タイでは定着した[16]．

バンコク銀行には，チャートシリのほか，チンの三男チャーン，四男チョートも入行しており，それぞれ経営執行役員に就任した．この二人の場合には，もっぱらロンドンほかの海外支店で経験を積んだあと，帰国して管理職に就いている．もっとも，チンの死後，チョートとチャートリーの間には個人的な対立が生じ，チョートはのちにバンコク銀行を離れて，一族の別の事業を分担するようになった(末廣[1992b: 63-64])．

以上のように，バンコク銀行では所有主家族の成員といえども，一定期間の企業内訓練(OJT)を前提にして「トップ経営陣」への昇進を実施してきた．こうした方法は，特定の家族が所有している他の地場商業銀行(タイ農民銀行＝現ガシゴン銀行，タイ・タヌー銀行，ナコントーン銀行など)にも見られる方法であった．しかし，このシステムが経営の合理性と外部への説得性を有するためには，星野がメキシコの事例で紹介したように，競争的で客観的な選抜システムが必要となろう．つまり，創業者・所有主家族の次世代が「トップ経営陣」に任命される場合，その能力や資格を審査する仕組みや，非所有主家族の幹部候補生との開かれた競争を保障する何らかの制度が必要となるからである(星野[2004: 213-217])．しかし，筆者たちの知る限り，こうした制度はまだタイには存在しない．経営能力がますます問われる現在，今後はファミリービジネスといえども，企業内での選抜・昇進について一定の制度化が要求されてくるものと思われる．

---

16) チャートシリ個人ではないが，彼の率いるバンコク銀行は，2001年度に相次いで他の表彰も受けている．具体的には，Best Company in Asia 2001(雑誌 *Finance Asia* 主催)，Best Bank in Thailand 2001(雑誌 *Euro Money* 主催)，Best Bank in Thailand 2001(雑誌 *Global Finance* 主催)，The Best Bank Retail Bank in Thailand 2001(雑誌 *Asian Banker Journal* 主催)(Kan Ngoen Thanakhan ed.[2001: 162])．

## 3. ファミリービジネスにおける「三者結合」：
TIPCO 社の事例

もう一つの興味深い事例は，パイナップル製造・輸出でトップの地位を占める The Thai Pineapple 社（TIPCO 社．76 年設立，89 年上場）の場合である．TIPCO 社を所有するサップサーコン家（馬姓）の事業は，1965 年にタイ燃料機構（のちタイ石油公団に再編）の政府代理店として石油製品の販売を手がけたことに始まる．その後，1976 年（操業は 78 年）には果実缶詰の製造・輸出へ，そして 79 年には，石油の誘導品であるアスファルトの製造（Tipco Asphalt PLC：TASCO 社）に進出し，とくに TASCO 社は，それまでの政府とのつながりもあって，国内のアスファルト事業では独占的地位を確立した．その後，食品加工や海運サービスに事業を多角化していき，2003 年現在の傘下企業数は 23 社に達している[17]．

石油製品の販売に基盤を置くサップサーコン家が，まったくノウハウをもたない果実缶詰の分野でなぜ成功をおさめ，タイ最大の製造・輸出企業にまで成長することができたのか．この疑問に対する回答は，TIPCO 社の「トップ経営陣」の経歴をまとめた表 3-6 に，端的に示されている．

まず，工場レベルでの総務，品質管理，パイナップルの栽培事業，資材購買，さらには「工場長」といった，工場運営に不可欠のスキル（industry-specific skill）の確保は，TIPCO 社がこの分野に参入した当時，タイ第 2 位のパイナップル工場を経営していた米系多国籍企業ドール社（Dole Thailand Ltd.）からの大量の「中堅幹部の引き抜き」で対応した点が重要である[18]．引き抜きの対象は，別の競争企業である Siam Agro Industry 社にも及んでいる．これらの人材は中途採用のあと，一定の期間をへて「役

---

17) サップサーコン家の TIPCO/TASCO グループの事業発展と家系については，Nawee ed.［1999］に詳しい．最近の事業展開については，The Brooker Group PLC ed.［2001：459-461］［2003：640-644］を参照．
18) 中央銀行の調査によると，1985 年当時，タイには 11 のパイナップル缶詰製造工場が存在し，最大は Thai Pineapple Canning Industry（操業 1967 年，年産 350 万箱，従業員 900 名．三菱商事出資．以下 Dole Thailand（1971 年，280 万箱，1227 名），Siam Food（1976 年，220 万箱，2263 名）と続き，TIPCO 社（1978 年，150 万箱，600 名）は第 4 位であった（Bank of Thailand［1987：105］）．

表 3-6 The Thai Pineapple(TIPCO社)23名の役員、経営幹部の学歴と経歴 (1998年)

| 番号 | 名前、家族関係、年齢(98年現在) | 分類、出資(98年) | 地位(98年) TIPCO社 | 学歴 | TIPCO社での勤続年数と過去の経歴 |
|---|---|---|---|---|---|
| 1 | Prasit Supsakorn, 創業者 (70歳) | 創業者一族 (18.52%) | 会長 | 高校卒 | 勤続22年。76年からTIPCO社取締役会長/51年からTASCO社取締役会会長 |
| 2 | Anurat Thiamthan, Ms., 長女 (49歳) | 創業者一族 (5.82%) | 副会長 | カセサート農業大学；修士(米) American Univ. | 勤続22年。76年からTIPCO社取締役会副会長 |
| 3 | Piyarat Supsakorn, Ms., 四女 (43歳) | 創業者一族 (5.82%) | 役員 | MBA(米) Wharton School of Pennsylvania | 勤続22年。76年から同社の役員 |
| 4 | Wiwat Limsakdathon (42歳) | 外部リクルート | 取締役社長 | オクラホマ州立大学 | 80年~90年 IBM Asia Pacific/90年~93年 IBM Thailand/93年~96年 Dow Chemical、Siam Cement PLC/96年~98年 Siam Media/98年から現地位 |
| 5 | Sithilap Supsakorn, 長男 (47歳) | 創業者一族 (5.00%) | 役員 | 学士 Babson College | 勤続21年。77年から現地位 |
| 6 | Ruamsin Supsakorn, Miss. 三女 (46歳) | 創業者一族 (5.00%) | 役員 | MBA(米) American Univ. |  |
| 7 | Charnchai Leethawon (66歳) | 社外重役 | 独立役員 | MBA(米)イリノイ大学 | 財務次官(77年~82年)、投資委員会委員長(82年~84年)、バンコク銀行役員、Asia Credit Ltd. 会長 |
| 8 | Bunchuai Srisarakham (67歳) | 社外重役 | 独立役員 | チュラーロンコン大学政治学部 | もと内務省次官補 |
| 9 | Panchaloem Suthatham (45歳) | 外部リクルート | 役員 | MBA(米) Bridgeport Univ. | Takenaka International Co.,Ltd.; Thailand Iron Works Co.,Ltd. 役員 |
| 10 | Prawit Jenprasoetsin (49歳) | 中途採用 | 経営執行委員、工場長 | 修士、タンラマート大学経営学 | 勤続10年。Dole Thailandから移籍。米多国籍企業、パイナップルの製造輸出最大手のひとつ。 |
| 11 | Phichan Salakphet (43歳) | 中途採用 | 経営執行委員、経理・財務担当部長 | 修士、タンラマート大学会計学部 | 勤続9年。Siam Cement PLCから移籍。 |

124

| | 氏名 | 採用区分 | 役職 | 最終学歴 | 勤続年数・備考 |
|---|---|---|---|---|---|
| 12 | Loo Chaowametha, Ms.(44歳) | 中途採用 | 経営執行委員, 品質管理担当部長 | チュラーロンコン大学工学部 | 勤続10年. Dole Thailand から移籍. |
| 13 | Chonlada Chumak, Ms.(40歳) | 内部生え抜き | 経営執行委員, 缶詰食品製造部長 | ラームカムヘーン大学経済学部 | 勤続8年. |
| 14 | Nam-ooi Phuphat-raphong, Ms.(47歳) | 中途採用 | 経営執行委員, 総務担当部長 | タンマサート大学文学部 | 勤続7年. Dole Thailand から移籍. |
| 15 | Prayuk Amorarit (47歳) | 中途採用 | 経営執行委員, 保守担当技術部長 | 工業専門学校(短大2年制) | 勤続6年. Dole Thailand から移籍. |
| 16 | Det Yoocha (42歳) | 中途採用 | 経営執行委員, パイナップル栽培・購買担当原料部長 | 修士 カセサート農業大学 | 勤続6年. Dole Thailand から移籍. |
| 17 | Pharonong Yoocha, Ms.(37歳) | 中途採用 | 経営執行委員, 工場経理担当部長 | スコータイ放送大学会計学 | 勤続6年. Dole Thailand から移籍. |
| 18 | Chaiwat Kunthithong.(37歳) | 中途採用 | 経営執行委員, 資材購買担当部長 | タイ商業会議所大学産業経営学 | 勤続7年. Dole Thailand から移籍. |
| 19 | Chukiat Khachon-krai-phiphat(33歳) | 外部リクルート | 経営執行委員, 技術情報担当部長 | シリナカリン大学工学部 | 勤続5年. Sony Signematic Products(Thailand)から移籍. |
| 20 | Somchai Saengthong-sakunloet,Miss(39歳) | 外部リクルート | 経営執行委員, 経理担当部長 | 修士 シーパトム大学経営学 | 勤続8年. ワニットタム法律会計事務所から移籍. |
| 21 | Rachanee Phantha-silarot, Miss.(40歳) | 中途採用 | 経営執行委員, 製品担当部長 | チェンマイ大学 | 勤続10年. Cosa Libermann(Thailand)Ltd. から移籍. |
| 22 | Niphon Laiphaphorm.(39歳) | 中途採用 | 経営執行委員, 果汁製造担当部長 | ソンクラー大学農業工学 | 勤続11年. Siam Agro Industry Co., Ltd. から移籍. パイナップルの製造輸出. |
| 23 | Phrit Hanpha-dungkit.(38歳) | 中途採用 | 経営執行委員, 製品開発担当部長 | 技術工科大学 | 勤続6年. Dole Thailand から移籍. |

注)　以下、事例研究の企業における役員は、移籍時に直接役員に就任している場合を「外部リクルート」、移籍時に非役員職に就任し、のち役員に昇進した場合を「中途採用」と分類する。本章の表3-1の注記も参照のこと。

出所)　1. The Thai Pineapple PLC[1999], 付属文書「役員一覧表」；
2. The Brooker Group PLC ed.[2003 : 640-644].

員待遇の経営執行委員」に昇進させる，いわゆる「内部昇進・中途採用組」であった．表が示すように，TIPCO 社は，ドール社にいたタンマサート大学会計学修士出身の工場長(表の 10 番．地位は移籍後のもの)，チュラーロンコン大学工学部出身の品質管理部長(12 番)，カセサート農業大学修士出身の栽培・原料部長(16 番)といった「キーパーソン」を次々と引き抜いていき，その結果，ドール・タイランド社は 1980 年代末から，急速にその業績を悪化させていった．

　一方，特定の専門知識や幅広い経験を要する分野については，取締役社長(4 番．もと IBM 社，ダウケミカル社，サイアムセメント社など，タイの優良企業を転職)，技術情報部長(19 番．もとソニー・シグネマティック社)，経理部長(20 番．もとワニットタム法律会計事務所)にみられるように，有能な人材を年齢に関係なく中途採用後ただちに部長に任命する，「外部リクルート組」で充当した．これに対して，TIPCO 社の創業者であるプラシット元社長・現会長の長女アヌラット(2 番．副会長．カセサート農業大学卒，アメリカで修士)や，長男シティラープ(5 番．役員．アメリカで学士)は，TIPCO 社の創業時から事業に参画し，20 年以上父親を補佐しており，パイナップル事業と企業経営の双方でスキルを積んできた事実が重要である．

　したがって，TIPCO 社の新規分野における成功は，創業者の旺盛な「企業家精神」だけではなく，次の三つのグループ間の有機的かつ機能的な結合によって支えられてきた事実に注目すべきであろう．つまり，(1)高い学歴と同一企業内でキャリアを積んだ創業者の次世代組(経営の最高意思決定は，創業者であるプラシット現会長がもつ)，(2)特定分野の専門知識をもったスペシャリスト型経営者や，経営全般にわたるノウハウをもった専門家(取締役社長を含む)からなる「外部リクルート組」，そして(3)パイナップル・果実産業に固有のスキルをもつ「中途採用/内部昇進組」という，三つの異なるキャリアと専門性によって支えられてきたという事実である．そこで以下では，こうした「三者結合」が，新しい生産技術や知識を必要とする新興産業でも確認できるのかどうか，検証してみたい．

## 第4節　トップ経営陣の構成(II)：
　　　　電気通信業と三つのパターン

### 1. 電気通信業の特徴と3大企業グループ

　電気通信業もしくはテレコミュニケーション産業は，現代の世界経済を特徴づけるICT(情報通信技術)の発展やグローバル化の進展を牽引する産業である．同産業の発展をだれが担っているのかを分析することは，今後のタイ経済を見ていくうえでも，避けることのできないテーマであろう．さて，電気通信業の基本的な特徴は，次の3点に整理することができる[19]．

　第1に，電気通信業は，「完全自由化」(2006年)を目標にしているとはいえ，今なお「政府規制」の対象業種であること．つまり，固定電話，衛星通信によるテレビ放送，携帯電話など分野の違いはあっても，最終的には政府が許認可権をもつ事業であった．この分野への民間企業の参入は，1987年以降，タイ政府が導入した「B-T-O方式」(民間が設備をBuildし，設備の所有権を政府にいったんTransferしたあと，委託された事業をOperationする方式)にもとづくが，民間企業の活動にはさまざまな規制が課されており，その結果，電気通信業を基盤とする企業は，許認可権をもつ政府との「人的コネクション」が重要な意味をもつ(Sakkarin[2003])．

　第2に，電気通信業は技術革新のスピードが極めて速く，しかもハード，ソフトの技術は欧米・日本の先進国企業が握っていること．そのため，変化する技術を導入しつつ，タイ国内で事業を展開するためには，外国企業との緊密な連携が不可欠であった(Tara Siam[1993a]；末廣[1995])．

　第3に，電気通信事業は，当該分野に関する専門知識をもった人材(specialist-type manager)を必要不可欠とすること．タイの工業発展を支えてきた輸入代替型産業の場合，極端に言えば，生産技術面は合弁相手の外国

---

[19] タイにおける電気通信業の発展と政府の政策についてはTara Siam[1993a]；The Brooker Group PLC ed.[2002]，同産業の企業グループの類型化については末廣[1995]，タクシン政権と電気通信業の関係についてはPasuk and Baker[2004]を，それぞれ参照．また，台湾における電気通信業を扱った川上[2004]，パソコン産業を分析したAmsden and Chu[2003]は，創業者や経営者の背景を知る上で興味深い論点を提示している．

表 3-7　主要電気通信グループの業績比較：1998 年〜2003 年
(単位：100 万バーツ)

| 企 業 名 | 業 績 | 1998 | 2000 | 2002 | 2003 |
|---|---|---|---|---|---|
| United Communication Industry Public(UCOM) 電気通信事業 | 総 資 産 | 85,769 | 20,726 | 21,222 | 20,581 |
| | 総 収 入 | 21,180 | 7,387 | 17,509 | 22,190 |
| | 税引き後利益 | 4,413 | 459 | 350 | 1,186 |
| | 株時価総額 | | 15,322 | 5,477 | 13,040 |
| Total Access Communication Public(TAC) 携帯電話事業 | 総 資 産 | 61,727 | 65,687 | ＊ | ＊ |
| | 総 収 入 | 14,645 | 22,949 | ＊ | ＊ |
| | 税引き後利益 | 13,048 | 647 | ＊ | ＊ |
| | 株時価総額 | | | | |
| UCOM Group 合 計 | 総 資 産 | 147,496 | 86,413 | 21,222 | 20,581 |
| | 総 収 入 | 35,825 | 30,336 | 17,509 | 22,190 |
| | 税引き後利益 | 17,461 | 1,106 | 350 | 1,186 |
| | 株時価総額 | | 15,322 | 5,477 | 13,040 |
| TelecomAsia Corp. Public(TA) 現 True Corporation PLC 電気通信事業 | 総 資 産 | 104,474 | 88,383 | 92,977 | 86,760 |
| | 総 収 入 | 24,052 | 19,388 | 25,783 | 27,950 |
| | 税引き後利益 | 10,791 | −3,308 | −5,394 | −5,674 |
| | 株時価総額 | | 40,014 | 13,776 | 21,864 |
| United Broadcasting Corporation PLC(UBC) ケーブルテレビ | 総 資 産 | 12,718 | 8,802 | 7,856 | 7,817 |
| | 総 収 入 | 3,241 | 4,731 | 6,541 | 6,927 |
| | 税引き後利益 | −3,092 | −2,081 | −259 | 131 |
| | 株時価総額 | | 7,259 | 10,765 | 21,291 |
| CP Group 合 計 | 総 資 産 | 117,192 | 97,185 | 100,833 | 94,577 |
| | 総 収 入 | 27,293 | 24,119 | 32,324 | 34,877 |
| | 税引き後利益 | 7,699 | −5,389 | −5,653 | −5,543 |
| | 株時価総額 | | 47,273 | 24,541 | 43,155 |
| Shin Corporation Public(SHIN) 持株会社 | 総 資 産 | 22,432 | 37,840 | 51,249 | 60,159 |
| | 総 収 入 | 12,935 | 6,868 | 9,044 | 10,379 |
| | 税引き後利益 | −1,408 | 2,384 | 5,281 | 9,723 |
| | 株時価総額 | 16,632 | 46,111 | 29,664 | 113,888 |
| Advanced Info Service Public(ADVANC) 携帯電話事業 | 総 資 産 | 38,079 | 59,135 | 126,085 | 124,949 |
| | 総 収 入 | 17,449 | 36,959 | 80,251 | 89,492 |
| | 税引き後利益 | 1,447 | 6,599 | 11,430 | 18,529 |
| | 株時価総額 | 49,608 | 97,200 | 104,193 | 249,775 |
| Shin Satellite Public(SATTEL) 衛星通信・テレビ | 総 資 産 | 11,149 | 11,832 | 20,307 | 25,116 |
| | 総 収 入 | 3,150 | 4,017 | 4,997 | 5,805 |
| | 税引き後利益 | 2,925 | 711 | 1,411 | 1,080 |
| | 株時価総額 | 6,388 | 12,578 | 7,306 | 14,656 |
| I T V ケーブルテレビ | 総 資 産 | — | 3,198 | 3,309 | 3,189 |
| | 総 収 入 | — | 1,203 | 1,467 | 1,701 |
| | 税引き後利益 | — | −776 | −770 | −660 |
| | 株時価総額 | — | — | 4,945 | 35,700 |
| SC Assets | 総 資 産 | — | — | — | 6,194 |
| | 総 収 入 | — | — | — | 1,020 |
| | 税引き後利益 | — | — | — | 284 |
| | 株時価総額 | — | — | — | 11,235 |
| SHIN Group 合 計 | 総 資 産 | 71,660 | 112,005 | 200,950 | 219,607 |
| | 総 収 入 | 33,534 | 49,047 | 95,759 | 108,397 |
| | 税引き後利益 | 2,964 | 6,534 | 17,352 | 28,956 |
| | 株時価総額 | 72,628 | 155,889 | 146,108 | 425,254 |

注）　―該当数字なし．＊不明．
出所）　タイ証券取引所(SET)資料，The Brooker Group PLC ed.,[2004]より作成．

第4節　トップ経営陣の構成(II)：電気通信業と三つのパターン

人企業に任せて，国内販売のみに専念することも可能であったが，電気通信業の場合，専門家集団の存在を抜きに事業の発展を考えることはできない．

そこで本章では，タイの電気通信業を支配している三つのグループを取り上げることにしよう．(1)ベンチャロングン家(許姓，潮州系)の UCOM グループ，(2)チアラワノン家(謝姓，潮州系)の CP グループ傘下にある TA 社グループ，(3)チナワット家(丘姓，客家系)の SHIN グループ，がそれである．三つのグループのパフォーマンスについては，表3-7 に整理しておいた．2003年の総資産の合計額でみると，2000億バーツを超える SHIN グループが，1000億バーツ前後の UCOM グループや CP＝TA 社グループの2倍の規模を誇っていることが分かる．また，利益合計額や株式の時価総額でみると，SHIN グループの際立った優位性がより明確になる(Pasuk and Baker[2004：197-214])．この点を念頭に置きながら，それぞれのグループの「トップ経営陣」の構成をみていこう．

## 2. 政府機関・軍からの招聘：UCOM 社の事例

UCOM(United Communication Industry)グループの事業は，現在の総帥であるブンチャイ・ベンチャロングン(許櫺財，1954年生まれ)の父親スチン(許漢能，1920-81年)が，弟と共に1956年に設立した United Industry Partnership(裕乃徳実業)から始まった．同社は，米モトローラ社の通信機器の販売を手がけ，1961年には同社のタイにおける一手販売代理店の権利を獲得して，通信関連事業での基盤を築いた．1970年代に入ると，ホテル事業(Narai Hotel)や冷凍倉庫などにも事業を多角化していき，傘下企業数は2003年現在，40社に達している(The Brooker Group PLC ed.[2003：48])[20]．

表3-8 は，UCOM 社がタイ証券取引所(SET)に提出した「56-1形式書類」(prospectus)の付属文書から作成したものである．既述の TIPCO 社や

---

20) ベンチャロングン家＝UCOM グループの事業発展と一族については，次の文献を参照．Tara Siam[1993b：246-248]；末廣[1995]；Thanawat[2000：208-219]；The Brooker Group PLC ed.[2001：39-44]；do.[2003：43-49]．

表 3-8 United Communication Industry (UCOM) PLC のトップ経営陣の学歴と経歴 (1999年末)

| 番号 | 名前、家族関係 年齢(99年現在) | 1999年 UCOM 地位 | 学歴 | 経歴 |
|---|---|---|---|---|
| 1 | Sriphum Suknetr (1932, 67歳) | 会長 外部リクルート | パリ大学法学部卒 | 72年〜78年 運輸省郵便電信局長/74年〜75年 運輸副大臣/78年〜82年 運輸省次官補佐/88年〜91年 運輸省次官/92年 運輸省次官以降、UCOM 社の会長. |
| 2 | Khajit Buajitti, 空軍大佐 (1926, 73歳) | 副会長 外部リクルート | 修士 トロント大学理学部(カナダ) | もと国家マスコミュニケーション委員会委員、タイ航空運輸会社役員. 96年から現在の地位. |
| 3 | Manat Leewiraphan (1933, 66歳) | 監査委員会委員長 社外重役 | 修士 Univ. of California, Berkeley 財政学 | もと財務省中央会計局長、財政経済局、財務省次官補佐. 99年から現在の地位. |
| 4 | Bunchai Bencharongkun (1954, 45歳) | 副会長 創業者の長男 | Northern Illinois University 理工学部 | 父親スチンが死去した1981年から97年まで UCOM 社取締役社長. 98年から現在の地位. |
| 5 | Wichai Bencharongkun (1960, 39歳) | 取締役社長 CEO (経営執行委員長)創業者の三男 | Northeastern Illinois University (米) 経営学部 | 88年(28歳)からグループ内企業 UTC 社役員/90年〜99年 MMS 社役員/91年から UIC, UEB, TAC 社役員. 98年1月より、現在の地位. |
| 6 | Wanna, Ms. (1952, 47歳) | 役員 創業者一族 | 学士 Eastbourne College, UK 秘書学 | 96年から UCOM 社の役員. ブンチャイの夫人. |
| 7 | Juthamart, Ms. (1962, 37歳) | 役員 創業者一族 | カセサート農業大学文学部 | 97年から UCOM 社の役員. ウィチャイの夫人. |
| 8 | Sutchai Thongphiu, 陸軍少佐 (1926, 73歳) | 役員、監査 外部リクルート | 陸軍士官学校工学 | もと陸軍通信部隊副局長. 99年から現在の地位. |
| 9 | Wanee Chaowachuwet, Miss (1930, 69歳) | 役員、監査 外部リクルート | 修士 ミシガン大学経営学 | もと Bank of America (Bangkok Office) 貸付副部長. 93年から現在の地位. |

| | 氏名 | 役員区分 | 学歴 | 経歴 |
|---|---|---|---|---|
| 10 | Pratheep Jirakiti (1944, 55歳) | 独立役員 社外重役 | St. Stephen's College Hong Kong. | 91年から現在 シーロムビルディング社長. 93年から現在の地位. |
| 11 | Wirachai Weerakhasen (1945, 54歳) | 執行役員筆頭 内部生え抜き | Diploma Bangkok Technical College | 91年〜現在 UIC社長/92年〜現在 UTC, UEB, UCS役員. 96年から現在の地位. |
| 12 | Bunthawee Tosuwansut (1954, 45歳) | 執行役員 外部リクルート | タンマサート大学法学部, 修士フロリダ工科大学(米)システム工学 | 83年〜89年 財務省国内税局法律官/90年〜99年MMS役員/91年から現在 UIC, UTC, UEB役員/95年〜98年TAC役員/92年から現在の地位. |
| 13 | Weera Jongcharoen 海軍少将(1938, 61歳) | 執行役員 外部リクルート | 米, 仏の参謀学校 | 62年 海軍通信部隊/84年〜86年 海軍政策企画課長/95年〜96年 海軍通信局長. 97年から現在の地位. |
| 14 | Prasoet Phuttansri (1942, 57歳) | 執行役員 外部リクルート | 修士 Xavier University (フィリピン) | 75年〜77年 バンコク都議会/80年〜82年 首相府秘書局, 国営合板工場執行委/80年〜81年, 94年〜99年 グループ内企業のUUM社社長. 92年から現在の地位. |
| 15 | Sonthiyan Nukaew (1961, 38歳) | 執行役員 外部リクルート | ラームカムヘーン大学法学部 | 86年〜91年 チャンネル3(テレビ)編集局長/89年〜97年 週刊雑誌副編集長/89年〜98年 Media INN 創立者兼社長. 2000年2月から現在の地位. |
| 16 | Nophadon Thongprasoet (1956, 43歳) | 執行役員 外部リクルート | 修士 Tarleton State University(米) | 87年〜93年 Italian-Thai Development PLC 財務担当執行役員/93年以降, UCOM社の執行役員 |
| 17 | Thianthip Sutthin, Ms.(1946, 53歳) | 執行役員 外部リクルート | 修士 パリ 郵便通信事業の資格取得 | 67年〜92年 運輸通信省郵便電信局/92年からUCOM社の役員. |
| 18 | Watna Khongman, Miss.(1954, 45歳) | 執行役員 外部リクルート | チューラーロンコン大学商学会計学部 | 76年〜77年 マヒドン医科大学事務局/77年〜90年 United Finance Co, Ltd. 社長. 91年からUCOM社の役員. |

注) TAC: Total Access Communication; UIC: UCOM International Co.; UCS: Universal Communication Service; UTC: United Tactical Communication.

出所) 1. United Communication Industry PLC[2000], 付属文書「添付役員一覧表」; 2. The Brooker Group PLC ed.[2003: 43-49].

このあと紹介する上場企業の役員の経歴は，基本的にはこの「56-1 形式書類」で公開された情報にもとづいている[21]．

さて，UCOM 社の「トップ経営陣」18 名の構成は，表 3-8 に整理したように，創業者一族が 4 名(副会長，役員 3 名)，内部昇進・生え抜き組が 1 名，外部リクルート組が 11 名(会長ほか)，社外重役が 2 名(法律にもとづく)であった．他の電気通信企業と比較すると，内部昇進組が極端に少なく，逆に外部リクルート組が半分以上のポストを占めている点が特徴である．しかも，外部リクルート組の経歴をみると，運輸通信省次官(1 番の会長)，陸軍通信部隊副局長(8 番の役員)，海軍通信局長(13 番の執行役員)，運輸通信省郵便電信局高官(17 番．同上)といったように，圧倒的に電気通信関連の省庁と軍の関係者が多いことが判明する．

タイの電気通信事業は，1980 年代後半に「B-T-O 方式」が導入される前は，運輸通信省(郵便電信局，タイ電話電信公団，タイ通信公団)と軍が独占していた．換言すれば，電気通信に関わる国内の技術や知識はこの二つの機関がもっぱら蓄積していたのである．したがって，創業者一族が必要とする専門家をこの二つの機関に求めたのも当然であった．しかも，UCOM グループが事業の拡大を図ろうとすれば，事業の許認可権をもつ運輸通信省や電気通信問題を検討する国家委員会(軍関係者も参加)とのコネクションが不可欠となる．その意味でも，この二つの機関から役員を招聘することは，企業にとって合理的な行動であった．

もっとも，政府や軍の退官組はすでに高齢者が多く，通常の業務執行はもちろんのこと，戦略や投資の決定に重要な役割を果たしているとはとうてい考えにくい．この点，創業者一族と共に重要な地位を占めているのが「外部リクルート組」である．もっとも彼らの多くは，実際には「内部昇進・中途採用組」の範疇に近かった．というのも，1992 年前後に UCOM グループに移籍し，グループ内関連企業で社長職(移籍時に役員)などを務

---

21) 「56-1 形式文書」(公開株式会社法の第 56 条第 1 項にもとづく文書)とは，通貨危機後の証券市場改革の中で，情報公開推進の一環として政府が上場企業に提出を義務づけた文書を指し，投資計画の詳細や企業の競争環境の分析，役員の学歴や過去 10 年間に遡る経歴といった個人情報を含む(ただし，タイ語である)．その結果，1999 年以降，上場企業に限ればトップ経営陣に関する個人情報は格段に入手しやすくなった．詳しくは末廣[2002]を参照．

めてきた若い世代で構成されているからである(11番, 14番, 17番, 18番). この点を勘案すれば, TIPCO社と同様に, UCOMグループの場合にも「三者結合」のパターンを見出すことができた.

## 3. 所有主家族・家臣団・外部リクルート者: CPグループTA社の事例

CPグループは, もともと飼料・ブロイラーやエビ養殖といったアグロインダストリーを基盤に成長を遂げたグループであり, 電気通信業に進出するのは, 同事業の部分的民営化が開始された1987年以降のことである. したがって, 三つのグループの中ではもっとも後発組であった. 通貨危機に至るまでのCPグループは, きわめて意欲的に事業の多角化をはかり, 1996年当時の傘下企業数は, 海外事業も含めると200社を優に超えるほどであった. ところが, 通貨危機によって, CPグループは深刻な債務問題と経営危機に直面し, その過程で同グループは, 事業基盤を競争的優位が発揮できる少数のコア分野に絞り込む戦略をとる. そのとき「戦略的コア事業」に位置づけられたのが, アグロインダストリー(中核はCharoen Pokphand Foods PLC: CPF社), 電気通信事業(中核はTelecomAsia Corporation PLC: TA社; 2004年にTrue Corporation PLCに名称変更), 近代的小売業(C. P. Seven-Eleven PLC)の三つであった(末廣[2000: 第9章], 末廣・ネーナパー[2002]).

CPグループの電気通信事業は, 現在, (1)固定電話回線事業(200万回線), (2)携帯電話事業(CPオレンジ社), (3)インターネット事業(Asia Infonet社), (4)有料テレビ事業(UBC社), (5)通信データサービス事業の五つからなり, TA社(1990年設立, 93年上場)が(1)の事業運営と共に, グループ傘下企業(33社)に対する出資と事業の統括も行っている. したがって, TA社は事業会社であると同時に, 本社機能を兼ねた持株会社でもある.

さて, TA社の「トップ経営陣」19名を整理した表3-9によると, その構成は, 創業者一族が5名, 内部昇進/中途採用組が2名, 外部リクルート組が5名, 主要株主派遣者が3名, 社外重役が4名であった. 創業者一族の中には, CPグループ全体の総帥であるタニン・チアラワノン(謝國

表 3-9 CP グループ、TelecomAsia PLC のトップ経営陣の学歴と経歴 (1999 年末)

| 番号 | 名前、生年（99 年現在） | 分類 | 地位 (2000 年) TelecomAsia 社 | 学歴 | 経歴 |
|---|---|---|---|---|---|
| 1 | Withaya Wetchachiwa (1936 年, 63 歳) | 社外重役 | 社外重役、監査委員会委員長 | 修士 ハーバード大学法学、ケンブリッジ大学文学部 | もと外務次官. K. Line(Thailand)会長 |
| 2 | Koson Phetsuwan (1939 年, 60 歳) | 社外重役 | 社外重役、監査委員 | PhD. University of London 工学 | タイ石油公団社長重役 |
| 3 | Chote Phokwanit (1942 年, 57 歳) | 社外重役 | 社外重役、監査委員 | イギリス会計士協会公認会計士 | East Asiatic(Thailand); Thai Wah Group Companies |
| 4 | Narong Srisaan (1928 年, 71 歳) | 社外重役 | 社外重役 | City of London College, UK | もとアークチャー銀行役員 |
| 5 | Thanin Chiarawanon (1939 年, 60 歳) | 創業者一族、グループ総帥 | 取締役会会長 | Commercial School of Hong Kong | 57 年からグループの事業に参加/80 年〜88 年 CP グループ会長/89 年〜現在 Charoen Pokphand Group Company 会長兼 CEO |
| 6 | Sumet Chiarawanon (1934 年, 65 歳) | 創業者一族、タニンの兄 | 取締役会副会長 | 高校卒 | 50 年代からグループの事業に参加/93 年から TA 社副会長、Charoen Pokphand Group Company 副会長兼経営執行委員会副会長 |
| 7 | Chaliao Suwannakitti (1928 年, 71 歳) | 外部リクルート | 取締役会副会長 | MBA インディアナ大学経営学(米) | 92 年から TA 社副会長 |
| 8 | Wirawat Kanchanadun (1938 年, 61 歳) | 外部リクルート（新参家臣団） | 取締役会副会長、財務担当責任者(CFO) | PhD イリノイ大学経営学、タンマサート大学商学部 | 79 年に CP グループに専門家として招聘、もとグループ全体の投資計画責任者/Charoen Pokphand Group Company 上級副社長兼役員 |
| 9 | Athuk Assawanan (1951 年, 48 歳) | 外部リクルート | 取締役会副会長、法律委員会委員長 | 修士 ニューヨーク大学法学 | 78 年〜99 年 Baker & McKenzie/97 年から TA 社役員就任 |
| 10 | Wanlop Wimontwanit (1941 年, 58 歳) | 中途採用（古参家臣団） | 取締役会副会長 | | 89 年〜99 年 Telecom Holding 社社長/99 年から同社長。現職は 99 年から。 |
| 11 | Art Taolanon (1937 年, 62 歳) | 外部リクルート（新参家臣団） | 役員兼経営執行委員会委員長 | PhD Illinois Institute of Technology, USA. チューロンコン大学産業工学 | 79 年 (42 歳) にグループの投資戦略顧問として招聘/91 年〜92 年 農業大臣/92 年〜98 年 Charoen Pokphand North East PLC 執行役員/93 年〜99 年 TA 社社長 |

| | 氏名 | | 取締役社長CEO | 学歴 | 経歴 |
|---|---|---|---|---|---|
| 12 | Suphachai Chiarawanon (1967年, 32歳) | 創業者一族, タニンの三男 | 取締役社長CEO | ボストン大学 (米), 金融 | 92年(25歳)からTA社の役員兼上級副社長/99年3月からCEO |
| 13 | Stephen Parker (1946年, 53歳) | 出資者派遣役員, 代表 | 役員 | Distingusihed Military Graduate, United States Army | 92年〜95年 Executive Managing Director of Asia Pacific, NYNEX Network Systems Company/96年からManaging Director of NYNEX Network Systems Siam Limited, Bell Atlantic Asia Communications Group/96年から現地位. |
| 14 | Min Thiarawon (1936年, 63歳) | 中途採用 (古参家臣団) | 役員 | 短大 Bangkok Accountancy College, 会計学 | 50年からグループの経理を手伝う。58年に正式に入社/ Charoen Pokphand Group Company 上級副社長兼役員 |
| 15 | Sunthorn Arunanonchai (1942年, 57歳) | 外部リクルート (新参家臣団) | 役員 | 修士 アルカンソス大学(米)経営学 | 77年からBangkok Insurance PLC役員/84年 Rachaburi Sugar 会長/85年から現在 CP Land 社長/87年から現在 CP Plaza Co.,Ltd. 会長. |
| 16 | Chatchawan Chiarawanon (1962年, 37歳) | 創業者一族, スメートの三男 | 役員 | Univ. of Southern California, USA 経営学 | 87年から現在 Metro Machinery Co.,Ltd. 役員/99年(37歳)から Telecom Holding 社会長 |
| 17 | Suphakit Chiarawanon (1964年, 35歳) | 創業者一族, タニンの次男 | 役員 | ニューヨーク大学 経営学部 | 91年からAT&T Network Technology(Thailand)会長/99年(35歳)から Telecom Holding 社社長. |
| 18 | John Doherty (1964年, 35歳) | 出資者派遣役員 | 役員 副社長 | 学士 Arts, Stonybrook University, USA | 94年〜97年 Executive Director for marketing & strategy, NYNEX Cable Communications/97年〜98年 Executive Director of Europe/Americas, Bell Atlantic International Communications/98年8月から現地位. |
| 19 | Daniel Petri (1948年, 51歳) | 出資者派遣役員 | 役員 | 修士 Long Island University, USA 経営学 | 88年〜94年 Vice President & General Manager of NYNEX New York Telephone/95年〜98年 President of Global Systems Bell Atlantic/98年から現地位. |

注) TelecomAsia PLC(TA社)は、1990年設立、1993年12月上場。現在は、True Corporation PLC 1995年の機構再編後の経営執行委員会は66名。うち「平役員」(officer)57名の内訳は、38名がTA社の「生え抜き組」、16名が「外部リクルート組」、1名がCPグループ本社からの派遣であった。「外部リクルート組」のもとの在籍は、Eutaca(Thailand), Colgate-Palmolive(Thailand), CRC Creation PLC, Siam TV and Communication, QMI-Case(M), Line Services, Thai Oil Company, Cathay Trust Finance, 国家経済社会開発庁、Standard Chartered Bank(financial accountant), Siam Video Co.,Ltd., Vinithai Co., Ltd., UTV Cable Network PLC, Petro Asia Co.,Ltd., Finance One PLC, ESSO Standard Thailand, Shinawatra Paging Co.,Ltd.

出所) 1. TelecomAsia PLC [2000], 付属文書「役員一覧表」(pp. 82-103); 2. Wichai [1993].

民,1939年生まれ)の三男スパチャイ(1967年生まれ)を含む.スパチャイは,1992年にTA社へ入社すると同時に役員兼上級副社長にいきなり就き,99年3月には,32歳の若さで社長兼CEOに就任した(末廣・ネーナパー[2002:357-358]).大学での専攻分野やキャリアに関係なく,もっぱら所有支配に由来する「超特急型昇進」の典型的な事例である.一方,「主要株主派遣者」というのは,TA社の事業パートナーである米ナイネックス社(NYNEX New York Systems:米系多国籍企業であるBell Atlanticの子会社)が派遣する3名の役員を指している(13番,18番,19番).

TA社の役員構成で目をひくのは,表の中で筆者たちが「古参家臣団」と仮に名づけた内部昇進・中途採用組(10番,14番)と,これと対比させて「新参家臣団」と名づけた外部リクルート組(8番,11番,15番)の存在であろう.CPグループは,チアラワノン家が所有と経営を支配する典型的なファミリービジネスであるが,他方では,事業の拡大過程で,家族外から有能な専門家を積極的に登用してきたことでも知られるグループであった.人的資源の外部からのリクルートが戦略的に行われたのは,商業から製造業分野(飼料・ブロイラー)へ初めて進出しようとした1960年代後半と,事業の多角化を本格化させる1970年代後半の2時点に集中していた(Wichai [1993]).前者が「古参組」,後者が「新参組」に該当する.

通貨危機後,CPグループが事業再編を行った際,アグロインダストリーの中核企業CPF社に役員として送り込んだのが「古参組」(ミン,チンチャイ,タナゴーンなど)であり,もうひとつの柱である電気通信業のTA社に,役員として送り込んだのが「新参組」(アート,ウィラワット,スントンなど)である(末廣[2002:100]).重要な点は,こうした「生え抜き」に対して,創業者一族がグループ全体の持株会社である「Charoen Pokphand Group Co., Ltd.」(非公開株式会社)の株式を,その貢献と勤続年数に応じて配分している事実であろう(末廣・ネーナパー[2002:359-361]).したがって,彼らは単に契約関係で創業者一族と結ばれた「俸給経営者」ではなく,所属する企業や創業者への忠誠心と誠実を前提とする「家臣団」とも呼べる専門的経営者集団であったといえよう[22].

---

22) コッカは,産業発展期のドイツの所有主企業の発展を支えてきた重要な要因として,

第4節　トップ経営陣の構成(II)：電気通信業と三つのパターン

　なお，表3-9には示していないが，TA社は役員待遇の執行委員以外に，57名の「平執行委員」を任命していた．その経歴を検討すると，内部昇進・生え抜き組が38名，外部リクルート者が16名，CP本社からの派遣が1名，ナイネックス社の社員が2名となり(TelecomAsia[2000：82-103]；末廣・ネーナパー[2002：358])，「トップ経営陣」の構成と異なって内部昇進組の比重が格段に高まる．また，外部リクルート者の出身をみると，優良大企業とりわけ外国企業でキャリアを積んできたものが多かった[23]．したがって，日常的な業務執行に責任をもつ部門別の経営管理者層に目を転じると，TA社の場合も「三者結合」のパターンが明確になることを指摘しておきたい．

### 4. スペシャリスト型経営者集団：SHINグループの事例

　最後の事例は，タイ最大の電気通信企業であるSHINグループである．同グループの中核に位置し，同時に本社機能を兼ねた持株会社でもあるShin Corporation PLC[24]の株式の60％は，創業時から現在に至るまでタクシン首相の一族が所有している(末廣・ネーナパー[2002：351])．そして，1990年代末までは，同社(当時はSCC社)の経営支配権もタクシンやその夫人ポッチャマーン，あるいは夫人の兄バンナポット・ダマーポンが握っていた．しかし，1999年12月にSHINグループは大掛かりな機構改革に乗り出し，翌2000年までには，タイのファミリービジネスにはまだ珍しい「所有と経営の完全な分離」体制を構築した(同上[2002：352-355])．

　そこで，表3-10に掲げた「トップ経営陣」の特徴を検討してみよう．役員16名の構成は，創業者一族が2名(会長＝創業者の義兄と執行役員)，内部昇進・生え抜き組が4名，外部リクルート組が6名，株主派遣役員が1名(Singapore Telecom社)，社外重役が3名である．ここには繰り返し見てきた「三者結合」の典型をみることができる．さらに，外部リクルート

---

　　家族・親族内部の忠誠心とは別に，「企業に対する職員の忠誠心と誠実」の存在を，彼らの専門的能力と同じ程度に強調している(コッカ[1992：179])．
23)　「外部リクルート組」の元の在籍は，表3-9の注記を参照．
24)　Shin Corporation PLCの前身はShinawatra Computer & Communications PLC (SCC社)であり，1999年にShin *Corporations* PLCに，そして，2001年5月から現在の企業名に変更した．

表 3-10 SHIN グループのトップ経営陣の学歴と経歴（1999 年末）

| 番号 | 名前<br>年齢(99年末) | 1999年<br>SHIN Corp 地位 | 学歴 | 経歴 |
|---|---|---|---|---|
| 1 | Bannaphot Damaphong (50歳) | 会長<br>創業者の義兄 | 修士 Texas Southern State Univ. 社会学 | 87年〜91年 SHIN グループの副社長/91年〜95年 SHIN グループの経営執行委員会役員/95年以降、Shin Corporation PLC 会長 |
| 2 | Phaibun Limpaphayon (58歳) | 役員<br>外部リクルート | PhD アイオワ州立大学、電気工学 | 88年〜92年 タイ電話電信公団(TAT)総裁/92年〜93年 TAT 顧問/93年以降、現在の地位/98年から Advance Info Service PLC(AIS)会長 |
| 3 | Bunkhlee Plangsiri (48歳) | 経営執行委員会長 (CEO)<br>外部リクルート | 修士 イリノイ大学コンピュータ科学 | もとタイ通信公団(CAT)国際通信局長/93年〜94年 SHIN グループ経営執行委員会役員/95年〜96年 同グループ経営執行委員会副会長/99年以降 グループの CEO |
| 4 | Siriphen Sittasuwan (51歳) | 役員、財務担当<br>上級副社長え抜き<br>内部生え抜き | MBA Wichita State Univ. (カンザス州、米) | 91年〜93年 SHIN グループ財務担当部長補佐/94年〜98年 同グループ員・財務担当部長/99年以降、現在の地位 |
| 5 | Somprasong Bunyachai (44歳) | 執行役員、通信事業担当責任者<br>外部リクルート | 修士 アジア工科大学 (AIT、タイ)工学 | 92年以前 IBM Thailand/92年に SHIN グループの第4事業部副部長として移籍、93年 Shinawatra Satellite 社社長/94年以降 AIS 社社長 |
| 6 | Damrong Kasemset (45歳) | 執行役員<br>外部リクルート | PhD マサチューセッツ工科大学(MIT) 電子工学 | 86年〜89年 Microwave Semiconductor of the Simens Group(USA)/89年〜91年 GE Aerospace(USA)/91年以降、SHIN グループに移籍/93年〜94年 IBC Cable TV 社長/97 SHIN 社長以降、Shin Talelight Co.,Ltd. 会長 |
| 7 | Niwat Bunsong (51歳) | 執行委員、広告担当責任者<br>内部生え抜き | 修士 チュラーロンコン大学コンピュータ科学 | 93年〜95年 Shinawatra Computer and Communications PLC 社長/95年以降、現在の地位 |
| 8 | Lee Sinkhoi (59歳) | 役員<br>株主派遣役員 | シンガポール国立大学会計学 | 92年〜98年 Singpost Pte. Ltd. 副社長/98年 Singapore Telecom International Pte. Ltd. 副社長、顧客担当 |

| | 氏名 | 役員 | 学歴 | 経歴 |
|---|---|---|---|---|
| 9 | Paron Issarasena Na Ayudhya (72歳) | 役員 外部リクルート | マサチューセッツ工科大学(MIT)電気工学 | 69年～92年 Siam Cement PLC 役員,同社の社長(85年から92年)/92年以降, Shin Satellite PLC 役員兼会長. |
| 10 | Bussaba Damaphong, Ms. (45歳) | 執行役員 創業者一族 | MBA カセサート農業大学(タイ) | 90年～91年 SHIN グループの社長補佐/91年～94年 同グループ財務担当副社長/94年～95年 SC Estate Co.,Ltd. 社長/95年以降, 現在の地位. |
| 11 | Somkiat Paroprakan (59歳) | 執行役員 内部生え抜き | 修士, オレゴン州立大学, 電子工学 | 90年～91年 グループのラジオ・テレビ事業担当部長補佐(役員)/91年～92年 同グループ総務担当部長/94年以降, 現在の地位. |
| 12 | Arak Chonlathanon (50歳) | 執行役員 外部リクルート | チュラーロンコン大学電子工学 | 89年～90年 Datacraft(Thailand) Ltd. 経営支配人/91年～92年 SHIN グループへ移籍, AIS 社上級副社長/93年～98年 Shinawatra International Co.,Ltd. 社長/98年以降, 現在の地位. |
| 13 | Churairat Uhakan (34歳) | 執行役員 内部生え抜き | MBA タンマサート大学 | 91年～94年 SHIN グループ財務計画・予算担当上級課長/95年～96年 同グループ財務計画担当課長/96年～98年 同グループ財務担当部長補佐/98年～99年 同グループ投資担当副部長(役員)/99年以降, AD Venture 社長, 現在の地位. |
| 14 | Olarn Chaiprawat (56歳) | 社外重役 | PhD. マサチューセッツ工科大学(MIT)経済学 | 92年～99年 サイアム商業銀行社長/2001年からタクシン政権財務省政策顧問 |
| 15 | Thanong Phithaya (52歳) | 社外重役 | PhD. ノースウェスト大学経営学 | 91年～2001年 タイ軍人銀行社長/91年から Shinawatra Computer の役員/タクシン政権のもとでタイ資産管理公社(TAMC)委員長, 財務大臣. |
| 16 | Sirin Nimmanhemin (52歳) | 社外重役 | MBA スタンフォード大学経営学 | 79年～91年 タイ石油公団(PTT)副総裁, 財務・経理担当/92年～2000年政府系グループタイ銀行社長. |

出所) 1. Shin Corporations PLC[2000]; 2. The Brooker Group PLC ed.[2003: 574-582].

組の経歴をより詳しく見ていくと，1993年7月に，創業者タクシン(当時，グループ経営執行委員会会長)が，タイ通信公団(CAT)から引き抜いたブンクリー(3番)は「グループ経営総支配人」に，同じ年の11月にタイ電話電信公団(TAT)から引き抜いたパイブーン(2番)は「グループ海外事業担当責任者」に，それぞれ就任している(同上[2002:352])．ブンクリーは当時，CATの国際通信局長で次期総裁の声が高かったタイ屈指の情報通信業の専門家であり，パイブーンは1987年から91年までTATの総裁を務めた，政府の電気通信事業のトップ官僚であった．つまり，タクシンは，政府の電気通信事業を指揮していたトップクラスの2名を一挙に引き抜いたことになる．

そのほか，「外部リクルート組」に名前を連ねているのは，IBMタイランド社にいたソムプラソン(5番)，ドイツのジーメンス・グループ(USAでの子会社)でキャリアを積んだダムロン(6番)，米ダータクラフト社の電気エンジニアであったアラック(12番)など，技術畑のスペシャリストたちであった．一方，「内部生え抜き組」は，SHINグループの関連企業の社長をローテーションとして経験してきたゼネラリストか，シリペン(4番)，チュライラット(13番)のように，財務や投資関係一筋に企業内部でキャリアを積んできたスペシャリストで固めている．

表3-8に示したUCOM社のトップ経営陣の構成と比べると，SHINグループのそれはいずれも年齢が一回り若く，かつ専門性と役割分担がより明確であった．その意味で，同グループの事業運営を担っているのは，スペシャリスト・タイプにより特化した「専門的経営者集団」であるということができるだろう．このように，企業や企業グループの所有は，依然として特定の家族の手にありながら，所有と経営が完全に分離し，さらにはその経営も専門経営者集団に委ねられているSHINグループの動きは，創業者であるタクシン現首相の「企業哲学」に基づく点が大であるが[25]，同時に，タイにおける「経営者企業」の発展可能性を示唆する興味深い事

---

25) タクシンは自分が所有する事業経営から手をひき，2001年に首相に就任したあとも，彼の「企業哲学」を「国の運営」に適用しようとしている．具体的には，各大臣，官庁の局長，県知事などに，それぞれの「ビジョン，任務，目標」の文書化を義務づけ，さらに仕事の「専門性，効率性，競争性」を強く求めている点がそれであった．

例を提供しているともいえる．

## 第5節　トップ経営陣の構成(III)：芸能・コンテンツ産業

### 1. 芸能・コンテンツ産業の特徴

　1988年から始まる「経済ブーム期」にタイで大きく発展し，さらに通貨危機後に金融・製造業分野が国内不況に陥るなかで，ますますその勢力を拡大していったのが，芸能・コンテンツ産業である．この産業のなかには，娯楽施設，レストラン，百貨店，スーパーなどが一体化した総合ショッピング・センター(コンプレックス)の全国的な展開に伴って急速に伸びていった映画産業(映画の配給と映画館の運営)や，消費社会の高度化に伴って発展を続けるテレビ産業(番組制作，CD/DVDの制作，広告宣伝など)，音楽・アニメ産業などが含まれる[26]．

　芸能・コンテンツ産業の大きな特徴は，この産業に固有のノウハウや知識が存在する点にある．また同産業は，情報通信技術(ICT)やネット社会の発展とも密接に関連しており，この分野に関連する知識や，多様かつ急速に変化する市場へのクイック・レスポンスが，事業成功の鍵となる．タイでは1960年代以降，商業で基盤を築いたグループが製造業に進出したり，製造業で大きくなったグループが金融や不動産業に事業を多角化させて「コングロマリット」に成長する事例は珍しいことではない(末廣[2003: 112-113])．しかし，既存の大規模ファミリービジネスが，芸能・コンテンツ産業に参入する事例はないし，逆に同分野で成功を収めたグループが，非関連業種へ事業を多角化することもほとんどなかった．同産業は，事業の運営面で「専門性」の比重が高く，それがゆえにベンチャー型企業も生まれやすい環境をそなえている(Nattaphong and Dao[2002])．そこで，本

---

　26) コンテンツ産業については，経済産業省の「コンテンツ産業国際戦略研究会」の報告書(http://www.meti.go.jp/policy/media_contents/)や，ハリウッドの寡占体制を描いた滝山[2000]が参考になる．また，アジアのテレビ，ケーブルTVの発展についてはアジアプレス・インターナショナル[1993]，ネット革命については会津[2001]を，それぞれ参照．

第3章　タイのファミリービジネスと「トップ経営陣」

章ではこの分野を代表する BEC World 社とグラミー社の二つを事例に取り上げ，その経営の特徴を検討することにしたい．

## 2. 所有主家族支配の下での「三者結合」：BEC World 社の事例

　BEC World 社の創業者であるウィチャイ・マーリーノン(徐漢光，潮州系．1919年生まれ)は，第二次大戦前は，故郷であるチャチュンサオ県でミニバスの小規模な経営を行っていたが，大戦後バンコクに移り住み，公営宝くじの販売代理業務に従事した．その関係で，当時軍・警察(宝くじビジネスを統括)の有力者に近かったアジア信託銀行の社長ワロップ・ターラワニットグン(馬燦勲，潮州系)と知り合い，以後，彼ともっぱら組んで共同事業をつぎつぎと立ち上げていく．そして，1967年に Bangkok Entertainment Co., Ltd.(のち BEC World PLC)を共同出資者たちと設立し，翌68年に政府系のタイ・テレビ会社(Thai Television Co., Ltd.)から番組放映権のリースを受け，70年3月から「チャンネル3」で放映を開始した．民間では最初のテレビ放送である．その後は，テレビ放送事業，番組の制作，映画のプロモーション，メディア関連事業に次々と事業を多角化し，1995年には BEC World 社を，本社兼持株会社に改組している．傘下企業数は2003年現在，32社である(The Brooker Group PLC ed.[2003：425])．

　BEC World グループは，創業者ウィチャイの長男プラサーン，次男プラウィット，三男プラチャー(現タクシン政権の閣僚)，四男プラチュム，長女ラッタナー，次女ニパー，三女アムポンの7名が企業の株式保有だけではなく，主要傘下企業15社の会長を排他的に独占し，もしくは執行役員を兼任する，典型的なファミリービジネスの形態をとっている．例えば，プラサーンが映画・音楽プロモーションの大手 BEC-TERO Entertainment PLC の会長，プラウィットがニューメディアの Satellite TV Broadcasting の会長，プラチャーがテレビ番組制作の BEC International Distribution の会長に，それぞれ就任していた．一方，BEC World 社のトップ経営陣19名の構成をみると(表3-11)，創業者一族が8名，内部昇進組が3名，外部リクルート組が6名，社外重役が2名であり，ファミリ

第5節　トップ経営陣の構成(III)：芸能・コンテンツ産業

ービジネス全般と比較しても，創業者一族の存在が顕著であった．

創業者一族は，CEO，COO，経理・財務担当，テレビ担当，番組制作担当などの要職をほぼ独占し，同時に均等に配分された株式を保有する．創業者一族は，アメリカやタイ国内の有名大学(タンマサート大学)を卒業したあと，直ちに BEC World 社に入社し，例外なく企業内でキャリアを積んで専門性を身につけた，「企業内訓練型のオーナー経営者」たちであった．一方，役員を兼任する執行委員をみると，中心をなすのは外部の主要企業から引き抜いてきた専門家たちである．例えば，財務担当のチャートチャーイ(17番)は，世界最大の HDD 製造企業である米シーゲート社(アジア本部)のもと財務担当部長であった．したがって，BEC World 社の場合には，「三者結合」は見られるものの，基本的には創業者一族が所有と経営を強固に支配し，これを内部昇進組と外部リクルート組，とりわけ後者がサポートしていることが分かる．したがって，新業態でありながら，「経営者企業」的特徴はほとんどみることができない．

### 3. 創業者と学縁による同志的結合：グラミー社の事例

BEC World 社とまったく対照的な経営形態を示すのが，芸能・コンテンツ産業のもうひとつの覇者であるグラミー社(Grammy Entertainment PLC. 現，GMM Grammy PLC)である．創業者であるパイブーン・ダムロンチャイヤタム(黄民輝，1949年生まれ)は，チュラーロンコン大学マスコミ学科を首席で卒業したあと，近代的広告会社の草分けともいえる「ファーイースト広告社」(Far East Advertising Co., Ltd. サハ・グループの傘下企業)に入社し，コピーライターとして活躍した．その後，「リポビタンD」の製造で有名なオーソットサパー・グループの出資協力を受けて，Premier Marketing Co., Ltd. を設立し，さらに1983年には，友人たちと共にテレビ番組の制作会社であるグラミー社を立ち上げて，その初代社長に就任した．パイブーンは同社の株式の53％(98年末現在)を単独で所有するが，彼の家族・親族は弟のスワットを除くと経営陣にまったく参加していない点が，先の BEC World 社とは大きく異なる点である．パイブーンはその後，音楽，映画，出版，メディア分野に次々と関連会社を設立していき，2003

143

表3-11 BEC World PLCのトップ経営陣の学歴と経歴(1998年)

| 番号 | 名前、家族関係、生年 | 分類 出資(%) | BEC出資 地位(98年) | 学 歴 | 経 歴(2003年現在を含む) |
|---|---|---|---|---|---|
| 1 | Wichai Malinon (徐漢光)(1919年) | 創業者本人 (株式所有0%) | 経営執行委員会会長、経営会長 | 高 校 卒 | 政府宝くじの販売代理/67年 Bangkok Entertainment (BEN)設立/92年 BEN 取締役会・経営執行委員長/95年 BEC社の取締役会・経営執行委員長(CEO) |
| 2 | Prasarn Malinon (1944年) ウィチャイの長男 | 創業者一族 (7.86%) | 取締役会副会長、経営執行委員会副会長、Chief Operating Officer(COO) | 学士 Elmhusrt College(米経営学 | 85年 BEN社の取締役社長(のち、COO)/90年 CVD Ariyawatana 社の会長/95年から現地位/97年 BEN Entertainment PLCに資本参加。同社の会長兼CEO/2003年現在、同職。 |
| 3 | Prawit Malinon (1946年) ウィチャイの次男 | 創業者一族 (11.42%) | 執行役員、テレビ担当 | イリノイ大学(米) 工学部 | 85年 BEN社の取締役社長/92年 New World Production 会長/94年 BEC Studio 会長/91年から現地位/2003年現在、同職。 |
| 4 | Pracha Malinon (1947年) ウィチャイの三男 | 創業者一族 (7.86%) | 執行役員、副社長 | Elmhusrt College (米)経営学 | 85年 BEN社の取締役副社長/91年 You & I Corporation 会長/95年から現地位、BEC International Distribution 会長/2001年 タクシン政権の閣僚 |
| 5 | Ratana Malinon, Miss(1949年) ウィチャイの長女 | 創業者一族 (7.86%) | 執行役員、経理・財務担当 | タンマサート大学 経済学部(タイ) | 85年 BEN社の役員/91年 Rungsairojvanit社長/95年から現地位/2003年現在、経理・財務担当執行役員。 |
| 6 | Nipha Malinon, Miss(1952年) ウィチャイの次女 | 創業者一族 (7.86%) | 執行役員 | タンマサート大学 商・会計学部 | 92年 BEN社役員/95年 BEC International Distribution 副会長/95年から現地位。2003年現在、平役員。 |
| 7 | Amphon Malinon, Miss(1954年) ウィチャイの三女 | 創業者一族 (7.86%) | 執行役員、番組製作担当 | タンマサート大学 商・会計学部 | 80年 BEN社役員/90年 Ariyawatana 社副会長/94年 Three Media 会長/95年から現地位、Satellite TV 副会長/2003年現在、同職。 |
| 8 | Prachum Malinon (1955年) ウィチャイの四男 | 創業者一族 (7.86%) | 執行役員、広告メディア担当 | アサンプション商業大学、経営学部(タイ) | 85年 BEN社役員/90年 Ariyawatana 社副会長/95年 Three Media 会長/95年から現地位/2003年現在、同職。 |
| 9 | Rachanee Niphattakuson (1958年) | 外部リクルート | 執行役員、販売マーケティング担当 | タンマサート大学 芸術学部 | 95年からBEC社役員、New World Production 副会長/2003年現在、販売マーケティング担当役員。 |

144

| | 氏名 | 採用区分 | 役職 | 学歴 | 経歴 |
|---|---|---|---|---|---|
| 10 | Khanai Sriyaphai (1926年) | 外部リクルート | 執行役員、メディア担当 | タンマサート大学/国防学校第21期卒 | 86年〜94年 BEN社のメディア部門顧問/95年からBEC社役員/2003年現在、すでに退職。 |
| 11 | Worasak Woraphamon, Dr. (1941年) | 外部リクルート | 執行役員 | マサチューセッツ工科大学(MIT)博士号 | 85年〜92年 Country Manager of Pacific Telesis (Thailand)Co.,Ltd./CEO of Pacific Telesis Engineering Ltd./95年BEC社に移籍、執行役員。 |
| 12 | Pramot Chokesirikunlachai (1962年) | 外部リクルート | 執行役員 | 上智大学経営学修士/東京大学国際関係博士(論博) | 91年 CSC Business Consultant/92年 You and I Corporation役員/95年から経営執行委員/2003年、名前なし。 |
| 13 | Somrak Narongwichai (1951年) | 内部昇進生え抜き | 執行役員番組制作担当 | 文学部(大学不明) | 91年〜95年 BEN社番組製造担当課長/95年現在、番組制作担当社長。 |
| 14 | Panithan Tosanaithada (1944年) | 内部昇進生え抜き | 執行役員広告担当 | 学士(大学不明) | 80年〜95年 BEN社社長補佐/95年からBEC社の広告担当執行役員、広告担当副社長。 |
| 15 | Borisut Buranasamrit (1947年) | 内部昇進生え抜き | 執行役員事業支援担当 | タンマサート大学新聞雑誌学 | 90年〜95年 BEN社広報課長/95年からBEC社の事業支援担当/2003年現在、総務担当副社長。 |
| 16 | Narinthorn Anukhrothanaphong, Ms(1965年) | 外部リクルート | 執行役員経理担当 | タンマサート大学金融、マーケティング | 90年〜91年 3 M(Thailand)Ltd./92年〜93年 Promt Design Co,Ltd経理部長/94-95年 Sino-Thai Engineering Corp.社長補佐/95年からBEC社の経理担当執行役員/2003年現在、同職。 |
| 17 | Chatchai Thiamthong (1951年) | 外部リクルート | 執行役員財務担当 | 法学部(大学名不明) | 90年〜93年 シーゲート社アジア太平洋本部財務担当部長/94年〜95年 シーゲート(台湾)社の支配人/96年からBEC社の財務担当執行役員/2003年現在、財務担当副社長。 |
| 18 | Arun Ngamdee (1936年) | 社外重役 | 独立(社外)役員 | チュラーロンコン大学文学部/ボストン大学広報学修士 | もと政府広報局長/95年からBEC社の社外役員に就任。 |
| 19 | Prathan Rangsimaphon (1934年) | 社外重役 | 独立(社外)役員 | タンマサート大学学士/ケンブリッジ大学修士 | もと国家ラジオ放送運営委員会委員長/95年からBEC社の社外役員に就任。 |

注) BEN社は、Bangkok Entertainment Co., Ltd.
出所) 1. BEC World PLC[1999:99-103]; 2. The Brooker Group PLC ed.[2003:420-427].

表 3-12 Grammy Entertainment PLC のトップ経営陣の学歴と経歴(1998 年末)

| 番号 | 名前<br>年齢(98年末) | 分類<br>出資(98年末) | 地位<br>(98年末) | 学歴 | 経歴(2003年現在を含む) |
|---|---|---|---|---|---|
| 1 | Phaibun Damrongchaiyatham (49歳、1939年5月生まれ) | 創業者本人 (53.22%) | 取締役会長 | チュラーロンコン大学マスコミ学科(首席) | 75年以前 Fareast Advertising Co.,Ltd.のコピーライター、Creative Director/75年 Media Mass Communication Co.,Ltd.(雑誌編集刊行)/Premier Marketing Co.,Ltd. 共同設立、支配人に就任/83年〜88年 グラミー社長、同社の社長、88年から現地位/2003年現在、GMM Grammy 取締役会会長兼社長。 |
| 2 | Wisit Tantisunthorn (39歳) | 外部リクルート | 経営執行委員会長 (CEO) | チュラーロンコン大学統計学科/MBA ウィスコンシン大学(米) | 92年〜98年 American International Assurance Co., Ltd アジア地区投資部門責任者/同 Shinawatra Computer & Communications Co.,Ltd 役員/98年からグラミー経営執行委員会長(CEO) |
| 3 | Kittisak Chuwang-arun (44歳) | 内部生え抜き (0.28%) | 副社長音楽部門担当 | チュラーロンコン大学マスコミ学科 | 83年〜現在 グラミー社副社長、生え抜き組。 |
| 4 | Bussaba Daoruang (46歳) | 内部生え抜き (0.28%) | 副社長 | タンマサート大学文学部 | 83年〜現在 グラミー社副社長、生え抜き組/2002年10月から、GMM Grammy CEO/Chief Creative Officer に就任。 |
| 5 | Anchalee Jiwarangsinee, Miss.(43歳) | 外部リクルート | 副社長内部監査担当 | チュラーロンコン大学会計学部/Mini MBA タンマサート大学 | 80年〜92年 Premier Marketing Co,Ltd 執行委員担当部長(テレビメディア・グループ)/93年〜98年 グラミー社副社長経営部門担当/98年から現地位/2003年現在、同職。 |
| 6 | Akharadet Rotmetha (44歳) | 外部リクルート | 副社長 | タンマサート大学商・会計学部/MBA Tarleton State University(米) | 89年〜90年 R.B.K. Marketing マーケティング担当部長/90年から MGA Co.,Ltd. 社長 |
| 7 | Anan Assawaphokhin (49歳) | 社外重役 | 独立役員 | チュラーロンコン大学工学部/修士 イリノイ技術大学産業工学(米) | 94年から Land and House Public Company 社長。同グループの創業者兼総帥。 |
| 8 | Banyong Phongphanit (44歳) | 社外重役 | 独立役員 | チュラーロンコン大学経済学部/MBA チュラー大 SASIN | Phatra Thanakit Finance Public Company 経営執行委員会長 |
| 9 | Wilai Chathan-rasamee, Ms.(45歳) | 外部リクルート | 副社長経理・財務担当 | チュラーロンコン大学会計学部/修士 タンマサート大学会計学 | 93年〜95年 The Nation Publishing PLC 副社長/96年〜98年 Siam Integrated Cold Steel PLC 副社長(サハヴィリヤ・グループ)/98年から現地位/2003年現在。名前なし。 |
| 10 | Duangchai Loleotwit, Ms.(36歳) | 内部生え抜き | 執行役員 | チュラーロンコン大学マスコミ学科 | 90年〜95年 グラミー社マーケティング第二部門部長/95年から Grammy Television 社長。 |
| 11 | Saithip Montrikun Na Ayudhya, Ms.(42歳) | 内部生え抜き | 執行役員 | チュラーロンコン大学マスコミ学科 | 91年から A-Time Media Co.,Ltd. Radio Concept Co,Ltd. Master Plan Co.,Ltd. Grammy Direct Co.,Ltd. 各社の社長/2003年現在、執行役員。 |

| | | | | | |
|---|---|---|---|---|---|
| 12 | Nitiphong Honak (38歳) | 内部生え抜き | 副社長 音楽製作担当 | チュラーロンコン大学都市工学部 | 85年〜96年 グラミー社製レコード製造・音楽製作担当部長/97年から現地位/2003年現在、同職。 |
| 13 | Wichian Ritphaisan (40歳) | 内部生え抜き | 副社長 音楽製作担当 | チュラーロンコン大学政治学部 | 92年〜96年 グラミー社製造・音楽製作担当部長/97年から現地位/2003年現在、同職。Artist Management Co., Ltd. 社長。 |
| 14 | Suwat Damrongchaiyatham (31歳) | 創業者一族バイブーンの弟 | 上級社長補佐 音楽製作担当 | アサンプション大学経営学部 | 94年〜96年 グラミー社購買部担当/97年 Grammy Big Co.,Ltd. 経営支配人/98年から現地位。 |
| 15 | Thana Lowasut (30歳) | 内部生え抜き | 上級社長補佐 音楽製作担当 | チュラーロンコン大学会計学部/MBA チュラーロンコン大学経営学修士 | 93年〜98年 グラミー社 Executive Producer/98年から現地位。 |
| 16 | Tongwit Jirasophin (42歳) | 内部生え抜き | 上級社長補佐 社会事業担当 | タンマサート大学商・会計学部 | 86年〜93年 グラミー社マーケティング担当部長/94年〜96年 同社長補佐テレビ部門担当/97年〜98年 Grammy Social Vision Co.,Ltd. 社長/98年から現地位。 |
| 17 | Warawit Kamphu Na Ayudhya (39歳) | 外部リクルート | 上級社長補佐 事業開発担当 | キングモンクット工科大学(ラートグラバン)校コンピュータ科学 | 91年〜95年 Future Right Group 社長/95年から現地位、事業開発担当社長補佐/98年から現地位。 |
| 18 | Wichitra Sophon, Ms. (43歳) | 外部リクルート | | チュラーロンコン大学文学部修士/Western Michigan University マスコミ学 | 89年〜94年 Coupers & Librand Associate Co.,Ltd.(コンサル会社) Managing Consultant/95年〜96年 Siam Media & Communications Group 人事担当/97年 グラミー社入社人事・総務担当副社長として入社。 |
| 19 | Khanungnit Techawimon, Ms. (40歳) | 外部リクルート | | チュラーロンコン大学統計学科/ペンシルバニア大学ウォートンコンピュータ科学 | 87年〜94年 IBM(Thailand)Ltd. System programmer/同computer center manager/94年〜96年 Citibank Corp. System Administration Manager/96年〜98年 同銀行の副社長補佐/98年にグラミー社に入社、グラミー社入社、2003年現在、現地位。 |
| 新規 | Churairat Uhaka (33歳) | 外部リクルート | 副社長 経理・財務・情報技術担当 | MBA タンマサート大学経営学修士 | 91年〜98年 Shinawatra Computer(のち Shin Corporation)財務副社長補佐、及び副社長/98年12月 同社の執行役員、ポートフォリオ担当のち、グラミー社入社、2003年現在 GMM Grammy Chief Financial Officer |

注) 1. Grammy Entertainment PLC は 1994年に上場。2002年に、GMM Grammy PLC に名前変更。
2. 2000年7月に、Aphirak Kosayothin(1961年生まれ、もとペプシコーラ社アジア地区マーケティング部長)が社長兼 CEO に就任。しかし、アピラックは2002年10月、CPグループの TA Orange 社の CEO に引き抜かれる。2004年1月、バンコク都知事選出馬のため退職。同年8月、バンコク都知事に見事当選(*Bangkok Post*, August 31, 2004)。

出所) 1. Grammy Entertainment PLC[1999]添付ファイル「役員一覧表」; 2. The Brooker Group PLC ed.[2003: 207-212] ; 3. "Phaibun Damrongchaiyatham",*Who's Who in Business and Finance*, Vol. 3, No.25, November 1996, pp. 53-54.

年現在までに,傘下企業数40社を擁するタイ最大の「コンテンツ産業帝国」を築き上げた(The Brooker Group PLC ed.[2003 : 210-211]).

グラミー社の「トップ経営陣」は19名である(表3-12).その構成は,創業者一族2名,内部昇進組8名,外部リクルート組7名,社外重役2名である.もっとも,内部昇進組の大半は,じつはパイブーンがグラミー社を立ち上げた時に事業に参画した友人たちであり,それぞれが芸能関係に専門的知識や技術をもつグループであった.彼らは分野ごとに副社長,もしくは上級社長補佐(senior assistant president)の地位につき,同時に分野ごとに設立されている関連子会社群を指揮・監督する立場にもある.

グラミー社の第二の特徴は,副社長キティサック(3番,パイブーンの大学時代の後輩)をはじめ,役員の大半がパイブーンと同じチュラーロンコン大学出身者だった点である.タイ社会では高校や大学の「先輩・後輩関係」の絆がきわめて強く,こうした「学縁」に基づく共同事業は,華人系のファミリービジネスが過去依存してきた,血縁・地縁・業縁の人的ネットワークと並んで,重要な役割を果たしてきた.グラミー社は「学縁」を最大限に生かした事例といえよう.

さらに,創業者パイブーンを含めて,1998年末時点で,役員全員が50歳以下の若い世代に所属していた点も大きな特徴である.したがって,グラミー社は新興産業における「ベンチャー型企業」という,タイの新しい企業形態も示している.創業後,ファミリービジネスの形態をとらないで急速にグループ化していったという点では,先に紹介したSHINグループの発展パターンに近い.しかし,企業の「究極の所有主」はあくまで創業者個人であって,SHINグループのように所有主家族ではなかった.そのことを勘案すると,グラミー社の事例は,今後タイで重要性を増すと思われる「経営者企業」のひとつのパターンを示唆しているのかもしれない.

## 第6節　経営者の内部市場と外部市場

以上の考察から,タイのファミリービジネスにおける「トップ経営陣」の,じつに多様な存在形態が明らかになった.とはいえ,企業内でキャリ

アを積んだ創業者・所有主家族，内部昇進組，外部リクルート組の「三者結合」は，程度の差はあれ，業種に関係なく共通に確認することができる形態であった．このことは，タイのファミリービジネスが，創業者の「企業家精神」や，後継者の「脱アマチュア経営者化」だけではその事業の維持と拡大が困難となり，専門的な経営者の役割にますます依拠しつつある事実を示唆している．しかしその一方，タイの大企業が，所有と経営の分離を前提とし，俸給経営者に日常的な業務執行だけではなく，戦略的な意思決定も任せるという「経営者企業の時代」を迎えるまでには，まだ至っていないことも示しているといえよう．

それでは，タイの大規模ファミリービジネスの経営形態は，森川が戦前日本の大企業のトップ経営者に関する調査を通じて確認したように，大企業が年齢を重ねるにしたがって，「内部昇進者」の占めるトップ経営者の比重が着実に増加していくと予測できるのであろうか(森川[1980：41])．あるいは，チャンドラーたちが指摘したように，近代産業資本主義の発展に伴って，ファミリービジネスから「経営者企業」に転換していくのだろうか(チャンドラー[1993])．

本章で紹介した SHIN グループやグラミー社の事例は，確かに「経営者企業」への移行を示唆している．しかし，その移行は基本的には創業者の企業経営に対する姿勢や戦略によるところが大きく，森川やチャンドラーが想定したような企業の年齢や産業構造の高度化にそのまま対応しているわけではない．もし，企業年齢が重要な決定因であるとするならば，創業がもっとも古い UCOM 社においてこそ「専門的な経営者」の役割が増大すべきであるにもかかわらず，実態はそうではないからである．むしろ，「三者結合」のパターンを決めているのは，企業年齢や業種の違いではなく，創業者や所有主家族が事業を拡大するにあたって依存してきた手段(政治的コネクション，血縁や信頼に基づく人的ネットワーク，学閥)によるところが大きいと考えられる．

じつはこの点は，企業の内部と外部に存在する「経営者の労働市場」の発展度合いと，労働市場の特質の違いの二つと密接に関連していることに注意する必要がある．つまり，森川やチャンドラーが研究の対象とした日

第3章　タイのファミリービジネスと「トップ経営陣」

本や欧米の場合には，タイよりはるかに長い企業内外での経営者の労働市場の発展があり，これを前提にして内部昇進組や俸給経営者の登用が進んでいった．一方，タイの場合には，特定の企業や産業に固有のスキルを身につけた内部昇進組の経営者を生み出す内部労働市場にしろ，企業固有のスキルを超える専門知識やキャリアを積んだゼネラリスト型経営者を供給する外部労働市場にしろ，その必要性が所有主家族のあいだで強く意識されるようになるのは，1980年代後半に入ってからのことであった．この点がまず欧米諸国や日本との大きな違いといえるだろう．

次に，労働市場の特質については，タイは日本と違って，基本的には「職種志向的(occupation-oriented)な職業選択」の行動様式が，供給側である新卒者にも，需要側である大企業にもきわめて強かったことが重要であろう(Natenapha[2005])．つまり，大学での専攻分野(MBAの重視など)や，企業の内部もしくは外部で蓄積した特定の職種でのキャリア形成こそがタイでは重視され，特定の企業における「勤続年数」は日本ほどには決定的な要素にはならないのである(家臣団の存在は別である)．そのため，内部昇進組が執行委員からトップ経営者へと昇進する事例は，タイではまだ数えるほどしかない．

一方，「外部リクルート組」の専門的な経営者は，タイではこれまでタイ発電公団やタイ通信公団などの国営企業，サイアムセメント社のような優良地場企業，米系プライスウォーターハウス社やIBMタイランド社に代表される外国企業が，もっぱら供給してきた．冒頭に紹介したブンクリー，ソムバットなどは，その典型的な事例である．しかし，彼らの権限は創業者・所有主家族の意向を無視できるほど自律的で強いものとはいえない．いわゆる「専門経営者」(俸給経営者と同義)が業務執行のレベルを超えて経営の意思決定を掌握するには，所有主家族の経営支配権に対する執着と意欲はいまだあまりに強いし(末廣[2004: 153-156])，逆に経営の意思決定に全責任をもつ「専門経営者」の外部労働市場の発展も，タイではいまだ限定されているからである．

以上の理由から，タイにおけるファミリービジネスの経営形態を見ていく場合に，「トップ経営陣」に占める俸給経営者の比重の増加を理由に，

〔参考文献〕

ただちにその専門経営者化を論じる議論には，筆者たちは賛成できない．むしろ，キャリアを積んだ創業者・所有主家族，内部昇進組，外部リクルート組の多様な結合形態とその変容をまず検証し，同時に創業者・所有主家族を含めて「トップ経営陣」を選抜する仕組みがどこまで企業内部で制度化されているのか，個別具体的に究明するほうが，タイだけではなく，発展途上国のファミリービジネスの実態と今後の行方を検討する上でも，有用な視角であると考える．

〔参考文献〕

〔日本語文献〕

会津泉[2001]，『アジアからのネット革命』岩波書店．
アジアプレス・インターナショナル[1993]，『アジアTV革命』三田出版会．
稲上毅・連合総合生活開発研究所編[2000]，『現代日本のコーポレート・ガバナンス』東洋経済新報社．
川上桃子[2004]，「台湾ファミリービジネスによる新事業への参入と所有・経営——移動電話通信事業の事例」(星野編[2004]，所収)．
コッカ，ユルゲン(加来祥男訳)[1992]，『工業化・組織化・官僚制——近代ドイツの企業と社会』名古屋大学出版会．
末廣昭[1992a]，「バンコク銀行グループ(I)——タイの金融コングロマリット」(『アジア経済』第33巻第1号，1月，42-62ページ)．
——[1992b]，「バンコク銀行グループ(II)——タイの金融コングロマリット」(『アジア経済』第33巻第2号，2月，58-70ページ)．
——[1993]，『タイ——開発と民主主義』岩波新書．
——[1995]，「チナワット・グループ——タイの情報通信産業と新興財閥」(『アジア経済』第36巻第2号，2月，25-60ページ)．
——[2000]，『キャッチアップ型工業化論——アジア経済の軌跡と展望』名古屋大学出版会．
——[2002]，「証券市場改革とコーポレート・ガバナンス——情報開示ベースの企業淘汰システム」(末廣編[2002]，所収)．
——[2003]，「ファミリービジネス再論——タイにおける企業の所有と事業の継承」

第3章　タイのファミリービジネスと「トップ経営陣」

(『アジア経済』第44巻第5・6号, 5-6月, 101-127ページ).
──[2004],「タイのファミリービジネスと経営的臨界点──存続, 発展, 淘汰・生き残りの論理」(星野編[2004], 所収).
──編[2002],『タイの制度改革と企業再編──危機から再建へ』アジア経済研究所.
──/ネーナパー・ワイラートサック[2002],「上場企業の所有の変化と経営の実態──究極の所有主とトップマネジメント」(末廣編[2002], 所収).
滝山晋[2000],『ハリウッド巨大メディアの世界戦略』日本経済新聞社.
チャンドラー(安部悦生ほか訳)[1993],『スケール・アンド・スコープ──経営力発展の国際比較』有斐閣(Chandler, Alfred D., Jr., *Scale and Scope : The Dynamics of Industrial Capitalism*, Harvard University Press, 1990).
バーリー, A. A./G. C. ミーンズ(北島忠男訳)[1958],『近代株式会社と私有財産』(現代経済学名著選集 V), 文雅堂書店(Adolf A. Berle, Jr. & Gardiner C. Means, *The Modern Corporation and Private Property*, New York : The Macmillan Company, 1932).
星野妙子[2004],「メキシコのファミリービジネス──人材制約と継承をめぐる模索」(星野編[2004], 所収).
──編[2004],『ファミリービジネスの経営と革新──アジアとラテンアメリカ』アジア経済研究所.
森川英正[1980],「日本におけるプロフェッショナル企業人の形成」(『組織科学』第14巻第4号, 39-47ページ).
──[1996],『トップ・マネジメントの経営史──経営者企業と家族企業』有斐閣.
──編[1991],『経営者企業の時代』有斐閣.
安岡重明[1998],『財閥経営の歴史的研究──所有と経営の国際比較』岩波書店.

〔外国語文献〕

Amsden, Alice H. and Wan-wen, Chu[2003], *Beyond Late Development : Taiwan's Upgrading Policies*, Cambridge, Mass. : MIT Press.
Athiwat Sapphaithun[2004], *Trakun Nak-thurakit Dang*(有名実業家家族), Bangkok : Samnak-phim Wannasarn.
Bank of Thailand, Nuai-kan Utsahakam[1987], *Sarup Phawa Thurakit lae Utsahakam 2528*(1985年度, ビジネスと産業の現況), Bangkok : BOT.
BEC World PLC[1999], *Rai-ngan Kan Phoetphoei Kho-mun Pheomtoem Tam Baep 56-1 Pi 2541, khong BEC World Public Company*(BEC World社の56-

〔参考文献〕

1形式による追加情報公開報告書), Bangkok : SET, April 1.
―― [2001], *Annual Report 2000*, Bangkok : BEC World.
Brooker Group PLC (The) ed. [2001], *The Business Groups 2001 : A Unique Guide to Who Owns What*, Bangkok : The Brooker Group PLC.
―― ed. [2002], *Thai Telecommunications Industry*, 3 volumes, Bangkok : The Brooker Group PLC.
―― ed. [2003], *The Business Groups : A Unique Guide to Who Owns What 5th Edition*, Bangkok : The Brooker Group PLC.
―― ed. [2004], *Thailand Company Handbook November 2004 : A Guide to the World's Best Performing Stock Market*, Bangkok : The Brooker Group PLC.
Chandler, Alfred D., Jr. [1980], "The United States : Seedbed of Managerial Capitalism," in A. D. Chandler, Jr. and H. Daems eds., *Managerial Hierarchies*, Cambridge, Mass. : Harvard University Press.
―― [1986], "Managers, Families, and Financiers," in Kesaji Kobayashi and Hidemasa Morikawa eds. *Development of Managerial Enterprises*, Tokyo : University of Tokyo Press.
Chin Sophonpanich [1988], *Nai Okat Sadet Phraracha-damnoen Prarachathan Phloengsop Nai Chin Sophonpanich*(チン・ソーポンパニット氏の葬式本, バンコク銀行編集版), Bangkok : Wat Theprsirintharawat, April 9.
Grammy Entertainment PLC [1999], *Baep Sadaeng Rai-kan Khon-mun Pracham Pi Baep 56-1*(56-1形式の年次情報関係報告書), Bangkok : SET, December 31.
Kan Ngoen Thanakhan ed. [2001], "Chatsiri Sophonpanich : Nak Kan Ngoen haeng Pi 2544,"(チャートシリ・ソーポンパニット : 2001年ベスト・バンカー) in *Kan Ngoen Thanakhan*, December, pp. 161-167.
Kobayashi, Kesaji and Hidemasa Morikawa eds. [1986], *Development of Managerial Enterprises*, Tokyo : University of Tokyo Press.
Matichon ed. [1988], *Thanarachan Chin Sophonpanich*(銀行王チン・ソーポンパニット), Bangkok : Matichon.
Napaporn Triudomsin [1996], "Trends and Perspectives in the Government Official Career," M. A. thesis, Economics, Thammasat University.
Natenapha Wailerdsak [2005], *Managerial Careers in Thailand and Japan*, Chiang Mai : The Silkworm Books.

153

―― and Akira Suehiro[2004a], "Top Executive Origins : Comparative Study between Japan and Thailand," *Asian Business & Management*, Vol. 3, No. 1, pp. 85-104.

―― and Akira Suehiro [2004 b], "Promotion Systems and Career Development in Thailand : A Case Study of Siam Cement," in *International Journal of Human Resource Management*, Vol. 15, No.1, February, pp.196-218.

Nattaphong Phanthakiatphaisan and Dao Wairaksat[2002], *11 Mae-thap IT : Raeng Bandanchai, Korayut, Khwam-samret*(11名のIT将軍――創造力, 戦術, そして成功), Bangkok : SE-Education PLC.

Nawee Rangsiwararak ed. [1999], *Prasit Supsakorn : Jom Yut Thurakit TIPCO* (プラシット・サップサーコン――TIPCO社の究極のビジネス戦争), Bangkok : Samnak-phim Double Nine.

Pasuk Phongpaichit and Chris Baker[2004], *Thaksin : The Business of Politics in Thailand*, Chiang Mai : The Silkworm Books.

Phairo Loetwiram [1999], "Bunkhlee Plangsiri : Phu-nam SHIN Corp. Yuk Mai(ブンクリー・パラングシリ――新時代のシン社の指導者)," *Phu Chatkan Rai-duan*, Vol. 17, No. 193, October, pp. 43-62.

Phu Chatkan ed. [1987], "Phu Chatkan Run Mai nai Saita 'Phu Chatkan' (『月刊支配人』が選ぶ新世代の経営支配人)," in *Phu Chatkan Rai-duan*, Vol. 5, No. 47, August, pp. 84-244.

―― ed.[2004], "The Great Challenge," in *Phu Chatkan Rai-duan*, Vol. 22, No. 244, January, pp. 90-104(in Thai).

Sakkarin Niyomsilpa[2003], "Telecommunications, Rents and the Growth of Liberalization Coalition in Thailand," in K. S. Jomo and Brian C. Folk eds. *Ethnic Business : Chinese Capitalism in Southeast Asia*, London : Routledge Curzon.

SHIN Corporations PLC [1999], *SHIN Corporations Public Limited Company Annual Report 1998*, Bangkok : SET.

―― [2000], *Rai-ngan Pracham Pi 2542 Baep 56-1*(56-1形式による1999年度報告書), Bangkok : SET, April 1.

Sida Sonsri[1988], *Phumilang Nak-thurakit Thai*(タイ実業家のプロフィール), A Project of the Social Science Association of Thailand, Bangkok : Master Press.

Sorakon Adunyanon[1993], *Thaksin Chinawat : Assawin Khlun Luk thi Sam*

〔参考文献〕

(タクシン・チナワット——第三の波の騎士), Bangkok : Matichon.
SET (Stock Exchange of Thailand) [1990-2004], *Fact Book*, various issues.
Suehiro, Akira [1989], *Capital Accumulation in Thailand 1885-1985*, Tokyo : UNESCO The Centre for East Asian Cultural Studies.
Tara Siam Business Information Ltd. ed. [1993a], *Thai Telecommunications Industry 1993/94*, Bangkok : Tara Siam Business Information Ltd.
——[1993b], *The Business Groups 1992/93 : A Unique Guide to Who Owns What*, Bangkok : Tara Siam Business Information Ltd.
——[1996], *The Business Groups 1995/96 : A Unique Guide to Who Owns What*, Bangkok : Tara Siam Business Information Ltd.
TelecomAsia PLC [2000], *Baep Sadaeng Rai-kan Kho-mun Baep 56-1, 2543* (2000年の56-1形式にもとづく情報関係報告書), Bangkok : SET.
Thai Pineapple Public Company (The) [1999], *Baep 56-1 Na Sin Pi Banchi 2541*(会計年度1998年末56-1形式報告書), Bangkok : SET, April 5.
Thanawat Sap-phaibun [2000], *55 Trakun-dang Phak 1*(55有名家族，第1部), Bangkok : Nation Multimedia.
——[2001], *Tamnan Chiwit Chaosua : 55 Trakun-dang, Phak 2*, (華人富裕家[座山]史略——55有名家族，第2部), Bangkok : Nation Multimedia.
United Communication Industry PLC [2000], *Rai-ngan Baep 56-1 Pi 2543* (2000年度56-1形式報告書), Bangkok : SET.
Wanthana Phansawang ed. [2004], *Aphirak Kosayothin : Khwam Fan, Khwam Mungman lae Chiwit thi-Luak-dai*(アピラック・ゴーサヨーティン——彼の夢，想い，選んだ人生), Bangkok : Samnak-phim DMG.
Who's Who in Business & Finance ed. [1996], "Special Issue : 500 Setthi Talat Hun Thai(タイ証券市場における富裕者500名)," in *Who's Who in Business & Finance*, Vol.3, No. 25, November, pp. 12-206 (in Thai).
Wichai Suwannaban [1993], *C. P. Thurakit Rai Phromdaen*(C. P. グループ，終わりなき事業拡大), Bangkok : Than Setthakit.
Wirat Saengthongkham [1998], *Amnart Thurakit Mai Yuk IMF* (IMF時代の新しい経営支配権), Bangkok : P. Press.
——and Banharn Laohawilai [2004], *Banthun Lamsam : Thanarachan Khlun Lukmai*(バントゥーン・ラムサム——新世代の銀行王), Bangkok : Samnak-phim Kacowilai.

155

## 第4章

# メキシコにおけるファミリービジネスの経営者
──プロフィールの変化とその背景──

星 野 妙 子

## はじめに

　本章の課題は，メキシコの大規模ファミリービジネスの日常的な業務執行を担う経営者の特質を明らかにすることにある．

　経営学，経営史学の視点からは従来，ファミリービジネスは資本と人材の制約を抱え，成長を指向するならば制約を克服せねばならず，それによって俸給経営者企業への転化を余儀なくされると考えられてきた．Berle and Means[1932]は，米国の非金融会社上位200社の分析により，株式の分散による経営者支配企業の広がりを検証し，その事実から近代株式会社は資本規模の拡大，それに伴う株式の分散により，所有者支配から経営者支配へと移行すると主張した．また Chandler[1990]は，大量生産，大量流通を特徴とする近代産業企業においては専門的能力を備えた経営者から成る階層的経営組織は必須の要件であり，経営者企業への転化が不可避であると主張した．人材制約から家族企業の限界を説くのは森川[1996]である．森川はその理由として，経営者の人材源として家族は規模が小さいことや，家族を優秀な経営者に育てることの困難さをあげる．以上のような近代産業企業における所有と経営の分離論に対し近年反証を寄せたのは，La Porta, Lopez-de-Silanes and Shleifer[1999]であった．彼らは27カ国・地域の540社のデータを分析し，家族支配企業が所有分散企業以上に一般的な存在であることを明らかにした．ラポルタらの研究に拠れば，ファミリービジネスは，所有と経営の分離論が想定した資本と人材の制約を免れていることになる．どのようにしてそれを可能としているのか．

　ファミリービジネスの人材制約への対応として，筆者が前書で指摘したのは，教育・訓練によるオーナー経営者の能力の向上と，俸給経営者の広

範な登用であった(星野[2004a]). アジアとラテンアメリカのファミリービジネスにおいては，ファミリーによる経営支配を維持しながら，経営の専門知識と経験を備えた人材が経営を担うという意味での「専門経営者」企業化が進みつつあるというのが，筆者の主張であった．それでは，「専門経営者」とは，どのような特質を持った人々なのか．本章の課題は，この点をメキシコの事例について明らかにすることにある．

　経営者の特質を明らかにすることがなぜ重要であるかについては，次の二つの理由をあげることができる．

　第1に，企業の効率性と成長の可能性は経営を担う人材，特にトップ・マネジメントを担う人材の質に大きく左右されると考えられるためである(Penrose[1959]). 1990年代以降，ファミリービジネスをめぐる環境は大きく変化している．経済グローバル化により企業間競争が激化すると同時に，新たな事業機会も生まれている．ファミリービジネスが競争を生き残り，事業機会を捉えて成長するためには，高度の経営能力を備えた人材が必要とされる．そのような人材をファミリービジネスが擁するかが，本章で明らかにしたい論点の一つである．本章では経営能力を測る指標として学歴と職歴を用いている．その理由は，学歴は経営に必要な専門知識の習得度を，職歴は経験による経営技能の習得度を反映すると考えるためである．

　第2の理由として，経営者の特質を明らかにすることにより，ファミリーの経営支配の実態理解をいま一歩進めることができると考えるためである．ファミリービジネスは，特に発展途上国においては，中小零細企業から国を代表する巨大企業まであらゆる規模の企業にみられる経営形態である．その経営については，内部情報入手の難しさやオーナーファミリーの存在感の大きさから，一般にワンマン経営のように語られていることは否めない．しかし巨大企業の場合，オーナー経営者が全ての決定・執行に関与することは不可能であり，企業活動が円滑に行われるためには当然，階層的経営組織が形成され，俸給経営者への権限移譲が行われていると考えられる．日常的な業務執行を担う経営者に焦点を当てて経営を分析することで，ワンマン経営論では捉えられないオーナーファミリーの経営支配の

はじめに

特質と限界が明らかになると考える.

　メキシコの大規模ファミリービジネスについては,近年,数多くの研究が現れている.代表的なものをあげれば,経済グローバル化のもとでの大規模ファミリービジネスの事業再編,海外直接投資を分析したGarrido[1998][1999],星野[2001],特に北部産業都市モンテレイの大規模ファミリービジネスの事業再編を分析したPozas[1993][2002],Cerutti[2000]などがある.以上の研究が焦点を当てるのは,ファミリービジネスの事業の外延的な変化であり,このような変化を導いた経営内部の動きは分析されていない.オーナーファミリーの経営支配を分析した研究としては,経営支配の前提条件となる所有構造を分析したBabatz[1997],星野[2003b],オーナーファミリーの経営への関与の特徴を分析した星野[2004b]がある.以上の研究が焦点を当てるのは経営の最終決定権を握るオーナーファミリーであり,俸給経営者については分析されていない.本章で分析の対象とするのは,ファミリービジネスの経営において日常的な業務執行を担う経営者,なかでも階層的経営組織の最上位を占める人々である.

　メキシコのファミリービジネスの経営者に言及した研究は極めて乏しい.筆者の知る限りでは1970年代初頭の状況に関するDerossi[1977],Andrews[1976]が存在するのみである.研究が進まない最大の要因は資料入手が極めて難しいことにあった.しかし,2002年にメキシコ証券取引所上場企業の有価証券報告書[1]がインターネット上に公開されるようになり,資料事情は大きく改善された.本章では,主にこの有価証券報告書に記載されたCEO以下の上級経営者に関する情報に依拠して分析を行う.

　本章の構成は次のとおりである.第1節では有価証券報告書に記載されたCEO以下の上級経営者の略歴データを用いて,メキシコの上位28フ

---

1) 正式名称は過去3年,毎年変わっている.2003年度年報(2004年7月に公開)の名称は「証券発行者または証券市場参加者に適用される一般規定に基づき提出される年次報告書(Reporte anual―informe anual の場合もある――que se presenta de acuerdo con las disposiciones de caracter general aplicables a las emisoras de valores y a otros participantes de mercado de valores).メキシコ証券取引所のホームページ・アドレスはhttp://www.bmv.com.mx.各上場会社のReporte anualのページに掲示されている.本章の分析は,とくに説明のない場合は,分析対象とする上場企業の2003年度年報に記載された上級経営者の略歴データを用いている.出所が有価証券報告書である場合は,叙述の便宜上,出所の記述を省いた.

第4章　メキシコにおけるファミリービジネスの経営者

ァミリービジネスについて業務執行の中枢を担う経営者のプロフィールを探る．第2節においては，そのようなプロフィールが形成された背景を，1980年代以降の経営者をめぐる環境の変化に探る．企業経営に必要な能力が高度化し，俸給経営者の需要の急増，外部労働市場の拡充が進みつつあることが明らかにされる．第3節においては，ファミリービジネスが高い能力をもった経営者をどのように確保してきたかを，食品部門最大手のファミリービジネスであるビンボー(Bimbo)の事例について検討する．最後にメキシコにおけるファミリービジネスの経営者の特質について，以上の検討から得られた新たな知見を総括することでむすびにかえたい．

## 第1節　ファミリービジネスの経営者

### 1. 分析対象とする28ファミリービジネスと経営者の範囲

最初に，本章が分析対象とする28ファミリービジネスと経営者の範囲を説明しておきたい．

筆者は前書で，メキシコの上位28ファミリービジネスについて，オーナーファミリーの経営への関与の特徴を分析した(星野[2004b])．本章で分析対象とするのは，前書と同じ28ファミリービジネスである[2]．表4-1にファミリービジネスの名称，中核上場企業の名称と証券取引所で用いられている略号，主要活動業種を示した．

28ファミリービジネスの所有と経営の特徴として，次の点を指摘できる．所有に関しては，ほとんどのファミリービジネスは持株会社を頂点とし，その下に議決権株式の過半を有する複数の企業を重層的に配するピラミッド型所有構造をもつ．持株会社の議決権株の過半は直接，または家族持株会社や信託を介してオーナーファミリーが所有している．このようなピラミッド型所有構造によって，オーナーファミリーによる経営支配が可

---

[2] 28ファミリービジネスの抽出方法については星野[2004b: 185]参照のこと．2番モンテレイは継承をめぐる内紛で1973年に4つに分裂した．それぞれを独立したファミリービジネスと考えることもできるが，ファミリー間の株式持ち合い，取締役就任で緩やかに結びついており，ファミリーの経営関与を分析するという前書の趣旨から，前書ではあえて一つにまとめた．前書と同じファミリービジネスを分析するという趣旨から，本稿においても前書の分類法を踏襲した．

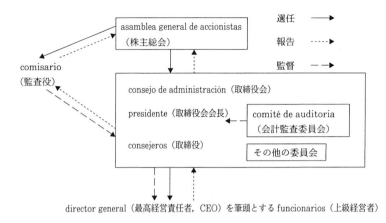

図4-1 メキシコの上場企業のガバナンス構造

能となっている．

次に，経営支配について述べる前にメキシコ大企業のガバナンスの特徴について述べておきたい(図4-1参照)．会社の最高議決機関は株主総会であるが，会社の経営は，株主総会で選任された取締役より成る取締役会に委任されている．取締役の数は上場企業の場合，証券取引所法(Ley del mercado de valores, 2001年改正)によって5人以上20人以下，総数の25％以上を独立取締役とすると規定されている．取締役は株主であるか否かを問わない．第1位で選任された者が取締役会会長となり，通常，会社の代表権者となる．株主総会は別に監査役を選任し，会社の監査を委任する．上場企業の場合は，独立取締役を委員長と過半の委員とする会計監査委員会(comité de auditoria)を取締役会のなかに設置することが義務づけられている．このほかに大企業では経営委員会(comité ejecutivo)，財務企画委員会(comité de finanzas y planeación)，評価報酬委員会(comité de evaluación y compensación)などの取締役を委員とする専門委員会が設置される場合が一般的である．業務の執行に関してメキシコの会社法(Ley general de sociedades mercantiles)には，取締役会または株主総会は支配人(gerente. 大企業では director general——最高経営責任者，英語訳で CEO——が一般的)を任命できるという規定がある．実態として大企業の業務執行は CEO 以下

161

表 4-1 検討対象とする 28

| 番号 | 名称[1] | | | 中核上場企業(略号[2]) | 上級経営者数 | 生年または年齢① |
|---|---|---|---|---|---|---|
| 1 | カルソ | | | América Móvil(AMX) | 5 | 1 |
| | | | | Teléfonos de México(TELMEX) | 23 | 4 |
| | | | | Grupo Carso(GCARSO) | 8 | 4 |
| | | | | Grupo Financiero Inbursa(GFINBUR) | 8 | 2 |
| 2 | モンテレイ | アルファー | | Alfa(ALFA) | 7 | 7 |
| | | フェムサ | | Fomento Económico Mexicano(FEMSA) | 15 | 15 |
| | | ビトロ | | Vitro(VITRO) | 8 | 8 |
| | | シドサ | | Cydsa(CYDSASA) | 7 | 0 |
| 3 | セメックス | | | Cemex(CEMEX) | 9 | 1 |
| 4 | Gメヒコ | | | Grupo México(GMEXICO) | 11 | 0 |
| 5 | コメルシ | | | Controladora Comercial Mexicana(COMERCI) | 9 | 0 |
| 6 | ビンボー | | | Grupo Bimbo(BIMBO) | 14 | 13 |
| 7 | モデロ | | | Grupo Modelo(GMODELO) | 7 | 0 |
| 8 | ヒガンテ | | | Grupo Gigante(GIGANTE) | 16 | 16 |
| 9 | バル | | | Grupo Nacional Provincial(GNP) | 6 | 0 |
| | | | | Industrias Peñoles(PEÑOLES) | 10 | 10 |
| 10 | ソリアーナ | | | Organización Soriana(SORIANA) | 21 | 21 |
| 11 | デスク | | | Desc(DESC) | 13 | 0 |
| 12 | イムサ | | | Grupo Imsa(IMSA) | 10 | 0 |
| 13 | テレビサ | | | Grupo Televisa(TLEVISA) | 13 | 13 |
| 14 | サリナス | | | Grupo Elektra(ELEKTRA) | 9 | 9 |
| | | | | TV Azteca(TVAZTCA) | 10 | 10 |
| 15 | グルーマ | | | Gruma(GRUMA) | 11 | 10 |
| | | | | Grupo Financiero Banorte(GFNORTE) | 21 | 21 |
| 16 | ドゥランゴ | | | Corporación Durango(CODUSA) | 10 | 0 |
| 17 | リベルプール | | | El Puerto de Liverpool(LIVEPOL) | 9 | 0 |
| 18 | サバ | | | Grupo Casa Saba(SAB) | 9 | 9 |
| 19 | ナドロ | | | Nadro(NADRO) | 13 | 13 |
| 20 | コルビ | | | Grupo Corvi(GCORVI) | 16 | 0 |
| 21 | バチョコ | | | Industrias Bachoco(BACHOCO) | 8 | 7 |
| 22 | コンタル | | | Grupo Continental(CONTAL) | 17 | 0 |
| 23 | サルティーヨ | | | Grupo Industrial Saltillo(GISSA) | 10 | 8 |
| 24 | サンルイス | | | SANLUIS Corporación(SANLUIS) | 7 | 1 |
| 25 | エルデス | | | Grupo Hérdez(HERDEZ) | 20 | 20 |
| 26 | ポサダス | | | Grupo Posadas(POSADAS) | 7 | 7 |
| 27 | TMM | | | Grupo TMM(TMM) | 10 | 0 |
| 28 | カメサ | | | Grupo Industrial Camesa(CAMESA) | 3 | 0 |
| | | | | データ数合計 | 410 | 230 |

注) 1. 名称は叙述のために便宜的につけたもので広く定着したものではない.
    2. メキシコ証券取引所で用いられている各社の略号.

出所) 国家銀行証券委員会へ 2004 年に提出された各社の有価証券報告書.

## ファミリービジネスとデータ

| 上級経営者中，データの入手できた人数 | | | | | | |
|---|---|---|---|---|---|---|
| 入社年または勤続年数② | ②−①=入社年齢 | 学歴 | 前職 | 現職就任年または就任年齢③ | ③−② | 業　種 |
| 0 | 0 | 1 | 5 | 5 | 0 | 携帯電話 |
| 0 | 0 | 4 | 5 | 23 | 0 | 固定電話 |
| 0 | 0 | 4 | 0 | 0 | 0 | 鉱業, デパート, タイヤ, 自動車部品, たばこ, 食品 |
| 8 | 2 | 1 | 0 | 0 | 0 | 金融 |
| 5 | 5 | 7 | 2 | 4 | 3 | 鉄鋼, 食品, 自動車部品, 化学 |
| 15 | 15 | 7 | 5 | 15 | 15 | 清涼飲料, ビール, 流通, 包装材料 |
| 8 | 8 | 8 | 4 | 8 | 8 | ガラス |
| 7 | 0 | 0 | 0 | 0 | 0 | 化学・繊維 |
| 9 | 1 | 9 | 7 | 9 | 9 | セメント |
| 9 | 0 | 0 | 5 | 11 | 9 | 非鉄金属鉱業, 鉄道 |
| 9 | 0 | 0 | 0 | 0 | 0 | スーパーマーケット, レストラン |
| 14 | 13 | 14 | 0 | 9 | 9 | 製パン, 製菓 |
| 7 | 0 | 0 | 0 | 0 | 0 | ビール |
| 8 | 8 | 14 | 0 | 11 | 5 | スーパーマーケット |
| 5 | 0 | 0 | 4 | 0 | 0 | 保険 |
| 10 | 10 | 4 | 1 | 0 | 0 | 非鉄金属鉱業 |
| 0 | 0 | 0 | 0 | 21 | 0 | スーパーマーケット |
| 12 | 0 | 0 | 0 | 1 | 1 | 自動車部品, 食品, 化学, 不動産開発 |
| 10 | 0 | 0 | 0 | 10 | 10 | 鉄鋼, 金属加工, 自動車部品, 建材 |
| 0 | 0 | 0 | 0 | 13 | 0 | テレビ放送 |
| 5 | 5 | 9 | 7 | 9 | 5 | デパート |
| 0 | 0 | 6 | 1 | 6 | 0 | テレビ放送 |
| 11 | 10 | 0 | 4 | 3 | 3 | とうもろこし製粉, 食品 |
| 21 | 21 | 21 | 20 | 0 | 0 | 金融 |
| 0 | 0 | 0 | 3 | 10 | 0 | 製紙 |
| 9 | 0 | 0 | 0 | 0 | 0 | デパート |
| 0 | 0 | 0 | 9 | 9 | 0 | 卸流通 |
| 13 | 13 | 12 | 6 | 2 | 2 | 薬品卸流通 |
| 16 | 0 | 0 | 0 | 0 | 0 | 雑貨卸流通, 食品 |
| 7 | 7 | 8 | 7 | 6 | 5 | 養鶏 |
| 17 | 0 | 0 | 0 | 0 | 0 | 清涼飲料 |
| 10 | 8 | 10 | 1 | 10 | 10 | 自動車部品, 建材, 家庭用品 |
| 6 | 0 | 6 | 6 | 1 | 1 | 自動車部品 |
| 20 | 20 | 2 | 0 | 1 | 1 | 食品 |
| 7 | 7 | 0 | 0 | 0 | 0 | ホテル, レストラン |
| 10 | 0 | 0 | 0 | 0 | 0 | 海運, 鉄道, 倉庫 |
| 3 | 0 | 3 | 0 | 0 | 0 | 金属加工, 化学, 石油化学, 鉱業 |
| 291 | 153 | 150 | 102 | 197 | 96 | |

## 第4章　メキシコにおけるファミリービジネスの経営者

の上級経営者が担っており，重要事項の意思決定，業務執行の監督，CEO 以下の重要ポストの人事を担う取締役会との間で役割分担が成立している．

　以上のガバナンス構造を念頭においてファミリービジネスの経営支配の特徴を述べると，次のとおりとなる．ピラミッド型所有構造の頂点に位置する持株会社の取締役会において，オーナーファミリーのプレゼンスは大きい．会社の代表権者である取締役会会長職には必ずファミリー総帥が就いている．さらに，複数のファミリー・メンバーが取締役職に就くことが一般的である．ただし必ずしも取締役総数の過半をファミリー・メンバーが占めるわけではない．過半に達しなくとも，議決権株式の過半所有によって，取締役会のオーナーファミリーによる支配は担保されている．

　取締役会と異なり，業務執行におけるオーナーファミリーのプレゼンスは小さい．CEO 職は取締役会会長が兼務する場合，ないしは後継者と目されるファミリー・メンバーが就任する場合が多いが，俸給経営者が就任する場合もある．表4-2にオーナーファミリーが CEO 職に就くファミリービジネスと CEO の略歴を示したが，表に記載のない 9, 17, 20, 21, 22, 28 の中核上場企業の CEO は俸給経営者である．

　本章が分析対象とするのは，以上に述べた特徴のうちの後半に関わる，業務執行の中枢を担う経営者である．具体的には，有価証券報告書に上級経営者 (funcionario) として略歴データの記載がある CEO 以下の執行経営者である．ちなみに企業の英文年報では funcionario は一般に executive officer と訳される．有価証券報告書において上級経営者に含まれるポストの範囲は企業によって若干ずれるが，概ね，本社機能を持つ持株会社の CEO とその下のポストである部門責任者 (director) および傘下重要子会社の CEO，あるいはそれらと同等位のポストに該当する．有価証券報告書から入手できるデータは，上級経営者の氏名，現職，生年 (または年齢)，学歴，入社年 (または勤続年数)，現職就任年，前職，報酬などである．

　データにはオーナーファミリーも含む．入手できた 410 人のデータのうち 54 人 (CEO が 26 人，それ以外が 28 人) がオーナーファミリーで，残りは俸給経営者であった．本論のねらいが日常的な業務執行を担う経営者の人

材としての質を明らかにするという点にあることから,以下の分析では特に,ファミリー・メンバーと俸給経営者を分けて考察していない.CEO職に就くファミリー・メンバーの学歴,経歴については,筆者はすでに前書で明らかにしており,参考のためにそのデータを表4-2に示した.それによれば彼らの経営人材としての質は高い.学歴データの得られた19人の全員が大学卒,うち16人が修士修了,そのうち13人が海外留学組であった.また,社内歴の得られた21人中少なくとも14人がファミリービジネス傘下の子会社などで事業経験を積んだ後にCEO職に就任していた(星野[2004b:196, 206-207, 212-213]).平均年齢は49歳と若い.これらの特徴は,後述する俸給経営者を含むファミリービジネスの上級経営者の特徴と基本的に重なる.

有価証券報告書データの問題点は,企業により記載データにばらつきがある点である.表4-1に項目ごとの入手できた個人データ数を示した.それらは410人よりはるかに小さい.そのために以下の作業は,項目ごとの限定されたデータから特徴を拾い出し,それらをつなぎ合わせて全体像を探るという方法にならざるをえないことをあらかじめ断っておきたい.

## 2. 経営者のプロフィール

### (1) 年齢・入社年・入社年齢

上級経営者の年齢については230人のデータを入手できた.表4-3にその分布を示したが,年齢は45歳から54歳までを中心に,主に30歳代後半から50歳代前半までの幅広い年代に分布していることが明らかになる.最年長は75歳,最年少は31歳であった.平均年齢は49歳であり,序章で述べた日本,ドイツ,米国と比較して若い.表4-4にファミリービジネスの傘下中核上場企業ごとの平均年齢を示した.この表から,企業間で平均年齢に大きな差があることが明らかとなる.平均年齢が高い企業は,表の上からALFA(53歳),PEÑOLES(59歳),HERDEZ(55歳),低い企業はGCARSO(46歳),AMX(38歳),TELMEX(42歳),GFINBUR(45歳),ELEKTRA(44歳),SAB(42歳)となる.共通点をあげるとすれば,前者が1970年代までの輸入代替工業化期に確固たる地位を確立した旧来から

表4-2 オーナーフ

| 番号 | 名 称 | 中核上場企業 | CEOの氏名 | 年齢(2003年末現在) |
|---|---|---|---|---|
| 1 | カ ル ソ | AMX | Daniel Hajj Aboumrad | 37 |
| 2 | モ ン テ レ イ | ALFA | Dionisio Garza Medina | 49 |
| | | FEMSA | José Antonio Fernández Carbajal | 49 |
| | | VITRO | Federico Sada González | 54 |
| | | CYDSASA | Tomas Roberto Sada González | 60 |
| 3 | セ メ ッ ク ス | CEMEX | Lorenzo Zambrano Treviño | 58 |
| 4 | G メ ヒ コ | GMEXICO | German Larrea Mota Velazco | 50 |
| 5 | コ メ ル シ | COMERCI | Carlos González Zabalegui | 52 |
| 6 | ビ ン ボ ー | BIMBO | Daniel Servitje Montull | 45 |
| 7 | モ デ ロ | GMODELO | Carlos Fernández González | 38 |
| 8 | ヒ ガ ン テ | GIGANTE | Angel Losada Moreno | 49 |
| 10 | ソ リ ア ー ナ | SORIANA | Ricargo Martín Bringas | 44 |
| 11 | デ ス ク | DESC | Fernando Senderos Mestre | 53 |
| 12 | イ ム サ | IMSA | Eugenio Clariond Reyes Retana | 60 |
| 13 | テ レ ビ サ | TLEVISA | Emilio Azcárraga Jean | 35 |
| 14 | サ リ ナ ス | ELEKTRA | Ricardo Benjamin Salinas Pliego | 48 |

ファミリーCEOの略歴

| 学歴 | | 社内歴 |
|---|---|---|
| 大学(専門) | 大学院(専門) | |
| Anahuac(経営) | | |
| 米国Stanford(工学) | 米国Stanford(工学)/米国Harvard(MBA) | 1994年CEO就任. それ以前に社内の様々なポストを経験していた. |
| ITESM(工学) | ITESM(MBA) | 1984年取締役就任. 1987年戦略企画部に入社. ビール部門子会社の販売部門責任者, コンビニ部門責任者などを歴任. 1995年CEO就任. |
| ITESM(経営) | スイスIMEDE(MBA)/米国Harvard(上級経営プログラム) | 1974年入社. 1978年容器部門の企画財務責任者, 1985年容器部門北米子会社社長, 1995年CEO就任. |
| ITESM(工学) | 米国Columbia(MBA) | Vitroで様々な部門を経たのち1981-94年容器部門CEO. 1994年からCydsaのCEO, 取締役会会長. |
| ITESM(工学) | 米国Stanford(MBA) | 1968年入社. 様々な部門を経て85年にCEO就任. 1979年から取締役. 1995年から取締役会会長. |
| | | 1978-89年の間自分の会社を経営. この会社を売却し, 1989年に執行社長として入社. |
| | | 1978年からCEO, 1985年から取締役. |
| Iberoamericana(経営) | 米国Stanford(MBA) | 1978年入社. 子会社のCEO, 本社の取締役会副会長などを歴任. 1997年CEO就任. |
| Anahuac(経営) | IPADE | 1988年入社. 1994年取締役会副会長. 1997年にCEO就任 |
| (経営) | | 2003年現在, 上級経営者として在社28年. 1998年に取締役会会長就任. |
| | | 2001年末現在, CEOに在職11年. |
| Anahuac(経営) | | 兄二人の事故死により, 1973年から父親の下で実地に企業経営を学ぶ. 1989年に取締役会会長就任 |
| ITESM(経営) | ITESM(MBA) スイスCentro de Estudios Industriales(MBA) | 1959年入社. 最初は子会社の販売助手, 1966年に別の子会社の部門責任者, 1974年に子会社のCEO, 本社設立以来そのCEO. 1976年から取締役. |
| Iberoamericana/カナダLakefield College(産業関係学) | 米国Southern College(MBA) | 1990年から取締役. 1997年からCEO. 子会社CEOのアシスタント経験あり. |
| ITESM(会計学) | スイス Tulane(財務) | 入社前は米国で証券会社に就労経験あり. 1989年より執行社長, 1993年より取締役会会長. |

| 番号 | 名　　称 | 中核上場企業 | CEO の氏名 | 年齢(2003年末現在) |
|---|---|---|---|---|
| 15 | グ ル ー マ | GRUMA | Roberto González Barrera | 73 |
| 18 | サ　　　バ | SAB | Manuel Saba Ades | 36 |
| 19 | ナ　ド　ロ | NADRO | Pablo Escandón Cusi | 61 |
| 23 | サルティーヨ | GISSA | Ernesto López De Nigris<br>Juan Carlos López Villarreal | 41<br>39 |
| 24 | サ ン ル イ ス | SANLUIS | Antonio Madero Bracho | 66 |
| 25 | エ ル デ ス | HERDEZ | Enrique Hernández Pons Torres | 48 |
| 26 | ポ サ ダ ス | POSADAS | Gaztón Azcárraga Andrade | 48 |
| 27 | Ｔ　Ｍ　Ｍ | TMM | Javier Segovia Serrano | 42 |

注）　1. 空欄は有価証券報告書に記載がなく，不明のもの．
　　　2. 表に記載のない 9, 17, 20, 21, 22, 28 は CEO が俸給経営者のファミリービジネス，
　　　3. ITESM(Instituto Tecnológico y de Estudios Superiores de Monterrey),
　　　　IPADE(Instituto Panamericano de Alta Dirección de Empresa)はメキシコの経
出所）　星野[2004b : 214-215]に加筆修正．

あるファミリービジネスの傘下企業，後者が 80 年代以降に台頭した新興ファミリービジネスの傘下企業であることであった．仮にここでは前者を旧来組，後者を新興組と名付けておこう．

図 4-2 は入社年が入手できた，または勤続年数から入社年を算定できた 291 人について，その分布を示したものである．年ごとに入社人数は大きく変動している．過去四半世紀にメキシコ経済は，石油ブーム(1970 年代末-80 年代初頭)，対外債務危機(1982 年-80 年代末)，証券投資ブーム(90 年代前半)，通貨危機(94-95 年)と，ブームと危機を繰り返し経験してきた．入社人数の変化は，1 年程度のズレを見せながら，ブーム期の増加，危機期の減少という形で経済の変動にほぼ対応している．ただし，73 年の山については別の要因による説明が可能である．この年は持株会社の設立を奨励する法令が施行された年にあたり(星野[1988 : 47]，DESC[1998 : 70-75])，

| 学歴 | | 社内歴 |
|---|---|---|
| 大学(専門) | 大学院(専門) | |
| | | |
| 米国 Georgetown(経営) | IPADE | 1967年入社,1973年から上級経営者,1977年から CEO 職 |
| ITESM(工学)<br>ITESM(工学) | 米国 Texas(MBA)<br>米国 St.Edwards(MBA) | 1989年入社さまざまな職種を歴任<br>1991年入社さまざまな職種を歴任 |
| UNAM(工学) | 米国<br>Harvard(MBA) | 1961-68年 Dupont メキシコ支社の上級経営者,1968-78年 PENOLES の DG,1985年から Sanluis の前身会社の取締役会会長. |
| (法律) | 国外で MBA 取得 | 1971年入社.販売,マーケティング部門を経て1999年に CEO 就任. |
| Anahuac(工学) | 米国 Harvard(MBA) | |
| | | 1987年入社,1996年から上級経営者. |

16 はオーナーファミリーが CEO に就くがデータが入手できなかった.
Anahuac, Iberoamericana はいずれもメキシコの私立大学.
営者養成のためのビジネス・スクール.

　法令の施行にともなう大規模ファミリービジネスの組織再編,それによる人材需要の増加を反映した山と考えられる.
　年齢と入社年から入社年齢を算出することができる.入手できた153人の入社年齢の分布を企業ごとに示したのが表4-5である.20歳代の入社者数は75人にのぼる.つまり,大学・大学院を卒業後,または短期間他社で就業した後に入社し,上級経営職に内部昇進した者が全体の約半数を占めた.残りの半数は30歳代以降の,すなわち他社で数年以上の経験を積んだ後に中途採用で入社し内部昇進したか,または直接上級経営職に登用された人々と考えられる.40代後半に入社者数の小さな山が見られるが,49歳という上級経営者の平均年齢から考えて,外部登用者に該当する人々であると推測される.企業ごとの入社年齢の分布をみると,上級経営者の入社年が20歳代に集中する,すなわち若年採用・内部昇進制を採

**表 4-3** 上級経営者の年齢分布（230 人）

| 年齢 | 人数 |
|---|---|
| 30〜34 | 3 |
| 35〜39 | 32 |
| 40〜44 | 39 |
| 45〜49 | 51 |
| 50〜54 | 49 |
| 55〜59 | 30 |
| 60〜64 | 16 |
| 65〜 | 10 |
| 合計 | 230 |

出所）表 4-1 に同じ。

**表 4-4** 上級経営者の平均年齢（2003 年度）[1]

| 番号 | 名称 | 企業略号 | 平均年齢 |
|---|---|---|---|
| 1 | カルソ | GCARSO | 46 |
| | | AMX | 38 |
| | | TELMEX | 42 |
| | | GFINBUR | 45 |
| 2 | モンテレイ | ALFA | 53 |
| | | FEMSA | 51 |
| | | VITRO | 49 |
| 3 | セメックス | CEMEX | 60[2] |
| 6 | ビンボー | BIMBO | 49 |
| 8 | ヒガンテ | GIGANTE | 46 |
| 9 | バル | PEÑOLES | 59 |
| 10 | ソリアーナ | SORIANA | 51 |
| 13 | テレビサ | TLEVISA | 45 |
| 14 | サリナス | ELEKTRA | 44 |
| | | TVAZTCA | 44 |
| 15 | グルーマ | GRUMA | 51 |
| | | GFNORTE | 48 |
| 18 | サバ | SAB | 42 |
| 19 | ナドロ | NADRO | 51 |
| 21 | バチョコ | BACHOCO | 48 |
| 23 | サルティーヨ | GISSA | 47 |
| 24 | サンルイス | SANLUIS | 67[2] |
| 25 | エルデス | HERDEZ | 55 |
| 26 | ポサダス | POSADAS | 43 |
| | | 230 人の平均 | 49 |

注）1. 2003 年度の年次報告書であるため，記載データは 2003 年末のものと想定しているが，企業によっては 2004 年報告書作成時の年齢を記載している場合もあるため，1 年の誤差が存在する場合がある。

2. オーナーファミリー出身の CEO の年齢．他の上級経営者の年齢は入手できなかった．

出所）表 4-1 に同じ．

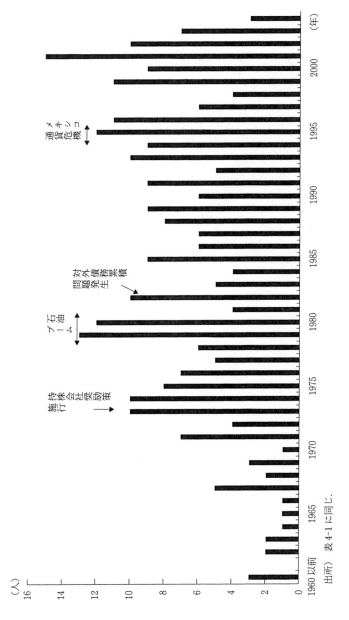

図 4-2 上級経営者の入社年の分布（291人）

出所）表 4-1 に同じ。

表 4-5 上級経営者の入社年齢の分布(153人)

| 企業名 | ~19 | 20~24 | 25~29 | 30~34 | 35~39 | 40~44 | 45~49 | 50~54 | 55~59 | 60~ |
|---|---|---|---|---|---|---|---|---|---|---|
| GFINBUR | | 1 | | | | | | | | |
| ALFA | | 3 | 2 | | | | | | | |
| FEMSA | | 6 | 1 | 1 | 1 | | | 1 | | 1 |
| VITRO | | | 5 | | | 3 | 2 | | | |
| BIMBO | | 6 | 4 | | | 1 | 1 | | | |
| CEMEX | | 1 | | | | 1 | 2 | | | |
| GIGANTE | | 1 | 3 | | 1 | | | 1 | | |
| PEÑOLES | | 2 | 1 | 3 | 2 | 1 | 2 | | | |
| ELEKTRA | | | 2 | 2 | 1 | | 1 | 1 | | |
| GRUMA | 1 | 2 | 1 | 1 | 1 | 1 | 2 | | | |
| GFNORTE | | | 1 | 5 | 3 | 5 | 5 | | 2 | |
| NADRO | 1 | 7 | 3 | 1 | | 1 | 1 | | | |
| BACHOCO | | 1 | 3 | | 2 | | | | | |
| GISSA | | 3 | 4 | | | 1 | | | | |
| HERDEZ | | 5 | 3 | | 1 | | 4 | 3 | 2 | 2 |
| POSADAS | | | 4 | 2 | 1 | | | | | |
| 合 計 | 2 | 38 | 37 | 15 | 14 | 14 | 20 | 6 | 4 | 3 |

出所) 表 4-1 に同じ.

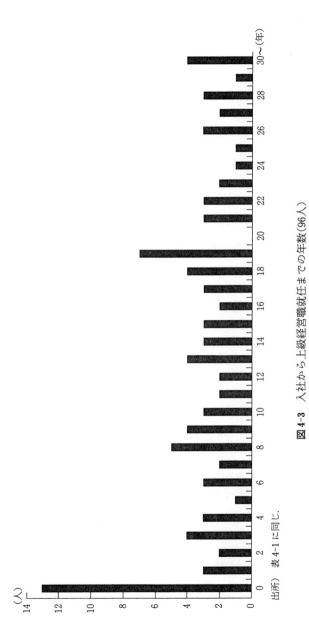

図 4-3 入社から上級経営職就任までの年数(96人)

出所) 表 4-1 に同じ.

る企業の存在が明らかとなる．ALFA, VITRO, BIMBO, NADRO, GISSA で，以上の企業に共通するのは，先に述べた旧来組と新興組の分類法で，いずれも旧来組に属するファミリービジネスの傘下企業である点であった．ただし旧来組でも，FEMSA, HERDEZ, GIGANTE のように，中途採用者，ないしは外部登用者の比重の高い事例もある．上級経営者が内部昇進者中心で構成されるのか，あるいは中途採用者や外部登用者も含むかは，各ファミリービジネスの個別の事情によって決まると考えられる．この点について後に BIMBO の事例を検討する．

入社年と現職就任年から，入社から現職就任までの年数を算出できる．96 人についてデータが得られ，その分布を示したのが図 4-3 である．図から外部登用者がどれほどにのぼるのかを知ることができる．それによれば 96 人中，13 人が現職就任まで 0 年，すなわち上級経営者として採用されている．数としては多いが，全体に占める比率は小さい．大多数は入社後に移動・昇進を経験した後に上級経営職に就任している．しかも就任までの年数は大きく分散していた．

データの得られた上級経営者の過半が中途採用者か外部登用者であることは，大規模な経営者の外部労働市場が存在することを示唆している．

(2) 学　歴

学歴については 150 人のデータが得られた．それによれば上級経営者の学歴は高い．表 4-6 に示すように，150 人全員が大学卒またはそれに相当する学歴をもち，そのうちの半数を超える 83 人が大学院修士課程を修了していた．このほかに大学に付設された社会人を対象とする経営学の専門コースの履修者が 16 人存在した．出身大学，大学院は表 4-7 に示すとおりである．大学は，国内では ITESM (Instituto Tecnológico y de Estudios Superiores de Monterrey) が最も多い．メキシコの高等教育において国立大学，なかでも UNAM (Universidad Nacional Autónoma de México) は学生数，予算規模で圧倒的な重要性を持つが，経営者教育における重要性は小さい．UNAM のみならず他の国立大学も同様で，国内その他・国外・不明を除く大卒者 67 人中，国立大学出身者は 19 人にとどまる．大学院では，

表 4-6　上級経営者の最終学歴(150人)

| 企 業 名 | 大学卒 | 大学院 | 合 計 | 専門コース履修 |
|---|---|---|---|---|
| GCARSO | 4 | 0 | 4 | |
| AMX | 1 | 0 | 1 | |
| TELMEX | 4 | 0 | 4 | |
| GFINBUR | 1 | 0 | 1 | |
| ALFA | 1 | 6 | 7 | 2 |
| FEMSA | 2 | 5 | 7 | |
| VITRO | 2 | 6 | 8 | 2 |
| CEMEX | 1 | 8 | 9 | 1 |
| BIMBO | 7 | 7 | 14 | 5 |
| GIGANTE | 3 | 11 | 14 | |
| PEÑOLES | 3 | 1 | 4 | 2 |
| ELEKTRA | 2 | 7 | 9 | |
| TVAZTCA | 4 | 2 | 6 | |
| GFNORTE | 12 | 9 | 21 | |
| NADRO | 10 | 2 | 12 | 1 |
| BACHOCO | 4 | 4 | 8 | |
| GISSA | 0 | 10 | 10 | |
| SANLUIS | 3 | 3 | 6 | 3 |
| HERDEZ | 0 | 2 | 2 | |
| CAMESA | 3 | 0 | 3 | |
| 合　　計 | 67 | 83 | 150 | 16 |

出所）表4-1に同じ．

不明者を除く全体の過半を海外の大学院修了者が占めた．そのうち数が多いのは，米国のスタンフォードの8人，ハーバードの4人，テキサスの3人で，残りは米国を中心に数多くの大学院に分散していた．国内の大学院ではITESMとIPADE (Instituto Panamericano de Alta Dirección de Empresa)に集中している．専門コースはIPADEが8人，スタンフォードが2人，国外のその他の大学が6人であった．150人の専攻を表4-8に示した．大学では専攻は分散しているが，大学院では経営学(MBA)に集中していることが明らかになる．

　ITESMもIPADEも，ともにメキシコの企業家によって設立された高等教育機関である．メキシコの産業の拠点は首都メキシコ市とその周辺と，北部ヌエボ・レオン州の州都モンテレイに大きく二分される．ITESMはそのうちの後者モンテレイに本拠地を置く．同校創設に中心的な役割を果

表4-7 上級経営者の出身大学・出身大学院(150人)

| 名　称[注] | 大　学 | 大　学　院 |
|---|---|---|
| 国内 | | |
| 　ITESM(私立) | 31 | 14 |
| 　UNAM(国立) | 12 | |
| 　Anahuac(私立) | 7 | |
| 　Ibero(私立) | 7 | |
| 　IPN(国立) | 4 | |
| 　IPADE(私立) | 3 | 8 |
| 　UANL(国立) | 3 | |
| 　その他 | 24 | 3 |
| 国外 | 15 | 36 |
| 小　　　計 | 106 | 61 |
| 不　　　明 | 44 | 22 |
| 合　　　計 | 150 | 83 |

注）正式の名称は次のとおり
　　ITESM：Instituto Tecnológico y de Estudios Superiores de Monterrey
　　UNAM：Universidad Nacional Autónoma de México
　　Anahuac：Universidad Anahuac
　　Ibero：Universidad Iberoamericana
　　IPN：Instituto Politécnico Nacional
　　IPADE：Instituto Panamericano de Alta Dirección de Empresa
　　UANL：Universidad Autónoma de Nuevo León
出所）表4-1に同じ．

たしたのはエウヘニオ・ガルサ・サダ(Eugenio Garza Sada)で，彼は表4-1の2番目に位置するモンテレイ・グループの2代目総帥であった．メキシコにおいて不足していた技術者，経営者の育成を目的に1943年に設立された．米国のマサチューセッツ工科大学をモデルにしたといわれている(Mendirichaga[1982：38])．もう一つの産業の拠点であるメキシコ市に本拠地を置くのはIPADEである．メキシコ市財界の肝いりで67年に専門経営者養成機関として設立された．設立の推進役を果たしたのは表4-1で11番目に位置するDESCの創業者マヌエル・センデロス(Manuel Senderos)であった．彼がモデルとしたのはハーバード・ビジネス・スクールであった(DESC[1998：55])．IPADEは80年にパンアメリカン大学(Universidad Panamericana)に統合され同大学付属のビジネス・スクールとなった．ITESMとIPADEはともに国際的なMBAのランキングで上位を占め，

表4-8　上級経営者の大学・大学院での専攻(150人)

| 専攻 | 大学 | 大学院 |
|---|---|---|
| 工　　　　　学 | 51 | 2 |
| 経　　　　　営[注] | 35 | 73 |
| 会　　　　　計 | 28 | 0 |
| 法　　　　　律 | 11 | 1 |
| 経　　　　　済 | 9 | 2 |
| そ　の　他 | 5 | 2 |
| 小　　　　　計 | 139 | 80 |
| 不　　　　　明 | 11 | 3 |
| 合　　　　　計 | 150 | 83 |

注）マーケティング，ファイナンスなどの広義の経営を含む．
出所）表4-1に同じ．

メキシコ国内のみならず他のラテンアメリカ諸国からも学生を集めている[3]．ちなみに第6章で紹介するペルーの俸給経営者の中にもITESM卒業生が散見される．経営者養成という企業家にとって切実であるが手間暇のかかる事業が，実を結んだといえる．

### (3) 前　職

前職については102人のデータが得られた．表4-9はこの102人の直前に勤めていた企業を特徴ごとにまとめたものである．これによって中途採用者・外部登用者の企業間移動の特徴が明らかになる．それによれば，102人中12人は同じファミリービジネスの傘下企業間を移動している．特にカルソの場合8人と数が多く，ファミリービジネスを単位とする非公式な内部労働市場が形成されていることが窺われる．本書の韓国の章で安倍が，三星とSKにおいてグループ経営を意識した人事が行われていると指摘しているが，カルソについても同様のことが指摘できる．90人は外部からの採用であった．このうち14人は検討対象とする28のファミリー

---

3) 2003年のウォールストリート・ジャーナル誌とハリス・インタラクティブ社のアンケート調査では，米国を除く世界のMBAランキングで，ITESMは1位，IPADEは2位にランクされた(*Wall Street Journal America* [Sept. 17, 2003])．

表4-9　上級経営者の移動のパターン(102人)

| | | |
|---|---|---|
| I. 同じファミリービジネス傘下企業間の移動 | 12 | |
| 　うち　カルソ | | 8 |
| 　　　　バル | | 1 |
| 　　　　サリナス | | 2 |
| 　　　　グルーマ | | 1 |
| II. 28ファミリービジネス間の移動 | 14 | |
| 　うち　モンテレイを本拠地とするファミリービジネス間の移動 | | 10 |
| III. 外資系企業からの移動 | 18 | |
| IV. 政府機関，政府系企業からの移動 | 10 | |
| V. 法律，会計，経営コンサルタントの事務所から | 9 | |
| VI. その他 | 39 | |
| 　うち　金融部門の企業から | | 17 |
| 　　　　買収されたファミリービジネスから | | 5 |
| 　　　合　　　　　計 | 102 | |

注）複数の企業に就労経験がある場合は，直前の企業で分類．
出所）表4-1に同じ．

ビジネス間，しかもそのうちの10人がモンテレイを本拠地とするファミリービジネス間の移動であった．ITESMの存在と相まってモンテレイを中心に経営者の域内労働市場が形成されていることが窺われる．

　注目されるのは，時代状況を反映する移動が多いことである．金融部門からの異動が17人と多い．この部門は1980年代以降，最も抜本的に構造転換を遂げた部門である．すなわち82年の民間銀行の国有化，1990-91年の再民営化，95年以降の銀行破綻と外資による買収と続き，所有者の交代がくり返された．その過程で人材が流動化し，それが金融部門からの移動の多さに表れていると考えられる．ちなみに17人中14人が金融部門から金融部門への異動であった．時代状況を映すもう一つの点は，5人が買収されたファミリービジネスからの移動であることであった．ただしこの中には買収により所有者を変えた後も上級経営者としてとどまった事例が2件含まれている．第3章では外資系企業と政府系企業がタイのファミリービジネスの重要な俸給経営者の外部供給源であることが指摘されているが，102人中28人と，メキシコでも同様のことが指摘できる．

第1節　ファミリービジネスの経営者

**(4) 報　酬**

　報酬については，有価証券報告書には個々の上級経営者の報酬データは公表されず，企業が支払う報酬総額が公表されている．ただしその場合も，上級経営者への支払い総額を記載する場合，取締役と上級経営者をあわせた支払い総額を記載する場合，取締役への報酬支払い方式のみ記載する場合と，企業により公表データがまちまちである．そこで，以下では3種類のデータを比較検討しながら，上級経営者の報酬の特徴を検討する．

　上級経営者の報酬に関するデータを表4-10に示した．支払い総額と支払い対象人数の両方が得られる企業については，上級経営者一人あたり平均支払い額を算出できる．それによれば，ALFAが666万ペソ，CYD-SASAが301万ペソ，GIGANTEが220万ペソ，ELEKTRAが147万ペソ，TMMが36万ドルであった(2003年12月平均の銀行窓口対ドル為替レートは買値で11.07ペソ)．これらの数字は，上級経営者の報酬が非常に高額であること，報酬額は企業規模に比例し，上位企業ほど報酬が高額であることを示している．表4-11に取締役への報酬支払い基準，または支払総額，または取締役と上級経営者への報酬支払い額合計を示した．上級経営者の報酬を取締役のそれと比較すると，興味深い事実が明らかとなる．まず，取締役への支払い総額と取締役総数の両方が得られる企業については，取締役一人当たり平均支払い額を算出できる．それによれば，AMX17万5000ペソ，FEMSA22万ペソ，TVAZTCA2万5000ドル，ELEKTRA33万3000ドル，LIVEPOL50万ペソとなる．メキシコの物価水準を考えれば決して少ない額ではないが，上級経営者と比較すると一桁額が小さい．一方，取締役の報酬基準に関する記述からも同様の特徴が読みとれる[4]．また，取締役への支払い基準は，報酬が給与ではなく，取締役会への出席手当の性格をもつことを示している．一方，表4-11の取締役と上級経営者への支払いが合計総額で示された事例では，取締役のみへの支払い総額と比較した場合，額が一桁から二桁跳ね上がっている．取締役の報酬額の

---

[4]　例えばALFAを例にとれば，取締役への報酬は年間の定額報酬(センテナリオ金貨8枚＝約4万ペソ)に加えて，取締役会または取締役会内に設置された委員会に出席するごとに支払われる(1回5枚＝約2万5000ペソ，または4枚＝約2万ペソ)．仮に取締役会が毎月開催され，毎回出席したとしても報酬は34万ペソに止まる．

表 4-10　上級経営者の報酬

| 番号 | 名称 | 上場企業略号 | 報酬支払い額，支払い算定基準 |
|---|---|---|---|
| 1 | カルソ | AMX | 上級経営者への支払い総額は 8900 万ペソ．年金，退職金，その他の引当金は 204 万ペソ． |
| 2 | モンテレイ | ALFA | 主要な上級経営者(38 人)への支払い総額は 2 億 5300 万ペソ．評価基準は，基本給，法律に基づく諸手当，業績，株価． |
| | | FEMSA | FEMSA と子会社の上級経営者への支払い総額は 8 億 600 万ペソ．ボーナスと株式オプション制度による株式取得を含む． |
| | | VITRO | 事業と個人の業績評価に基づき，基本給の 2.7-10.5 ヶ月を支給するインセンティブ制度を 2001 年に導入．2003 年には支払いはなかった． |
| | | CYDSASA | 上級経営者(23 人)への支払い総額は 6920 万ペソ．給与，ボーナス，諸手当を含む． |
| 5 | コメルシ | COMERCI | 上級経営者に支払われるのは，給与，諸手当，業績に基づくボーナス．執行社長が給与と諸手当を業績に基づき決定する． |
| 6 | ビンボー | BIMBO | 2003 年度の主要な上級経営者(人数不明)への支払い総額は，連結経常支出額[1]の 0.31%(2001 年度は 0.35%)． |
| 8 | ヒガンテ | GIGANTE | 上級経営者(15 人，うち 5 人はオーナーファミリー)への支給い総額は 3300 万ペソ． |
| 9 | パル | PEÑOLES | 主要上級経営者の諸手当は，従業員と全く同じ． |
| 12 | イムサ | IMSA | 上級経営者(人数不明)への支払い総額は 1 億 1760 万ペソ． |
| 14 | サリナス | ELEKTRA | 執行社長を含む上級・中級経営者(117 人)への支払い総額は 1 億 7150 万ペソ． |
| | | TVAZTCA | 主要な上級経営者(人数不明)への支払い総額は 5700 万ペソ． |
| 15 | グルーマ | GRUMA | 上級，中級経営者には個人業績と事業実績に基づくボーナスプランが存在する．ポストに応じ年間基礎給与の 15%から 32%を支給． |
| | | GFNORTE | 固定給とボーナスから成る． |
| 16 | ドゥランゴ | CODUSA | 2003 年度の上級経営者への支払い報酬総額は 2040 万ペソ．2004 年には 2100 万ペソを期待．各子会社ごとにボーナスを現金支払い．利潤目標，市場占有率，売上げ高，個人業績など加重平均して決める． |
| 17 | リベルプール | LIVEPOL | 主要な上級経営者(人数不明)への支払い総額は 3226 万 9,000 ペソ． |
| 18 | サバ | SABA | 上級経営者(人数不明)への支払い総額は 2300 万ペソ． |
| 24 | サンルイス | SANLUIS | 主要な上級経営者(人数不明)への支払い総額は，連結経常支出額[2]の 1%未満． |
| 25 | エルデス | HERDEZ | 主要な上級経営者(人数不明)への支払い総額は連結経常支出額[3]の 0.91%．給与，年末一時金，休暇手当，ボーナス． |
| 27 | TMM | TMM | 上級経営者(18 人，オーナーファミリーも含む)への支払い総額は 640 万ドル． |

注）　1．連結経常支出額は 215 億 7500 万ペソ．よって推計支払い総額は 6688 万ペソ．
　　　2．連結経常支出額は 49 億 2300 万ペソ．よって推計支払い総額は 4923 万ペソ．
　　　3．連結経常支出額は 47 億 7100 万ペソ．よって推計支払い総額は 4342 万ペソ．
出所）　表 4-1 に同じ．

表 4-11　取締役の報酬

| 企業略号 | 報　酬 |
| --- | --- |
| AMX | 取締役(12人)への支払い総額は210万ペソ. |
| TELMEX | 取締役会1回出席につき4万1700ペソ,委員会1回出席につき1万1700ペソ. |
| GCARSO | 取締役会1回出席につき1万1000ペソ. |
| GFINBUR | 取締役会1回出席につき1万2600ペソ. |
| ALFA | 取締役への報酬はセンテナリオ金貨8枚／年,取締役会1回出席につき同5枚,委員会1回出席につき同4枚. |
| FEMSA | 取締役(19人)への支払い総額は420万ペソ. |
| VITRO | 取締役会1回出席につきセンテナリオ金貨3枚,監査委員を除く委員には委員会1回出席につき同3枚,監査委員には月額1万5000ペソ,委員会1回出席につき同5枚. |
| CYDSASA | 取締役と監査役の報酬は3万ペソ／年,取締役会1回出席につき1万5000ペソ,委員会1回出席につき1万5000ペソ.年間支払い総額は183万ペソ. |
| CEMEX | 取締役,取締役代理,中枢の上級執行経営者への支払い総額は1738万8739米ドル.うち業績に基づく変動部分は508万5279米ドル.株式オプション制度への支出も含む. |
| GMEXICO | 取締役と上級執行経営者への支払い総額は,1億3160万ペソ. |
| COMERCI | 取締役と上級執行経営者への支払い総額は,株式オプションを除いて7390万ペソ. |
| BIMBO | 取締役会1回出席につき1万4000ペソおよび1万4000ペソ／年.上級執行経営職,委員会委員との兼務者は受け取れない. |
| GIGANTE | 取締役会1回出席につき2万ペソ. |
| SORIANA | 取締役は名誉職なので報酬は支払われていない.定款に支払うことができるという規定はある. |
| DESC | 取締役11人,監査役1人,監査役代理1人,上級執行経営者13人への支払い総額が8989万6000ペソ.1992年から株式オプション制度があったが2002年に廃止された.2002年,2003年は現金でのボーナスの支給は行われなかった. |
| IMSA | 経営に関わらない取締役への支払い総額は204万ペソ. |
| TELEVISA | 取締役,取締役代理,上級執行経営者への支払い総額は1億9340万ペソ. |
| TVAZTCA | 取締役(13人)への支払い総額は32万5000ドル. |
| ELEKTRA | 取締役(9人)への支払い総額は300万ペソ. |
| GFNORTE | 取締役と主要な上級執行経営者への支払い総額は1億3900万ペソ. |
| GRUMA | 取締役会1回出席につき1万4500ペソ.取締役,取締役代理,監査役,上級執行経営者,監査委員会委員への支払い総額は1億1490万ペソ. |
| CODUSA | 取締役は報酬なし. |
| LIVEPOL | 取締役(15人)への支払い総額は750万ペソ. |
| SABA | 取締役は報酬なし. |
| NADRO | メキシコの企業で典型的な報酬支払い方法.総支出(gastos totales)の0.14％,純売上高(venta neta)の0.01％. |

| 企業略号 | 報　酬 |
|---|---|
| GCORVI | 取締役と上級執行経営者への支払い総額は，業績に基づくボーナスを除いて4830万ペソ． |
| BACHOCO | 取締役と主要な上級執行経営者への支払い総額は2280万ペソ． |
| CONTAL | 取締役と主要な上級執行経営者への支払い総額は3095万9700ペソ． |
| SANLUIS | 取締役には年間固定額3万ペソを支払う．取締役代理には年間固定額1万5000ペソを支払う．他に取締役会1回出席につきセンテナリオ金貨1枚，委員会1回出席につき同1枚． |
| HERDEZ | 取締役会1回出席につきセンテナリオ金貨1枚． |
| CAMESA | 取締役会1回出席につき1万ペソ．2003年度には4回開催． |

注）センテナリオ金貨の相場は，2004年8月10日の時点でBanamex銀行窓口で買値が5100ペソ，売値が5700ペソ．
出所）表4-1に同じ．

　推計値から類推して，その差のほとんどは上級経営者への支払い部分と考えられる．取締役の報酬が上級経営者に比して少ないこと，および報酬が取締役会出席手当のかたちをとる場合が多いことから，取締役は恒常的に経営に関与するとは想定されていないことになる．また，彼らは株主を代表して上級経営者を監督し手当を受け取るが，彼らの主たる収入とはいえず，主たる収入は配当あるいはそれ以外から得ていると推定される．
　表4-12に上級経営者の報酬決定システムの事例をあげた．個人と事業の業績目標を設定し，その達成度の評価に基づき報酬が決定される場合が多い．共通する特徴としては，評価・報酬決定機関の設置，業績評価・報酬算定基準の設定，外部報酬相場の参照という意味で，制度化が進んでいる点をあげることができる．オーナーファミリーは評価・決定機関のメンバーとして，ないしは評価者として一定の影響力は持つと考えられるが，俸給決定が制度化されることによって，ファミリーの恣意が入り込みにくくなっているといえる．

　以上の検討から，年齢が若く，高学歴，海外経験が豊富で，高収入という上級経営者のプロフィールが浮かび上がってくる．彼らは内部昇進者と中途採用者，外部登用者に分けられるが，どちらが優勢かは企業によりまちまちであった．旧来からあるファミリービジネスほど上級経営者の年齢

表 4-12　上級経営者の報酬決定システム

| |
|---|
| **CEMEX**：毎年，年頭に各事業部門と事業戦略に関わるスタッフは目標を設定し，年度末に客観的な方法で個々の達成度評価を行う．会社の業績と個人の業績から上級経営者の変動報酬部分が得られ，それは次年度第2月に支払われる．報酬委員会は取締役会会長とCEOに従属し，報酬，評価，諸手当について重要決定の責任を持つ．報酬委員会の構成は取締役会会長，CEO，取締役会副会長，事業開発担当責任者，企画財務担当執行副社長，総務担当執行副社長，北米・貿易執行社長，南米カリブ担当執行社長，欧州・アジア担当執行社長．補佐役に，人事担当執行副社長，報酬担当部長，外部コンサルタント．委員会は各年1~3回開催，インターネットにより常時コミュニケーションをとっている． |
| **COMERCI**：年頭に取締役会執行委員会とCEOは会社の予算評価のために一般基準を議論し，承認する．これらの一般基準が半期および年間の基準となる．一般的に，評価基準は売上の向上のみならず，流動資金の獲得，投資収益の改善も含めて評価する．執行社長が給料と諸手当を業績に基づき決定する．一般的に，上級経営者への手当は，給与（執行委員会との交渉，承認により決定），諸手当（法律に定める以上を支給），業績に基づくボーナスから成る． |
| **BIMBO**：次のような手続きでCEOと上級経営者の報酬の見直しを行う．上級経営者の報酬相場との照合→責任，統制範囲，リストラ・再任用による仕事の負担の変化の分析→会社の報酬構造との関連で俸給，ボーナスの水準，垂直的な整合性の分析→社内の報酬担当課と社外の専門家の支援をえて評価報酬委員会の委員長へ提案の作成→委員会への提案→委員会の構成員から助言をうけて必要ならば提案の調整→最終案の承認．このプロセスの調整は評価報酬委員会の事務担当者が行う． |
| **GIGANTE**：CEOの評価は定期的に取締役会会長が実施．その結論をもとにCEOの報酬水準が決定される．残りの主要な上級経営者の評価はCEOが事前に設定した目標の達成度を基礎に行ってきた． |
| **GFNORTE**：評価報酬委員会は存在しない．人事部門が銀行部門，製造業・商業部門の労働市場の諸条件を見ながら，上級経営者の採用，選考，契約を担当している．評価報酬については，能力，問題解決能力，ポストが要求する成果責任等によって点数が与えられるシステム．上級経営職には評価基準があり，銀行部門，産業全般の市場の給料，固定報酬，総報酬との競争力を比較できるようになっている．会社は上級経営者の報酬に関する市場調査にモニターとして参加している．それにより会社の経済的可能性の範囲内で，各専門で最もすぐれた人材を確保している． |
| **GRUMA, MASECA**：上級経営者の報酬を決定する権限は子会社CEOと本社CEOに委任されている．報酬決定のために業績評価統合システムを作成．昇級，昇格その他の人事を，従業員・経営者の業績，貢献に直接関連づけて実施することを可能にしている． |

出所）表4-1に同じ．

は高く，内部昇進者が多かった．広範な年齢層にわたる中途採用者の存在と彼らの多様な移動パターンから，大規模な上級経営者の外部労働市場が存在することが窺われる．第2節では，以上のようなプロフィールと，1980年代以降の外部労働市場の動向との関連を検討したい．

第4章　メキシコにおけるファミリービジネスの経営者

## 第2節　俸給経営者のプロフィールの変化と
## 　　　　ファミリービジネスの国際的事業展開

　本節では俸給経営者のプロフィールの時系列的変化を辿り，現在の特徴が，1990年代のファミリービジネスの国際的事業展開と密接に関わっていることを明らかにしたい．以下において主に依拠するのは，メキシコの経済誌エクスパンション(*Expansión*)に80年代以降掲載された俸給経営者に関する記事である．過去の一次資料データの入手が極めて困難なため，二次資料に依拠せざるを得ないことをあらかじめ断っておきたい．

### 1. 高学歴化と経営者需要の変化

　まず変化の出発点として，先行研究のDerossi[1977]で示された1969年時点での経営者のプロフィールを紹介したい．デロッシはこの年，社会学的な見地からメキシコの企業家の特徴を明らかにするために，企業家200人を対象に聞き取り調査を行った．その成果はデータ分析と50人分の証言集から成る単行本にまとめられている．データ分析のなかに学歴についての言及がある．それによれば，データが入手できた143人の内訳は創業者32人，創業者から事業を継承した家族43人，俸給経営者68人で，そのうち大卒者の比率はそれぞれ56%，79%，66%であった．この時点では学歴を測る指標は大卒であるか否かであり，大学院は想定外であった．

　一方経営者50人の証言集からは，興味深い事実を読みとることができる．第1に，輸入代替工業化期に急成長した企業に，階層的経営組織の形成が見られる点である．従業員規模100人台の企業で上下二層の経営者の階層構造を2例，同じく1000人前後で上中下三層の階層構造を3例確認できる[5]．三層構造の1事例(従業員規模1800人)では，オーナー経営者の「メキシコでは本能的企業家の時代は終わり，専門経営者(profesionista)の時代が始まっている」との発言も紹介されている．第2に，この時点では

---

　5)　証言集のNo.9，No.37，No.39，No.41，No.48の事例である．三層構造の企業では職位の階梯がdirector general-director-subgerente(またはgerente)，二層構造の企業ではdirector general-gerentes(またはgerente superior)となっている．

第2節　俸給経営者のプロフィールの変化

ファミリービジネスでも外資系企業でもない，俸給経営者が経営する地場企業が存在したという点である．それは銀行が出資する企業で，証言集に2例紹介されている[6]．1982年の銀行国有化以前のメキシコには，バナメックス(Banamex)やバンコメール(Bancomer)など非ファミリービジネス系の銀行が存在し，数多くの傘下企業を抱えていた．そのような企業では俸給経営者へ経営が委任されていたと考えることが可能である．ちなみに事例の1社はバナメックスが出資する企業，もう一社は銀行名は明記されていない．ただし前述のように金融部門の抜本的な構造再編により，現在では銀行傘下企業自体が姿を消している．

1980年代以降の経営者の学歴については，エクスパンション誌の記事からいくつかの数字を拾い出すことができる．一つは1981年にITESMと民間調査会社が共同で行った経営者1076人へのアンケート調査の数字である．調査データが描く平均的経営者像は，年齢40歳，勤続年数9年，転職歴3回，ポストは階層的経営組織の上から2番目，大企業の場合は3番目というものである．この特徴から考えて中級経営者まで含む調査といえるが，それによれば，回答者の学歴は86%が大学卒，30%が修士号を，3%が博士号を取得していた(最終学歴ではそれぞれ53%，27%，3%となる)．大学は90%が国内，10%が海外，54%がITESMなどの私立，46%が国立であった．一方，修士は90%が私立，90%が国内，専攻は経営学が51%，工学が36%であった(*Expansión*[May 27, 1981 : 42-46])．

さらに最近の数字としては，1997年にエクスパンション誌が発表した「メキシコの優れたCEO100人(Los 100 ejecutivos más importantes de México)」のランキングにある学歴データをあげることができる．ただし100人のなかにはメキシコに進出する多国籍企業の外国人CEOも含まれている．それによれば100人の最終学歴は，大学卒が56%，修士号取得が35%，博士号取得が2%，経営学の専門コース受講者が34%に達した．専攻は大学で経営学・会計学が44%，工学が39%であるのに対し，修士では74%が経営学・会計学で，工学は16%であった．24人が外国生ま

---

6) 証言集のNo.39, No.41の事例である．

れであるために，メキシコの大学卒業者44％に対し，外国の大学卒業者が49％にも達する．ただしメキシコ人に限っても外国の大学卒業者が36％を占めた(*Expansión*[Abril 9, 1997：22])．

　対象とする経営者の範囲が異なるので厳密な比較は難しいが，以上の数字から年を経るごとに経営者が高学歴化していることが明らかになる．

　高学歴化の直接の要因は，企業がそのような人材を欲していることにあった．エクスパンション誌の記事から判断する限り，特に90年代以降に高学歴の人材の需要が高まったと考えられる．同誌の1989年の記事には，90年代の新しい経営者像として，若く，バイリンガルで，大学卒，より好ましくは経営学修士号を取得していること，などの特徴が列挙されている(*Expansión*[Abril 26, 1989：57])．しかしあくまでも近い将来の経営者像であり，現実の経営者像ではなかった．それが90年代になると，以上のような特徴が現実の経営者のそれとして描かれるようになる．「新しい貴族階級」の表題で新しい経営者群の出現を伝える92年の記事では，彼らの特徴として，高学歴に加えて，優れた決断力，指導力，適応力，国際性などが指摘されている(*Expansión*[Nov. 11, 1992：135])．94年以降の記事では，企業の求める経営者の条件がより具体的に列挙されるようになる．まず修士号取得がより有利な職に就くための条件となる．その他に，流暢に英語を操ること，事業経験が豊富なこと，異文化への適応力があること，海外勤務が可能なこと，コンピューターを自由に操ること，チームで働く能力をもつこと，変化にすばやく対応できること，等々が要件としてあげられるようになった(*Expansión*[Nov. 23, 1994：51/Nov. 22, 1995：84/Jul. 17, 1996：38, 42, 49/Nov. 19, 1997：121-122/Nov. 18, 1998：104/Nov. 10-24, 1999：53/Abr. 12, 2000：54/Ago. 21-Sep. 04, 2002：58])．これらの要件は，第1節で明らかにした経営学修士号取得者，海外留学経験者，転職者が多いというファミリービジネスの上級経営者のプロフィールと合致している．

　以上のような条件を備えた経営者が求められるようになった背景には，1990年代に進展したファミリービジネスの国際的な事業展開があると考えられる．

## 2. ファミリービジネスの国際的事業展開と
## 　経営者人材の逼迫，報酬の高騰

　1980年代，90年代は，メキシコのファミリービジネスにとって試練の時代であった．1982年の対外債務累積問題の発生によって，40年近く続いた輸入代替工業化は終止符を打たれた．その後の新自由主義経済改革によって，輸入自由化，外資規制の大幅緩和が実現し，ファミリービジネスは輸入品や多国籍企業との厳しい競争にさらされることとなった．その結果，旧来組のファミリービジネスのなかには競争から脱落し，多国籍企業や別のファミリービジネスに買収されるものが現れた．一方で，経済改革がもたらした事業機会を巧みに捉えて台頭するファミリービジネスも現れた．本章が検討対象とする28ファミリービジネスは，競争を生き残った旧来組か，新たに台頭したファミリービジネスにあたる．

　競争を生き残った，あるいは新たに台頭したファミリービジネスに共通するのは，国際的な事業展開を進めている点にある．すなわち，市場構成，資金調達，企業間の提携関係において，輸出あるいは海外直接投資による海外市場の比重が高い，海外証券市場での株式・社債の発行や国際商業銀行からの借り入れの依存が高い，外国企業と資本，技術，販売等，多様な提携関係を取り結んでいる，などの点で共通している．ファミリービジネスが国際的な事業展開を本格的に進めるのは1990年代以降であった．例えば，輸出は80年代に若干増加したが，80年代末以降は通貨の過大評価が進み頭打ちとなり，再び増加に転じるは94年通貨危機以降である．一方，ニューヨーク証券取引所に上場するファミリービジネスが現れるのは91年以降，またファミリービジネスの海外直接投資が盛んになったのは90年代以降であった(星野[2001：7, 13, 15])．

　国際的事業展開を進めるために，ファミリービジネスの経営者にはこれまで必要とされなかった新たな能力が求められるようになったと考えられる．すなわち，国際競争を勝ち抜くための企業戦略の立案能力，海外での販売，投資，資金調達，事業提携を行うための情報と専門知識，取引相手との交渉能力，そのための語学力などである．全般的傾向としての経営者

## 第4章 メキシコにおけるファミリービジネスの経営者

の高学歴化，そして先にみたような28ファミリービジネスにおける経営学修士号取得者の多さ，海外留学経験者の多さは，このような事業上の必要を反映していると考えられる．

　一方，このような能力を備えた人材はメキシコにおいて不足しており，供給の逼迫が経営者の報酬を押し上げる働きをしたと考えられる．需給の動向が価格，この場合は経営者の報酬に連動するためには，市場の存在が前提とされる．メキシコの場合，経営者の外部労働市場の拡大を示すいくつかの兆候を上げることができる．第1にヘッドハンターの存在である．1990年代後半にヘッドハンターの数は急増し，98年までに世界の10大ヘッドハンティング会社のすべてがメキシコに進出したといわれている(*Expansión*[Nov. 18, 1998 : 111])．第2に経営者の報酬相場の存在である．例えばエクスパンション誌は賃金専門のコンサルタント会社の存在を伝えている．また90年代にはエクスパンション誌自体がそのようなコンサルタント会社と共同で経営者の報酬調査を行い，その結果を特集記事として発表している．また表4-12に上級経営者の報酬決定システムを示したが，GFNORTEが上級経営者の報酬に関する市場調査にモニターとして参加しているとの既述から，報酬相場の調査が実施されていることが窺われる．第3に，第1節にみたように経営者の移動が広範に行われていることである．先に28ファミリービジネスの上級経営者の入社年の分布を示した(図4-2)．入社年の山の部分を，経営者の需要が拡大した時期と考えることができる．90年代の一つの山は先にも述べたように95年のメキシコ通貨危機の年であった．この時期の経営者の報酬相場については，エクスパンション誌の特集記事から趨勢を知ることができる．表4-13は特集記事のなかから大企業のCEOの報酬額を拾い出したものである．数字が得られた93年から2000年にかけて，時価では報酬額は一貫して上昇，物価で調整すると景気による変動があるが上昇趨勢にあることから，CEO市場は逼迫していたと考えられる．ファミリービジネスの上級経営者の高額な報酬は，このような人材不足を反映しているといえる．

　不足する人材を企業が確保する方法としては，自社養成か引き抜きが考えられる．若年採用・内部昇進が特徴のファミリービジネスは前者を，中

表 4-13　大企業 CEO の報酬相場
(1000 ペソ)

| | 時　　価[1] | 1994 年価格[2] |
|---|---|---|
| 1993 | 545 | 584 |
| 1994 | 896 | 899 |
| 1995 | 1,259 | 917 |
| 1996 | - | - |
| 1997 | 1,679 | 771 |
| 1998 | 2,195 | 874 |
| 1999 | - | - |
| 2000 | 3,165 | 981 |

注）1. 税引き前の基本給・諸手当の合計．サンプルとする大企業の中間値．2000 年のみ下位 25％に位置する企業の報酬．大企業の定義は 1993 年が売上高 1 億ペソ以上，1994 年以降は 5 億ペソ以上の企業．
　　2. 1994 年を 100 とする各年 6 月の消費者物価指数で割った数字．

出所）*Expansión* [Nov. 24, 1993：57/Nov. 23, 1994：35/Nov. 22, 1995：71/Nov. 19, 1997：103/Nov. 18, 1998：95/Nov. 22, 2000：64].

途採用，外部登用が特徴のファミリービジネスは後者を選んだといえる．

## 第 3 節　ビンボーの事例

　本節ではファミリービジネスが事業の要請に適った人材をどのように確保しているのかを，具体的な事例によって検討したい．事例として取り上げるのは，食品部門最大手のファミリービジネスであるビンボーである．ビンボーの上級経営者人事の特徴は，若年採用・内部昇進にある．つまり本節で検討するのは，人材確保の方法として自社養成を選択したファミリービジネスの事例ということになる．ただしビンボーは国際的事業展開を最も成功裏に進めたファミリービジネスの一つであり，国際的事業展開と上級経営者人事の関連，さらに経営におけるオーナーファミリーと俸給経営者の関係を考える上でも興味深い事例といえる．

### 1. ビンボーの沿革

　ビンボーは製パン，製菓，トルティーヤ[7]製造においてメキシコで独占

---

7) メキシコ人の主食であるとうもろこし，小麦を原料とする薄皮状のパン．タコスの皮などに用いる．

的地位を占めるファミリービジネスである．親族関係にある4つの家族の出資により1945年にメキシコ市に設立された．設立の中心となったのはロレンソ(Lorenzo)とロベルト(Roberto)2人のセルビッツェ(Servitje)兄弟ならびにその義兄と叔父で，現在はロベルトがグループ持株会社の取締役会会長ポストに，ロレンソの息子ダニエル・セルビッツェ(Daniel Servitje)が同CEO職に就いている．図4-4にビンボーの株式所有構造を示した．有価証券報告書には主要株主として法人名が列挙されている．そのうちの株主が確認できたものについて図4-4に持株比率を示したが，合計で52.6%に達する．有価証券報告書に記載された主要株主の持株比率の合計は78.8%であり，設立・発展の経緯からこの数字は創業者ファミリー全体の持株比率と推定される．これらの事実から，ビンボーは創業者ファミリーの堅固な所有支配のもとにあるといえる．

　ロレンソとロベルトの両親はスペインからの移民で，遠縁の先達がメキシコ市に開いたパン屋で働いた後に，独立してパン屋を開業した．そのような経緯から創業者らも製パン業で自らの事業を立ち上げた．彼らの事業の新しさは，当時のメキシコではなじみの薄い箱形食パンを工場で大量生産した点にあった．ビンボーはメキシコ全国への配送ルートの開拓，多様な宣伝媒体を用いたブランドの浸透，最新の製造・販売技術の導入など，当時としては革新的な経営戦略により，経済成長に伴う市場の拡大を追い風にしながら，輸入代替工業化期に急成長を遂げた(星野[1990:12-14])．

　革新的な経営戦略に加えてビンボーの成長の重要な要因となったのが，堅実な財務運営である．その特徴は，利益のうちの再投資部分を高率に維持したこと，商品配送の度の現金決済による代金回収を基本としたことにあった[8]．投資資金，運転資金を借り入れに頼る必要が小さく，ビンボーは80年代に旧来組の多くのファミリービジネスを悩ませた対外債務問題を免れた．そのために80年代以降も拡大路線を持続することができた．

---

8) 創業後10年間，利益は全額再投資された．その後も配当率は10-15%と低く維持された．しかし1980年のメキシコ証券取引所上場以降は，20%に引き上げられた．代金の回収は小口店舗では現金決済，スーパーなど大口店舗では信用取引であり，メキシコ国内では80%現金決済，20%が信用取引である(出所は1999年10月14日，筆者のビンボーにおける聞き取り調査)．

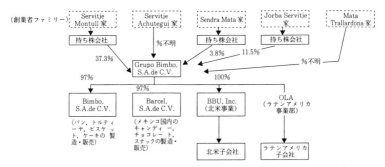

出所) Grupo Bimbo[2004]，星野[1990][2003a]をもとに筆者作成．

図4-4 ビンボーの所有構造(2004年)

80年代に国内の生産拠点の拡大，競争相手の買収により独占体制を堅固なものにしたのち，90年代には90年のグアテマラを皮切りに海外直接投資を開始した．ラテンアメリカではチリ(92年)，エルサルバドル(92年)，ベネズエラ(93年)，アルゼンチン(95年)，コスタリカ(95年)，コロンビア(96年)，ペルー(98年)，ブラジル(2001年)，ホンジュラス，ニカラグア(ともに進出年不明)に食パン，菓子パン，トルティーヤの製造・販売で進出した．一方，1993年に米国に進出し，メキシコ人移民が多いカリフォルニア州やテキサス州を中心に地歩を固めた．さらに98年にドイツに販売会社を設立し，ヨーロッパ進出を果たし，2000年にはチェコでキャンディー・チョコレートの製造を開始した．03年12月末現在でメキシコならびにラテンアメリカ・米国・ヨーロッパのあわせて15カ国に78の子会社と22の提携会社を持つに至っている(Grupo Bimbo[2002：23-24][2004：18-20])．

## 2. 経営組織と経営者

ビンボーの事業は，①メキシコ国内のパン，トルティーヤ，ビスケット，ケーキの製造販売，②同じくキャンディー，チョコレート，スナックの製造・販売，③米国事業，④ラテンアメリカ事業の4つの柱から成っている．それぞれの事業を担うのが3つの子会社と1事業部門で，それらは持株会社グルーポ・ビンボー(Grupo Bimbo)の下に統括されている(図4-4)[9]．グ

ループ全体の経営の中枢は，図4-5に示す持株会社内に設置された経営委員会(comité ejecutivo)である．ここで注意しておきたいのは，この委員会は，前にメキシコ企業のガバナンスの説明で述べた取締役会内部に設置された委員会と異なる点である．ビンボーの場合，経営委員会は，取締役会から業務執行を委任されたCEO以下の上級経営者から構成されており，ガバナンスの構造上，通常の委員会とは異なった位置づけを持つ．

経営委員会の構成は，持株会社CEOと本部CEO，持株会社の経営・財務，人事・渉外，事業監査などの部門責任者3名，生産・販売部門の長4名，特に重要とみなされる傘下子会社のCEOや部門責任者など8名の計17名である．有価証券報告書には上級経営者として14名の名前が挙げられており，その中には取締役会会長ロベルト・セルビッツェの名前もあるが，彼は経営委員会のメンバーではない．ファミリーで経営委員会に参加するのは取締役兼CEOのダニエル・セルビッツェのみで，残りはすべて俸給経営者である．

経営委員会の主要な任務は経営戦略の策定であり，そのために年1回およそ1週間かけて戦略策定のための会議を開催する．経営委員会の上位に最高経営機関として取締役会が位置し，経営委員会で審議された重要案件は取締役会の認可を受けなければならない．取締役会は案件可否の決定権を持つという点で経営委員会に対し優位に立つが，圧倒的な情報格差のために，拒否権を行使しえても代替案を提起できない．その意味で取締役会の経営への影響力には限界があるといえる．最終決定権と情報という異なる切り札をもつ二つの機関のつなぎ役を果たすのがCEOのダニエル・セルビッツェである．彼が取締役を兼務し，さらに創業者ファミリーの一員であることで，取締役会と経営委員会の間の情報格差の解消と円滑な意思疎通が可能になっているといえる．

日常的な業務執行を指揮する機関としては，経営委員会とは別に執行委員会(comité directivo)が存在する．執行委員会は経営委員会メンバーの中

---

9) ビンボーは1980年代，90年代に組織再編を繰り返している．2002年に実施された組織再編ではそれまで地域ごとに設立されていた多数の子会社をビンボー(Bimbo, S. A. de C. V.)とバルセル(Barcel, S. A. de C. V.)の2社に統合した．そのため本章の組織図は，以前に筆者が星野[2003a : 26]で示した組織図と異なる．

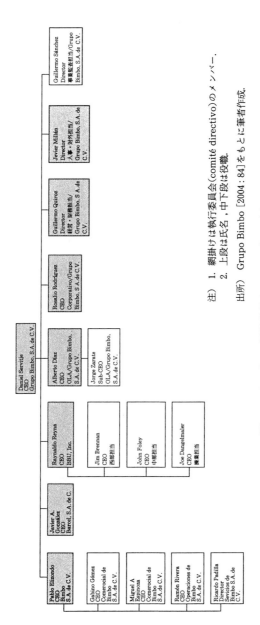

図 4-5 ビンボーの経営委員会メンバー (2004 年)

注) 1. 網掛けは執行委員会 (comité directivo) のメンバー.
2. 上段は氏名,中下段は役職.

出所) Grupo Bimbo [2004 : 84] をもとに筆者作成.

の上位8名，図4-5の網掛けで示した人々から構成されている．会議は15日ごとに開催される[10]．

ところで17名の経営委員会メンバーのうち有価証券報告書の上級経営者14名の名簿に名前のないのが，図4-5の米国人と思しき名前の米国事業の3名のCEOである．一方ラテンアメリカ事業部門の副CEOについては上級経営者名簿に名前はないが，略歴欄には記載がある．米国事業の3名について扱いが異なることから，人事政策上ほかの上級経営者とは扱いが異なる現地採用者である可能性が高い．

業務執行の最高責任者であるCEOのダニエル・セルビッツェは，1997年まで別の二人の創業者の息子達とともに3つの執行副社長職を分け合っていたが，彼のCEO就任を機に，ほかの二人はビンボーの業務執行から退いた．97年がファミリービジネス・ビンボーの初代から二代目世代への経営の継承年であったといえる[11]．

表4-14に経営委員会メンバーの略歴を示した．特徴としては次の点を指摘できる．第1にデータのある13人中10人が内部昇進者である．入社年は23歳が4人，21歳と22歳，25歳から28歳までが各年齢1人ずつであり，大学卒業後，または卒業後他社で短期間働いた後に20代で入社している．外部から上級経営職へ直接登用された者が3人存在するが，注目される点は彼らの役職が米国事業，ラテンアメリカ事業，経営・財務担当

---

[10] 出所は2003年7月8日，筆者のビンボーにおける聞き取り調査．1997年ダニエル・セルビッツェCEO就任後に現在のように変わったと考えられる．それ以前のロベルト・セルビッツェがCEO職にあった時期については，ビンボーの40年史に記述がある．それによれば，事業計画，問題点，予算，目標などについて話しあう全社的な組織として経営会議(junta de dirección)が存在した．メンバーは，CEOと4名の副CEO，11のスタッフ部門の長，各子会社の長で，社史に人数は明記されていないが，85年時点での子会社数は17なので，少なく見積もっても総勢33名となる．年3回，2-3日の会議が招集された．経営方針の策定は，毎年9月に翌年の計画を方向付ける文書をCEOであるロベルト・セルビッツェが作成，経営会議に提示し，経営会議で，各工場，各部門での計画策定する際の指針となるべき人事，技術，生産，購入，販売，宣伝費，成長率などの具体的な目標が定められた(Grupo Industrial Bimbo [1985: 166-168, 226])．

[11] 1997年まで創業者の一人で現取締役会会長の息子ロベルト・セルビッツェ・アチュテギ(Roberto Servitje Achutegui)と別の創業者ハイメ・ホルバ(Jaime Jorba)の息子マウリシオ・ホルバ(Mauricio Jorba)，それにダニエルが執行副社長職についていた．97年にロベルトはビンボーの主に製粉部門，マーマレード製造部門から成る子会社群を買い取り独立した．一方，マウリシオは母国に帰国したスペイン国籍の父親の後を追って，スペインに移り住んだ(出所は2003年7月8日，筆者のビンボーにおける聞き取り調査)．

第3節　ビンボーの事例

という，1990年代以降の海外事業展開に伴い必要の増した業務であることである．不足する人材を外部登用によって補充したといえる．第2に，学歴は14人中7人が大学卒，7人が修士号取得者である．採用年次の新しい3人の中途採用者はいずれも修士号取得者であり，前節で述べた90年代以降の経営者の労働市場における就職の要件と合致している．一方，20代で採用された大学卒7人中4人までがIPADEの経営者のための専門コースを受講している．また修士号取得者のうち3人は21-23歳で入社しており，入社後に修士号を取得したと考えられる．つまり大学卒，20代で入社した内部昇進者も，入社後に経営学の専門コースまたは修士課程で学ぶ機会を得ている．第3に，昇進の速度は全般的に速いが，人により差が大きい．表に中級経営職[12]就任年を示した．データの得られた9人について入社から中級経営職就任までの年数をみると，0-11年である．入社と同時に中級経営職に就任しているのは事業監査部門に専門職として採用された例外的な事例で，この人物を除くと最短で4年である．人により入社から中級経営職就任まで年数の差が大きいということは，年功ではなく能力を基準に昇進が行われていることになる．多くの内部昇進者は短期間のうちに頻繁にポストを変えながら昇進している[13]．頻繁な移動という点ではダニエル・セルビッツェも同様で，俸給経営者との違いは昇進速度がより速い点にあった[14]．移動に関して唯一の例外は本社スタッフ部門の人

---

12)　有価証券報告書で上級経営者を表す際にはprincipales（主要な）funcionariosを用いている．一方，2002年に公表された2001年度の有価証券報告書の上級経営者名簿にはfuncionarioに就任した年の記載がある．Grupo Industrial Bimbo [1985] [1995]によってfuncionarioが経営階層のどのレベルに該当するかを調べると，おおよそ工場長またはそれに相当する本社スタッフ職にあたる．本章ではfuncionarioを中級経営者，経営委員会メンバーを上級経営者とみなしている．

13)　その様子を，社史から社内キャリアのデータが入手できた表4-14の上から3番目，傘下子会社ビンボー（Bimbo, S. A. de C. V.）のCEOパブロ・エリソンド（Pablo Elizondo）の事例で示そう．パブロ・エリソンドは1977年（23歳）に入社した．4年後（27歳）の81年にシナロア州にあるビンボー系列の子会社（Bimbo del Pacífico）の本部長（superintendente）に就任した．5年後の1986年（32歳）にメキシコ市にある食パン製造の子会社（Wonder）のCEOに，続いて90年（36歳）にはソノラ州にあるビンボー系列の子会社（Bimbo Noroeste）のCEOに就任した．さらに92年（38歳）にはラテンアメリカ事業部門（OLA-図4-5参照，以下同じ）のCEOに就任し，以降7年間このポストにあって，ビンボーのラテンアメリカ進出を成功に導いた．その後2001年（47歳）には組織再編プロジェクト責任者，03年（49歳）には販売子会社（Comercial de Bimbo, S. A. de C. V.）CEO，そして04年（50歳）には現ポストへと，重要ポストを歴任している．

195

表 4-14　ビンボーの経営委員会メンバーの略歴[1]（2004年）

| 氏　名 | 現　職 | 年齢 | 最　終　学　歴 | 専門コース受講 | 入社年（入社年齢） | 中級経営職就任年[2] |
|---|---|---|---|---|---|---|
| Daniel Servitje Montull | CEO/Grupo Bimbo, S. A. de C. V. | 45 | 修士/Stanford（米国） | | 1982(23) | 1987(28) |
| Rosalio Rodriguez | CEO Corporativo/Grupo Bimbo, S. A. de C. V. | 51 | 大/IPN | ○ | 1976(23) | 1987(34) |
| Pablo Elizondo | CEO, Bimbo, S. A. de C. V. | 50 | 大/UNAM | | 1977(23) | 1987(33) |
| Gabino Gómez | CEO, Comercial de Bimbo, S. A. de C. V. | 45 | 修士/IPADE | | 1981(22) | 1989(30) |
| Miguel A. Espinoza | CEO, Comercial de Bimbo, S. A. de C. V. | 46 | 大/Tecnológico Regional de Chihuahua | | 1981(23) | 1985(27) |
| Ramón Rivera | CEO, Operaciones de Bimbo, S. A. de C. V. | 49 | 大/UNAM | ○ | 1981(26) | |
| Ricardo Padilla | Director Sevicios de Bimbo, S. A. de C. V. | 50 | 大/Universidad de Guadalajara | ○ | 1981(27) | |
| Reynaldo Reyna | CEO, BBU, Inc. | 48 | 修士/Pennsylvania（米国） | | 2001(45) | 2001(45) |
| Javier A. González | CEO, Barcel, S. A. de C. V. | 48 | 修士/n. a. | | 1977(21) | 1982(26) |
| Alberto Díaz | CEO OLA / Grupo Bimbo, S. A. de C. V. | 49 | 修士/Miami（米国） | | 1999(44) | |
| Guillermo Quiroz | Director 経営・財務担当/Grupo Bimbo, S. A. de C. V. | 51 | 修士/IPADE | | 1998(46) | |
| Javier Millán | Director 人事・対外担当/Grupo Bimbo, S. A. de C. V. | 55 | 大/n. a. | ○ | 1977(28) | 1981(32) |
| Guillermo Sánchez | Director 事業監査担当/Grupo Bimbo, S. A. de C. V. | 50 | 大/Universidad Autónoma de Hidalgo | | 1978(25) | 1978(25) |
| Jorge Zarate | Sub-CEO OLA/Grupo Bimbo, S. A. de C. V. | n. a. | 修士/UCA（アルゼンチン） | | 1987(n. a.) | |

注)　1.　米国事業の3名のCEOを除く。
　　 2.　[Grupo Bimbo 2002 : 97]に funcionario 就任年とある年。工場長またはそれに相当する本部スタッフ職への就任年にあたる。
　　 3.　CEO 職については Daniel Servitje が本社持株会社 CEO、それ以外はいずれも子会社 CEO または本部 CEO である。
出所）　Grupo Bimbo [2004 : 82-83]をもとに筆者作成。

事・対外担当責任者の事例で，81年から一貫して同じ職にあった．
　ビンボーは上級経営者をどのように養成したのであろうか．次に，管理職の養成制度と待遇，その背景にある創業者の思想について述べたい．

## 3. 経営者の養成とインセンティブ制度

### (1) チーム制と管理職の養成

　ビンボーの組織編成の特徴は，チーム制と権限の委譲にある．社史によれば1985年時点で組織編成は次のとおりであった．業務執行組織の最上位に事業計画や事業の問題点，予算，目標などについて審議する経営会議（junta de dirección）が位置し，それは持株会社のCEOと4名の副CEO，11人のスタッフ部門の長，傘下子会社の長から構成された．現在の経営委員会に該当する．CEOが経営会議を率いるが，CEO以外の経営会議に参加する各長の下にはチームが組織され，各長は責任者としてチームを率いた．さらに各チーム参加者の下に彼が率いるチームが組織され，ポストの数に応じてチームが重層的に形成された15)．それぞれのレベルで定期的にチーム会議が開かれ，職場の問題点や改善点が議論された（Grupo Industrial Bimbo［1985：163-164］）．また末端の作業員チームを単位としてQC活動が行われた．このような職場編成は現在においても基本的に変わっていない（*Expansión*［Sep. 29-Oct. 13, 1999：44］）16)．チーム制がうまく機能するために，チームを率いる責任者が有能でなければならない．そのためにビンボーでは責任者となる人材の選抜と養成に特に力が注がれてきた．

---

14) ダニエル・セルビッツェの社内キャリアは次のとおりである．1982年入社(23歳). 1987-89年(28-30歳)ビンボー系列の地方子会社 Bimbo Noroeste の CEO. 1990-92年(31-33歳)本社ビンボー事業部 Organización Bimbo の副CEO. 1992-95年(33-36歳)本社マリネラ事業部(菓子パン・ケーキ部門)の CEO. 1995-97年(36-38歳)執行副社長. 1997-2004年(38-45歳)Grupo Bimbo の CEO.

15) 傘下子会社を例にとると次のとおりとなる．子会社の長(現在の名称はCEOだが当時は gerente general)は各子会社の販売部長(gerente de ventas), 本部長(superintendente), 会計係(contador), 購買課長(jefe de compras), 人事課長(jefe de personal)から成るチームの責任者となりチームを率いた．さらに本部長の下には保全課長(jefe de mantenimiento)と複数の生産監督(supervisor de producción)からなるチーム，生産監督の下には職長(maestro, encargado)から成るチーム，職長の下に作業員(operario)から成るチームが組織された．

16) 出所は2001年7月13日筆者のビンボーにおける聞き取り調査．ちなみに最下位の作業員チームの会議は毎週1回開催されている．

ビンボーの従業員はホワイトカラーとブルーカラーに二分され,経営階層組織はホワイトカラーを上層,ブルーカラーを下層とするピラミッド構造を成している.大卒新規採用者は入社時,ピラミッド半ばのホワイトカラー階層の最下位に配属される[17).最初の半年間は製造部門でパン種の作り方から始まるパン製造技術の基礎について研修を受け,その後様々な職務を経ながら昇進する.

ビンボーの人材養成の特徴は幅広い職務の経験による技能形成にある.その過程において能力を発揮し成果を上げた者が,上級経営者への昇進の階梯を昇ることができる.従業員に技能形成への参加を促し,また有能な人材の流出を阻むためのさまざまなインセンティブ制度が存在する.代表的なものが従業員持株制度である.従業員持株制度は1963年に創業者が管理職と勤続年数の長い従業員に株式を売却したことに始まる.株式購入資格は入社2年以上,勤務態度が良好であることで,退社時に会社に株式を売却することが条件とされている.85年の時点で従業員の12%が株主であった(Grupo Industrial Bimbo[1985:159-162]).

### (2) 上級経営者のためのインセンティブ制度

上級経営者の報酬決定システムは表4-12に示した.ビンボーの報酬制度の特徴は,他のファミリービジネスと同じく制度化が進んでいる点,責任や業務負担など個人の業績が評価の基準となる点に加えて,組織全体の報酬構造の垂直的・水平的な整合性が重視されている点にあった.組織の一体性を保つための配慮と考えられる.報酬に関わる近年の変化は,以前はボーナスを会社の業績,個人の成績,年功の三要素で決定していたものを,年功をはずしたことである.1997年にCEOに就任したダニエル・セルビッツェの方針であった[18).

上級経営者を対象とした優遇策としては,上級経営者(この場合director)

---

17) 人材の選抜に関しては最近の事例として採用候補者に対する奨学金制度がある.大学卒業間際の入社希望者に対し奨学金を支給し,能力を測るために計画段階の事業に参加させ,事業が軌道に乗った場合に正式に採用するというものである.また人材養成のための制度の一つが,これまでに述べてきた経営者に対する大学院での教育機会の提供であった(*Expansión*[Feb. 02-16, 2000:47]).
18) 出所は2003年7月8日,筆者のビンボーにおける聞き取り調査.

1人につき1人の新規採用者の推薦枠が与えられていることがある．株主に対しても持株比率3％につき1人の推薦枠が与えられている[19]．株主と比較しても上級経営者を優遇した制度であるといえる．もう一つの重要な優遇策は，経営学修士号取得に対する支援であり，本人が希望し経営委員会が認めた上級経営者に対し，会社が費用の一定割合を負担して大学院に就学することを認めている．以上のように，さまざまな制度が存在するが，最大のインセンティブは業務執行の最上層まで昇進の道が開かれていることであろう．ただしそれのみでは不十分で，昇進が現実味のあるものとして認識されるためには，十分なポストが存在することが必要である．ビンボーの1980年代以降の成長はめざましく，従業員数は1984年に2万1000人（Grupo Industrial Bimbo[1985：237]）であったのが，90年には3万3000人（Grupo Industrial Bimbo[1995：186]），2000年には6万2000人（Grupo Bimbo[2002：52]）へと急増した．この数字が象徴するビンボーの右肩上がりの成長は，人々を昇進競争に駆り立てるのに十分なインセンティブとなったと考えられる．

(3) 創業者の思想

ビンボーでなぜチーム制，権限委譲，管理職優遇の方針が採られたかについては，創業者の思想というビンボー固有の事情によるところが大きい．創業者で長年に渡り経営を率いてきたロレンソ・セルビッツェは，社会キリスト教主義（Doctrina Social Cristiana）と呼ばれる教義の信奉者であり，この教義をビンボーの企業哲学として採用した．この教義では企業は生産と福祉の共同体であり，従業員株主制度，管理職の技能形成もそのような教義の実践の一環と考えられた．このような意味でビンボーの事例は特殊である．しかし若年採用・内部昇進という点では，他の旧来組のファミリービジネスと同様であり，なぜそのような方針が採られたかについて共通する理由が存在すると考えられる．理由の一つとして，旧来組が成長を遂げた1970年代までの時期においては，未だに経営者の労働市場が未成熟

---

19) 出所は2003年7月8日，筆者のビンボーにおける聞き取り調査．

であったことをあげることができる．外部労働市場において必要な量と質の人材確保が難しかったために，企業は自らの手で経営者を養成したと考えることができる．外部労働市場の拡大が進む 90 年代に入ると，環境の変化に応じ上級経営者の人事も変化した．ビンボーの場合，報酬基準からの年功の脱落，外部登用が行われるようになったことなど，その現れといえよう．

## むすびにかえて

　以下においては，本章のはじめにでも述べた次の二つの論点について，これまでの考察から得られた新たな知見を総括することでむすびにかえたい．第 1 の論点は，メキシコの大規模ファミリービジネスの日常的な業務執行を担う経営者は，どのような特質を持つのか．果たして，厳しさを増す企業間競争のもとで企業を成長に導くに足る経営能力を備えた人々なのかという点である．第 2 の論点は，ファミリービジネスの経営における俸給経営者の役割に注目することで，オーナーファミリーによる経営支配についてどのような特質と限界が明らかになったかという点である．

　有価証券報告書のデータが描くメキシコの 28 の大規模ファミリービジネスの上級経営者のプロフィールは，年齢が若く，高学歴，高収入で，海外留学経験者が多いというものであった．このような特徴が顕著となったのは 1990 年代以降のことである．その背景には経済グローバル化により厳しさを増す企業間競争を生き残るために，ファミリービジネスが国際的事業展開に活路を見出したこと，そのために高度な専門知識を備え海外経験が豊富な人材が必要となったこと等の事情があった．内部昇進，中途採用，外部登用の上級経営陣のキャリア別構成は，ファミリービジネスによって異なり，大きく二つのタイプが見られた．一つが主として若年採用・内部昇進者から構成されるタイプで，70 年代までの輸入代替工業化期に成長を遂げた旧来組の一部のファミリービジネスに見られた．もう一つが内部昇進者のみならず中途採用者，外部登用者が高い比率で経営陣に加わるタイプで，残りの旧来組と 80 年代以降台頭した新興組のファミリービ

ジネスに見られた．そのような違いが生じた理由として，一つに各ファミリービジネスの個別の事情があげられる．ビンボーの事例では，創業者の考え方もあって管理者養成，内部昇進の人事が成長過程において堅固に確立しており，その方針が基本的には90年代以降も維持された．ただし若干名の外部登用者の採用など，従来の制度に修正を加えながら外部環境の変化に適応している．中途採用者・外部登用者の比重の高いファミリービジネスが多い理由としては，経営者の外部労働市場が90年代に急速に拡大したという点がある．その背景には，大掛かりな産業再編により経営者人材の流動化が引き起こされたことがあった．このような外部環境が存在するため，内部に適切な人材を欠いた旧来組，また，そもそも内部人材の層が薄い新興組は外部労働市場に人材を頼ることが可能となった．冒頭で述べた，ファミリービジネスの経営者が高い経営能力を備えているのかという問いかけに対しては，仮に高い経営能力を高学歴と豊富な職歴と読み替えるなら，備えていると答えることが可能であろう．

　次に，俸給経営者の役割に注目することでオーナーファミリーによる経営支配についてどのような特質と限界が明らかになったかという点である．この点にかかわる本章の新しい知見としては次の点をあげることができる．第1に，国際的事業展開を遂げるファミリービジネスの経営は，専門知識と経験をもった俸給経営者への権限委譲を前提としなければ成り立たないという点である．そのことは1990年代以降の経営者の要件の変化，ビンボーにおける権限委譲の実態などから窺い知ることができる．第2に，外部労働市場における優秀な人材の逼迫を前提とすれば，優秀な人材は職場を変えるという選択肢を持つことが可能であるという点である．第3に，報酬については，報酬決定の制度化が進みつつあり，ファミリーの恣意的な介入が行われにくい傾向にある．以上の三つの条件から導き出せる一つの結論は，俸給経営者に対するファミリーの影響力は絶対的なものではないということである．ファミリーの経営支配は磐石とはみなしがたい．一方，本章で明らかになったもう一つの事実は，取締役と上級経営者の間に大きな報酬格差が存在する点であった．取締役に比して上級経営者の報酬額は格段に高く，経営関与の密度の差がそのような格差を説明すると考え

られる．経営関与の密度の差は，経営に関する情報量の差と読み替えることが可能であろう．このような取締役会と上級経営者間の情報格差の存在，ならびに俸給経営者に対するファミリーの影響力が絶対的なものではありえないこと，この二つの条件の存在を考えたとき，ファミリーが業務執行者に加わるということに，極めて重要な意義を見出すことが可能になる．すなわち，オーナー業務執行者の存在は，第1に取締役会と上級経営者間の情報格差を埋める，第2に両者の円滑な意思疎通を可能にする，この二つの点で，ファミリーの経営支配を強化すると同時に，ファミリービジネスの経営の安定に資するという点である．そのように考えると，ファミリーのなかから第1の論点で明らかにしたような特質を備えた人材を調達できるかが，ファミリービジネスの存続，発展の重要な鍵の一つとなるといえよう．

# 〔参考文献〕

〔日本語文献〕

稲上毅・連合総合生活開発研究所[2000]，『現代日本のコーポレート・ガバナンス』東洋経済新報社．

星野妙子[1988]，「メキシコの民族系大企業グループ(I)——1970年代から80年代初頭における急成長過程」(『アジア経済』第29巻第9号)．

——[1990]，「メキシコの経済発展と民族系企業の形成——ビンボー・グループ(製パン業)の事例」(『アジア経済』第31巻第10号)．

——[2001]，「経済グローバル化とメキシコ民間部門の再編」(『アジア経済』第42巻第5号)．

——[2003a]，「メキシコ」(星野妙子編『発展途上国のファミリービジネス——資料集』調査研究報告書　地域研究第2部　2002-III-07，アジア経済研究所)．

——[2003b]，「メキシコ企業の所有構造」(『アジア経済』第44巻第5・6号)．

——[2004a]，「序章：衰退か進化か——岐路に立つ発展途上国のファミリービジネス」(星野妙子編『ファミリービジネスの経営と革新——アジアとラテンアメリカ』研究双書538，アジア経済研究所)．

〔参考文献〕

――[2004b],「メキシコのファミリービジネス――人材制約と継承をめぐる模索」(星野妙子編『ファミリービジネスの経営と革新――アジアとラテンアメリカ』研究双書 538, アジア経済研究所).

森川英正[1996],『トップ・マネジメントの経営史――経営者企業と家族企業』有斐閣.

〔外国語文献〕

Andrews, George Reid [1976], "Toward a Re-evaluation of the Latin American Family Firm : The Industry Executives of Monterrey," *Inter-American Economic Affairs 30(winter)*, pp. 23-40.

Babatz Torres, Guillermo [1997], "Ownership Structure, Capital Structure, and Investment in Emerging Market : The Case of Mexico," Ph. Diss. Harvard University.

Berle, Adolf and Gardiner Means [1932], *The Modern Corporation and Private Property*, New York : Macmillan (北島忠夫訳『近代株式会社と私有財産』文雅堂書店, 1958 年).

Cerutti, Mario [2000], *Propietarios, empresarios y empresa en el norte de México*, Mexico : Siglo XXI.

Chandler Jr., Alfred D. [1990], *Scale and Scope : The Dynamics of Industrial Capitalism*, Cambridge, Massachusetts and London : Harvard University Press. (安部悦生, 川辺信雄, 工藤章, 西牟田祐二, 日高千景, 山口一臣訳『スケール・アンド・スコープ――経営力発展の国際比較』有斐閣 1993 年).

Derossi, Flavia [1977], *El empresario mexicano*, Mexico : Universidad Nacional Autónoma de México. (原著は *The Mexican Entrepreneur*, OECD, 1971)

DESC [1998], *DESC 25 años de historia*, Mexico : DESC.

Garrido, Celso [1998], "Liderazgo de las grandes empresas industriales mexicanas" in *Grandes empresas y grupos industriales latinoamericanos*, cord. by Wilson Peres, Mexico : Siglo XXI & CEPAL.

――[1999], "El caso mexicano" in *Las multinacionales latinoamericanas : sus estrategias en un mundo globalizado* by Daniel Chudnovsky, Bernardo Kosacoff and others, Buenos Aires : Fondo de Cultura Económica de Argentina.

Grupo Industrial Bimbo [1985], *Bimbo historia de una empresa mexicana*, Mexico : Grupo Industrial Bimbo.

第4章 メキシコにおけるファミリービジネスの経営者

——[1995], Bimbo un esfuerzo a través de los años, Mexico : Grupo Industrial Bimbo.

Grupo Bimbo[2002], *Informe anual que se presenta de acuerdo con la Circular 11-33 de la Comisión Nacional Bancaria y de Valores para el ejercicio terminado el 31 de diciembre de 2001*, Mexico : Grupo Bimbo.

——[2004], *Informe anual que se presenta de acuerdo con las disposiciones de carácter general aplicables a las emisoras de valores y a otros participantes del mercado para el ejercicio terminado el 31 de diciembre de 2003*, Mexico : Grupo Bimbo.

La Porta, Rafael, Florencio Lopez-de-Silanes and Andrei Shleifer[1999], "Corporate Ownership around the World." *Journal of Finance* Vol. LIV, No.2 (April) : 471-517.

Mendirichaga, Rodrigo[1982], *El Tecnológico de Monterrey, sucesos anécdotas personajes*, Monterrey : Ediciones Castillo.

Mercamétrica Ediciones [1999], *Industridata empresaas AAA 1999*, Mexico : Mercamétrica Ediciones.

——[2001], *Industridata empresas AAA 2001*, Mexico : Mercamétrica Ediciones.

Penrose, Judith[1959], *The Theory of the Growth of the Firm*, New York : Oxford University Press.

Pozas, Maria de los Angles[1993], *Industrial Restructuring in Mexico, Corporate Adaptation, Technological Innovation and Changing Patterns of Industrial Relations in Monterrey.*, San Diego : Center for U.S.-Mexican Studies, UCSD.

——[2002], *Estrategia international de la gran empresa mexicana en la década de los noventa*, Mexico : El Colegio de Mexico.

## 第5章

## ベネズエラの企業経営
──経営組織と経営者──

坂 口 安 紀

## は じ め に

　本章の目的は以下の4つである．第一に，ベネズエラ企業の経営組織の実態，とくに誰(どの組織)が経営執行を担っているのかを明らかにすることである．第二に，ベネズエラでは創業者家族が経営を支配するファミリービジネスがどれほどの割合で存在するのか，他方創業者家族以外の経営者が経営を担う企業がどれほど存在するのかを明らかにすることである．第三に，ファミリービジネスと非ファミリー企業の間でトップ経営人材の質に違いが認められるかを検証することである．ファミリービジネスでは家族の意向を反映した結果，最適な人事が行われない可能性が指摘される．本章ではベネズエラ企業のトップ経営者について，ファミリービジネスと非ファミリー企業で違いが見られるかという点について考察する．経営者の質そのものには多様かつ実測不可能な要素が多く含まれており総合的に判断するのは困難である．そのため本章では経営者の質の代理変数として学歴と職歴を比較する．最後に，それらのデータからベネズエラでは企業経営者としてどのような資質が求められているのかを考察する．

　ベネズエラの企業研究は，近隣ラテンアメリカ諸国と比較しても少なく，Naím[1988]，Francés[1992]，Gonzalez[2002]など，IESA(Instituto de Estudios Superiores de Adminsitración，高等経営研究所)の教授らによる一連の研究に限られる．Francés[1992]は，チャンドラーモデルをもとにベネズエラ企業の組織構造を分析している．しかし企業組織の中で実際にどこが経営権(とくに執行)を行使しているのかは議論されていない．企業金融と企業統治論専門のゴンザレスは，CEO(執行社長)[1]および取締役の交替を企業業績との関係から分析している．その中でゴンザレスは，ベネズエラ

では企業の業績が悪化したときにCEOではなく取締役が交替していることに注目し，ベネズエラでは取締役はCEOにとってアドバイザー的役割を担っているため，業績が悪化した時にはCEOがよりよいアドバイザーを求めて取締役を交替するのではないか，との仮説を提示している．換言すればゴンザレスの議論では，商法上は取締役会から任命され経営を委任されると位置づけられているCEOが，実際には逆に取締役の任免権を握っているということになる．また研究論文ではないが，ベネズエラの経営雑誌ヘレンテ(*Gerente*, septiembre, 1998)は，ファミリービジネス30社を対象にしたインタビュー調査をもとにファミリービジネスの特集を組み，その中でファミリービジネスの経営陣，世代交替，資金調達などについて興味深いエピソードを紹介している．

　ベネズエラで企業研究が進まない最大の理由は，企業経営に関する資料の多くが公開されない，また公開されても詳細情報に欠けることである．そのため今回はIESAの協力を得て，ベネズエラ企業の経営組織および経営者に関する調査を実施した．本章はその調査結果をもとに，ベネズエラ企業の経営の実態および経営者の質について分析を試みるものである．

　調査は，IESAのゴンザレス(Maximiliano González)教授を現地側リーダーとし，二人の調査アシスタントが調査票をもって企業の人事担当者にインタビューを行い記入する方式で2004年8月から11月にかけて実施し，90社から回答があった．できるだけ大手企業を中心とした結果を集めるため，Dinero誌発表の2001年売上高ランキング(調査時点で最新データ)をもとに対象企業リストを作成し，上位からコンタクトを取ったが，現地側の事情でリスト外の中小企業も対象となった．回答企業90社のうち，Dinero誌のランキング(178位まで)に入っているのは38社である．ただしこのランキングには外資や国有企業も含まれるため，民族系民間企業にしぼった場合回答企業のランクは大きく繰り上がる．そのため上記の数字が示す以上に回答企業の中にしめる「民族系民間企業大手」の割合は高いと考

---

1) ベネズエラでは経営執行の責任者が取締役会長(Presidente Directivo)である場合と，取締役会の委任を受けた執行社長(Presidente Ejecutivo)である場合がある(詳細は後述)．Gonzalez[2002]ではCEOという言葉を使っており，上記の後者だけなのか，それとも前者も含むのかが説明されておらず不明なため，ここではCEOの言葉を使う．

えられる．

　回答企業90社のプロフィールは次のとおりである．大企業(従業員1000人以上)は26社，中企業(100人以上999人以下)は46社，小企業(99人以下)は18社である．株式を上場しているのは90社中18社で，残り72社は非上場企業である．設立年は，1910年以前の古い企業が11社，1920年代から50年代が33社，1960年代から70年代が25社，1980年代以降が17社となっており(不明・無回答4社)，比較的歴史の長い企業の回答が得られた．回答企業の産業の内訳は，「伝統的製造業(食品，飲料，繊維，建築資材など)」が21社，「その他製造業(機械，化学，製薬など)」が14社，「金融業」が16社，「商業」が13社，「サービス業」が26社である．

　今回の調査では経営において外国本社の影響を強く受けると考えられる外資企業を除外して調査する予定であった．しかし所有情報の入手が困難なため結果的に「支配株主が外国人である」企業が90社中13社入っている(不明・無回答2社)．本章では基本的にはそれら13社も含めて分析するが，企業の所有面に直接関係するファミリー支配を扱う第3節では，支配株主がベネズエラ人である75社にしぼって分析する．

## 第1節　概念の整理

### 1.「経営者」の定義

　議論に入る前に，いくつか概念の整理をしておきたい．まず本章の分析対象である「経営者」の定義である．経営者の主な責務には，(1)経営戦略や人事などの重要事項の決定，(2)業務執行，(3)経営監督，の三つがあり，「経営者」という場合，これらすべてに関わる人々を含む場合と，狭義の(2)に限定する場合がある．本章は企業経営の質をその担い手から議論することを目的としており，とくに(2)の業務の執行者に焦点をあてて分析を行う．したがって執行社長や執行役員会が設置されているなど制度上執行組織が分かれている場合は，それを中心的分析対象とする．

　ただし上記三つの責務を同一人物や組織が担うケースもあるし，分業されているケースでも意思決定と執行の間を明確に分けることが困難な場合

①ベネズエラ

Junta)Ejecutivo(執行役員会)を設置する企業が多い．その場合，取締役会と執行役員会の双方に Presidente が置かれ，それぞれ Presidente Directivo(取締役会長)，Presidente Ejecutivo(執行社長)と呼ばれ，それぞれ米国企業の Chairman と CEO に相当する．

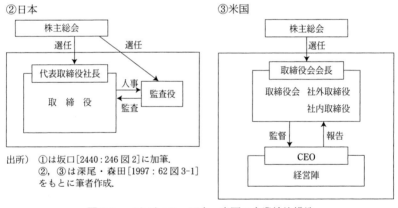

出所）　①は坂口［2440：246 図2］に加筆．
　　　②，③は深尾・森田［1997：62 図3-1］
　　　をもとに筆者作成．

図 5-1　ベネズエラ・日本・米国の企業統治構造

もある．そのため取締役会長が執行にも携わっているか否かという点にも注意を払いながら分析を進めたい．

　また経営者といっても経営階層の中でさまざまなレベルがある．本章ではあくまでもトップマネジメントを担うもの(上級経営者)に限定して議論を進める(以下「経営者」と言う)．

　企業統治のかたちは国により異なり，上記三つの責務のそれぞれをどの

組織が担っているのかはさまざまである．図5-1は日本，米国の企業統治と比較してベネズエラの企業統治構造を示している．米国では取締役会が「意思決定」と「経営監督」を，そしてCEOをはじめとする執行役員が「執行」を行うかたちをとっており，執行者が意思決定者・監督者から分離されている．一方日本では取締役会が「意思決定」と「監督」を行い，取締役の中から選任される代表取締役が「執行」する（三輪[1998：89]，宍戸[1993：214]）．換言すれば執行者と決定者・監督者が人格的に重なっている．米国，日本の企業統治のかたちをそれぞれ「米国式，分離型」「日本式，非分離型」と呼ぶとすると，ベネズエラの企業統治は，商法上は日本式の非分離型だが，商法が執行の第三者への委任を認めているため，実際には米国のように取締役会の下に執行役員会を設置している企業も多い．本章の目的の一つは，このようなベネズエラ企業の企業統治の実態を明らかにすることである．

## 2.「ファミリービジネス」の定義

本書の先行論集である星野編[2004：3]にならい，本章ではファミリービジネスを「創業者一族に連なる親族の所有・経営支配のもとにある企業群」として定義する．とは言え，家族による経営の支配といってもその実態は一様ではない．森川[1996：4-5]は，まず創業者企業と区別するために世代を超えた家族支配の継承を前提とした上で，企業を以下のように類型化し，(1)から(3)までを家族企業，(4)を経営者企業，と分類している．

(1) 家族がトップ経営者である．
(2) 家族が専門経営者と協力してトップマネジメントを担当している．
(3) トップマネジメントは専門経営者に委任しているが，トップマネジメントの任免権だけは実質的な意味で家族の手中にある．
(4) トップマネジメントの権限も，トップ経営者の実質的任免権も専門経営者の手に移行している．家族は専門経営者が人選したトップマネジメントにアグレマンを与える象徴的君主でしかない．

森川の類型化は，業務執行よりも経営者に対する任免権を軸に据えたものになっている．森川自身，(3)が「どちらに属するか不分明なところが

ある」(森川[1996：5])と述べているとおり,(3)の場合,いったん経営者を任命した後に創業者家族が経営,とくに業務執行においてどれほどの権限をもつかは明らかでない.本章では経営者の任免権よりも実際の企業経営を誰が担っているかを分析対象とするため,上記の(1),(2)に焦点をあててファミリービジネスの議論を進める.

## 3.「ファミリー経営者」,「俸給経営者」

バーリー/ミーンズ[1958]やチャンドラー[1979]は,米国の大企業の事例研究より,企業の成長や多角化にともない資本の分散や経営組織の階層化が進み,その結果所有と経営が分離し,創業者家族ではない経営者が経営を担うことになると議論した.森川[1996]も,日本の財閥において経営が所有家族から専門経営者へと移っていったと指摘している.いずれも企業の所有と経営の分離を議論しているが,それをもたらす要因がそれぞれ異なるため,所有と経営が分離したあとに生まれる経営者概念の整理が必要になる(詳しくは第3章第1節参照).

経営者を類型化するにあたり,所有を軸にすれば,ファミリー(オーナー)経営者に対応するのは,企業の所有者ではなく雇われて経営にあたる「俸給経営者」(salaried manager)になる.俸給経営者はさらに,会社組織の下部から昇進して就任する場合(内部昇進者)と,経営手腕を買われて外部から登用される場合(外部登用者)に分けられる.日本企業では圧倒的に前者が多く,米国では後者が多いと言われる.また内部昇進を経て経営者になる場合,専門的経営知識(企業特殊知識も含めて)が買われて就任する場合もあるが,必ずしもそうとは限らない.会社や創業者(創業者家族)に対する長年の忠誠心から登用されて経営者に就く場合もある.

もう一方の概念は,類型化の軸を所有ではなく経営に関する知識や経験が豊富な経営の専門家であるか否かという点におく,「専門経営者(professional manager)」というものである.しかし日本の議論では所有要素によって規定される"salaried manager"を「専門経営者」と呼ぶことが多く,混乱を招きやすい.例えば,ファミリー経営者でも高度の教育や訓練を受けたり豊かな経営経験を積めば,professional managerと成りうるし,

逆に上述のように salaried manager であっても，専門性ではなく創業者や会社への忠誠心から登用されている場合は professional manager とは言い難い．本章では経営の執行権が創業者家族にあるか否か，すなわち所有要素に注目していることを明示的に表すために，所有家族外出身の経営者を「俸給経営者」または「非ファミリー経営者」と呼ぶ．

また俸給経営者が経営を担う企業をチャンドラーは「経営者企業」(Managerial Firm)と呼ぶ．チャンドラーのこの概念は単に「経営者が所有者家族ではない」というだけではなく，その背景に企業の成長や多角化に伴う経営組織の階層化や官僚化というプロセスが重視されている．本章においては経営者が所有機能をもつか否かという点においてのみ企業のファミリー支配を規定しており，チャンドラーが指摘するような経営組織の発展については議論しない．そのため本章では俸給経営者が経営を担う企業を「非ファミリー企業」と呼ぶことにする．

## 第2節　ベネズエラ企業の経営組織

### 1. 経営執行の実態

ベネズエラの商法上，企業統治構造は株主総会，経営者，監査役の3者からなる(図5-1)．また商法は，経営者(取締役)は代表権も含めて日常の業務執行を第三者に委任してもよいと規定している．そのため実際には，取締役(会)が自ら経営執行を行うケース，取締役会の下に執行役員会(Comité Ejecutivo あるいは Junta Ejecutiva)を設置し，取締役会は経営戦略や人事などの重要事項の決定と経営監督を行い，執行は執行役員会に委任するケースがある．前節および図5-1で紹介した日米の企業統治構造をみると，前者が日本式の業務執行の非分離型，後者が米国式の分離型といえる．

今回の企業調査の目的の一つは，上記のそれぞれの形態がどのような割合で存在するのかを明らかにすることにあった．執行役員会については回答企業90社中76社(84%)が設置している(表5-1)．企業規模が大きくなるにつれ設置比率が高くなり，大企業では9割以上が執行役員会を設置している．執行役員会を設置していない企業は，日本同様の経営執行非分離型

表 5-1　執行役員会の設置状況　(社)

|  | 設置 | (%) | 設置せず | 合計 |
|---|---|---|---|---|
| 大企業 | 24 | 92 | 2 | 26 |
| 中企業 | 40 | 87 | 6 | 46 |
| 小企業 | 12 | 67 | 6 | 18 |
| 合　計 | 76 | 84 | 14 | 90 |

出所)　筆者作成.

で，取締役会が執行も行っていると考えられる．執行役員会を設置している企業は基本的には執行役員会が執行を，取締役会が重要事項の決定と経営監督を行っていると考えられる(執行分離型)．ただし後述するように，執行分離型企業でも取締役会が週 1 回以上と頻繁に開催されている企業が 12 社ある．この場合は取締役会が意思決定と監督に特化しているというよりはむしろ，執行の一端を担っていると考える方が自然であろう．これらを鑑み，回答企業 90 社を以下の 3 つに分類した．

(1) 執行役員会が存在せず，取締役会が戦略や人事などの重要事項の決定，執行，および監督を行う企業(日本式，執行非分離型)14 社

(2) 執行役員会が経営執行を担い，取締役会は重要事項の決定と経営監督を行う企業(米国式，執行分離型)64 社(執行役員会設置企業 76 社から以下(3)の 12 社を差引いた数)

(3) 基本的には執行分離型だが，取締役会が週 1 回以上と頻繁に開催されており，取締役会も経営執行の一端を担っていると考えられる企業(混合型)12 社

米国式の経営執行分離型が大勢(71%)であるが，日本式の非分離型(16%)，それらの混合型(13%)も少数ながら存在すると考えられる．

## 2. 取締役会・執行役員会の開催頻度

ベネズエラの商法および公開会社を規定する資本市場法では，取締役会の開催頻度に関する規定はない．今回の調査では取締役会の開催頻度が月 1 回の企業が 90 社中 41 社ともっとも多かった(表 5-2)．週 1 回以上開催している企業も 14 社あり，併せて 55 社(61%)が月 1 回以上取締役会を開催している．これらの企業は執行役員会設置の有無にかかわらず取締役会

表5-2　取締役会・執行役員会の開催状況

| ① 取締役会 | | ② 執行役員会 | |
|---|---|---|---|
| 週2回以上 | 4 | 週2回以上 | 3 |
| 週1回 | 10 | 週1回 | 39 |
| 月1回 | 41 | 2週に1回 | 10 |
| 3ヶ月に1回 | 17 | 月1回 | 17 |
| 半年に1回 | 6 | 3ヶ月に1回 | 5 |
| 年1回 | 9 | 半年に1回 | 0 |
| その他・無回答 | 3 | 年1回 | 0 |
| 合計 | 90 | その他・無回答 | 16 |
| | | 合計 | 90 |

出所）　筆者作成．

が経営執行にも関わっていると推測される．その一方で取締役会が年に1回しか開催されない企業が9社(10%)存在する．この場合取締役会は経営者の人事以外の重要な経営事項の実質的決定権限をもっているとは想定しがたく，実際には経営執行役員会や執行社長(CEO)が行う決定に対する単なる承認機関，あるいは株主の利益代表機関として位置づけられるのではないかと考えられる．一方執行役員会設置企業76社の過半数(42社)が執行役員会を週1回以上開催している．最も多い組み合わせは，取締役会が月1回，執行役員会が週1回である．これらの会議の開催頻度については，企業規模別にも集計してみたが違いは見られなかった．

　これを日本の場合と比較してみよう．日本では商法が3ヶ月に1回以上取締役会を開催することを義務づけている．1992年に実施された上場企業対象の調査(回答企業576社)では，実際には月1回以上開催しているところが65.1%と最も多かった．一方常務会は週1回以上開催している企業が32.3%ともっとも多い(深尾・森田[1997：76，表3-10])．日本の常務会とベネズエラの執行役員会それぞれの活動内容や権限は明らかではないが，月1回開催される取締役会の決定と監督のもと，双方とも週1回ペースで開催されていることから，ベネズエラの執行役員会と日本の常務会は業務執行の中核として似た位置づけにあると推測される．

### 3. 会長と執行社長(CEO)の兼任

　会長と執行社長の兼任については，回答企業89社中兼任が47社，分離

が 42 社と，ほぼ半分ずつであった．また執行社長と会長が別人の場合(42社)でも，その約 3 割(13 社)において会長と執行社長が家族関係にあることがわかった．家族関係にある 13 社のうち 7 社は「父と息子」で，残り 6 社には兄弟，高齢の女性とその娘婿というケースもみられた．

米国では約 8 割の企業において会長が CEO を兼任している(深尾・森田[1997 : 83]，日本経済新聞[2004 年 3 月 29 日])．これについては CEO 兼会長が強大な権力を持ちすぎている，会長あるいは取締役会による経営のモニタリングが無実化するなどの批判が強く，CEO 会長分離の議論が出ている．実際同様の企業統治構造をもつイギリスでは CEO と会長の分離が進んでいる(日経新聞[2004 年 3 月 29 日])．

ベネズエラの場合，執行社長(CEO)と会長の兼任比率は約半分と，米国ほど高くない．しかし別人物の場合でも上述のように家族関係にあるケースが 13 社あり，併せると約 7 割(60 社)になる．これらの企業では，執行社長と会長のポストを兼任あるいは家族で就任することで二者の利害が強く一致していると考えられるため，英米で指摘される権力集中やモニタリングの無実化の問題がベネズエラ企業においても存在すると考えられよう．

### 4. 代理取締役制度

ベネズエラ企業では，取締役に代理(director suplente)を設けることが一般的となっている．一般的には代理取締役は正規取締役(director principal)が取締役会に欠席している時に限り投票権をもつと言われる．ただし代理取締役については会社法上の規定がないため，実際にはどのような権限をもつのか，また正規取締役と代理取締役の対応関係などが明らかになっていない．企業の取締役リストを見ると，正規取締役と代理取締役の数が同数で一対一対応で記されている企業，両者の数が異なり一対一対応ではないと思われる企業などさまざまである．

今回の調査では 90 社中 50 社が代理取締役制度を設置していた．また設置企業 50 社のうち，正規取締役 1 人 1 人に個別に代理取締役が任命されている企業が 37 社ある一方，残り 13 社では対応が 1 対 1 ではなく，正規取締役が欠席の場合代理取締役のいずれかが取締役会に代理出席し決定権

をもつことになっている．

　代理取締役制度はベネズエラのみならずラテンアメリカ諸国では広く見られる．しかし取締役会における代理は経営責任を曖昧化させる懸念があり，メキシコでは廃止の議論が出ており，日本では商法上取締役会での決議を他人に代理させることはできない．ベネズエラではそのような議論はなく，代理取締役制度は過半の企業で設置されている上対応が1対1対応でないケースも多く，経営責任の曖昧性はさらに深刻であると考えられる．

　それでは代理取締役制度はどのような役割を担っているのだろうか．筆者は代理取締役が設置されているのは，株主(所有家族)の決定権の確保のためであろうと考える．ベネズエラの商法では「経営者が複数の場合は，定款がとくに定めない限り，過半数の経営者が出席し，出席者の過半数が賛成したときに，その決定が有効となる」(商法260条第3項)と定めている．そのため，ある株主(家族)を代表する取締役が何らかの事情で取締役会に出席できない時にも，経営に対する家族の決定権を確保しておくためには代理を設定しておかなければならない．正規取締役では女性は稀であるのに対して，代理取締役には所有家族の姓をもつ女性の名前が散見されるのは，経営者というよりもその経営権の家族枠として取り扱われていると考えられる．換言すれば，この見方では取締役は経営者というよりも株主利害の代表者という位置づけになる．

　また代理取締役制度には，株主(所有家族)の決定権を確保しながら，家族内での若手経営者育成の機会としても利用できるというメリットが考えられる．というのもファミリービジネスの取締役会リストをみると，次世代メンバーと推測される家族が代理取締役についているケースが見られるからである．

## 5. ベネズエラの経営執行の実態と問題点
　　──米国企業・日本企業との比較考察から──

　ベネズエラでは企業統治に関する情報がなく，議論もないため，本章では米国や日本の企業統治に対する議論を参考にベネズエラのケースについて考察を進めたい[2]．

米国の企業統治に関してはメースがフィールド調査の結果1971年に以下のように指摘している．「取締役はCEOに対して事業上の知恵や助言を与えるという役割は果たしているが，会社の業務執行に関する決定はもっぱらCEOをはじめとする役員によって行われており，取締役会が業務執行について決定しているわけではない」[3]．その後各種委員会設置などの改革によって取締役会の役割が増大したとはいえ，依然としてCEOの影響力は大きい．また経営の執行者と監督者が分かれているとはいえ，現実には大半の企業においてCEOと会長が兼任であること，取締役の選任にあたってはCEOの意向が強く反映されるのが実態であること，監督すべき取締役の多くが他の企業のCEOであり多忙であるため，当該企業に専従しているCEOに対して情報や経験面で劣位にあることなどから，有効なモニタリングが行われないとの批判がある（深尾・森田［1997：81］）．

これらの批判や指摘はベネズエラの企業についてもおおよそあてはまると考えられる．ベネズエラでも取締役が他グループ企業の執行社長（CEO）や会長から招かれることが多く，重要事項に関する決定や経営監督に際し当該企業の執行社長より情報や経験で劣位にあることは否めず，米国と同様の状況が考えられる．ただしベネズエラの場合前述のように，執行役員会を設置せず取締役会が意思決定，業務執行，経営監督すべてを行うケースや執行役員会を設置しながら取締役会も執行に携わる混合型が併せて3割近く存在する．これらの企業では，取締役会が自ら執行にも関わることで経営情報を直接的に入手できるため，情報格差は存在しないと考えられる．

次に日本企業の統治構造とも比較してみたい．日本では上述のように，商法上取締役会およびそのメンバーである代表取締役が意思決定，執行，監督のすべてを行うことになっているが，実際には8割以上の企業が常務会を設置している[4]．日本の場合は基本的に常務会の構成員は取締役であるため（深尾・森田［1997：72］）常務会と取締役会のメンバーが人格的に重な

---

2) 以下，日米の企業に関する記述は深尾・森田［1997］第3章「「経営陣」の内部構造とその実態」，加えて日本企業については，三輪［1998］，近藤［2003］に依拠している．
3) 深尾・森田［1997：81］に引用（原典はMace, Myles L.[1971]*Directors : Myth and Reality*, Boston : Harvard Business School Press.）．
4) 1992年の調査では82.8%（深尾・森田［1997：62］）．

る．このような構造は企業統治，とくに経営監督の面でプラスとマイナス双方の影響を与える．プラスの面は，監督者が執行にも携わることで直接的に経営情報を得ることができるため，米国のようなCEOと取締役の間の情報格差が生まれない，という点である．しかし一方で，執行者と監督者が人格的に重なることから「自らが自らを監督する」，あるいは取締役内でも下位にある平取締役が上位者である代表取締役を監督するという構造になっており，十分なモニタリングができないとの批判が多い（深尾・森田[1997:69]，近藤[2003:139]，三輪[1998:94]）．

　ベネズエラの場合，執行役員会を設置している企業(84%)において，基本的に取締役会と執行役員会のメンバーは，執行社長(CEO)を除いて重複しない．日本の企業統治の議論と比較すると，ベネズエラ企業については以下のような状況が考えられよう．第一に，ベネズエラの取締役は自らが経営執行に携わっていないため，経営に関する重要事項の決定に際し，執行社長による報告に依存せざるを得ない．そのため日本の取締役と比較して，十分かつ客観的な情報を入手しにくい可能性がある．その一方で，取締役が経営執行者と分離しているため，日本の取締役会より客観的なモニタリングが期待できる．

　先に，ベネズエラの取締役会・執行役員会と日本の取締役会・常務会の開催頻度から，それぞれが類似した関係にある，あるいは役割を果たしているのではないかと述べた．日本の常務会については，上場(店頭も含む)企業へのアンケート調査(1992年)から，取締役会における成案化率が92%と高いこと，開催頻度がさほど多くないことから，取締役会が形骸化しているとの指摘がある（深尾・森田[1997:77]）．1999年に行われたアンケート調査では，8割以上の企業が「経営戦略など重要な意思決定は，実質的には経営会議や常務会などで行われており，取締役会はそれをオーソライズしたり確認する場になっている」と答えている[5]．

　ベネズエラ企業について同様の調査はないが，両会議の開催頻度，ベネ

---

5) 稲上[2000:40, 43]．アンケート調査は東証一部上場企業1307社の常務以上の役付き取締役約8000名を対象にして1999年1-2月に実施され，うち1211名(推定731社)から回答を得たもの．深尾・森田[1997:79]，三輪[1998:107,110]も同様の指摘をしている．

ズエラの取締役は日本の取締役よりも執行から切り離されており経営判断のために情報がより少ないと考えられることから，ベネズエラにおいても取締役会が日本企業同様（あるいはそれ以上に）形骸化している可能性が推測される．また執行社長および執行役員会が日本の常務会同様，意思決定も含めて経営においてかなり中枢的役割を担っているのではないかという仮説も浮かんでくる．

## 第3節 ベネズエラ企業のファミリー支配

本章の先行論文である坂口[2004]では，ベネズエラの大手企業の多くが所有と経営を創業者家族が支配するファミリービジネスであると述べた．ベネズエラでは所有に関する企業情報はほとんど公開されないこと，経営者については取締役や会長については公表されるが，執行社長（CEO）や執行役員会メンバーについてはほとんど情報がないことから，坂口[2004]では取締役会長を世代交代を経て創業者家族が歴任していること，取締役会に同一ファミリーのメンバーが複数，とくに会長を含め重要ポストについていることなどから，ファミリービジネスであると推測せざるを得なかった．そのため今回の調査では，実際にベネズエラ企業のどれほどの割合がファミリービジネスであるのかをつきとめることを第二の目的に掲げた．

ただし前節で議論したように，ベネズエラ企業では，執行役員会が経営の中核として，重要事項の決定も含めて経営を支配しているケースや，執行役員会を置かずに取締役会が執行も含めて経営全般を行っているケース，執行役員会と取締役会が経営を分担しているケースなどさまざまである．そのため，本節では，経営に関わる様々な人々や組織，および企業規模や企業の新旧，産業部門など，多面的にベネズエラ企業のファミリー支配について分析を試みる．なお本節では，支配株主が外国人である企業を除き，支配株主がベネズエラ人である 75 社について分析する．

### 1. 会長と執行社長（CEO）

表 5-3 は会長と執行社長それぞれが創業者家族であるか否かで，ファミ

表 5-3 会長と執行社長(CEO)の出自

|  | (社) | (％) |
|---|---|---|
| 会長・CEO ともにファミリー | 43 | 57 |
| 会長はファミリー，CEO は非ファミリー | 12 | 16 |
| 会長は非ファミリー，CEO はファミリー | 4 | 5 |
| CEO・会長ともに非ファミリー | 12 | 16 |
| 不明・無回答 | 4 | 5 |
| 合　　計 | 75 | 100 |

出所）　筆者作成．

リービジネスの割合をはかろうと試みたものである．会長・執行社長ともに創業者家族が握っているケースが 71 社中 43 社(57％)であった．これには会長・執行社長が兼任でその人物が創業者家族である場合(32 社)と，別人であるが双方が創業者家族である場合(11 社)が含まれる．いずれの場合も創業者家族が強固な経営支配を敷いていると言えよう．

次に会長と執行社長のいずれかが創業者家族で，もう片方がそうでない，「分担ファミリービジネス」が 16 社(21％)ある．その大半はファミリー会長の決定と監督のもと非ファミリー CEO が執行を行うパターン(12 社)であり，逆に会長が非ファミリーで執行社長がファミリーであるのは 4 社のみであった．

上記を併せると，会長と執行社長の双方，あるいはいずれかに創業者家族が就任し，経営に携わっていると考えられるのは合計 59 社(79％)であった．一方，会長，執行社長のいずれにも創業者家族がいない企業は 12 社(16％)である．

## 2. 取締役と執行役員

次に取締役と執行役員にどれほど創業者家族が就いているのかを見てみよう．表 5-4 は回答企業すべての取締役，全執行役員のうち「創業者家族」，会社組織の下部から昇進してきた「内部昇進者」，当該企業での経験はなく外部から直接経営者ポストに登用された「外部登用者」の内訳を示している．興味深いことに，取締役でもっとも多いのは外部登用者(43.8％)であり，それに創業者家族(39.8％)が続く．内部昇進者は 16.3％ と

表 5-4　取締役・執行役員の出自別分類

|  | 取締役 | | 執行役員 | |
|---|---|---|---|---|
|  | (人) | (%) | (人) | (%) |
| 創業者家族 | 249 | 39.8 | 85 | 20.8 |
| 内部昇進者 | 102 | 16.3 | 213 | 52.1 |
| 外部登用者 | 274 | 43.8 | 111 | 27.1 |
| 合　計 | 625 | 100.0 | 409 | 100.0 |

注)　75社(支配株主がベネズエラ人である回答企業)の
　　総取締役数，総執行役員数を出自で分類した．
出所)　筆者作成．

　少ない．取締役のうち内部昇進者が85.6%と圧倒的多数である日本企業(藤村[2000：141-142])とは対照的である．
　一方執行役員レベルになると，過半(52.1%)が内部登用者となり，外部登用者(27.1%)，創業者家族(20.8%)の割合は低下する．これらから，ベネズエラ企業では創業者一族は取締役レベルで経営を支配する一方，執行はかなりの部分を家族外，とくに内部昇進者にまかせている実態が明らかになった．ただし執行役員レベルでは創業者家族が2割を切っているとはいえ，執行社長や副社長などの重要ポストを押さえていることが多いため，執行レベルでのファミリー支配は，これらの数字が示すより実際にはより強いと考えられる．
　上の分析は回答企業75社の経営者総数の内訳によるものであるため，家族が経営ポストを独占している企業，反対にすべての経営ポストを非ファミリー経営者が担っている企業など，各企業における家族支配の濃さによる分布がわかりにくい．そのため次に，個々の企業の経営陣にしめる創業者家族の割合の高さで企業の分布を見てみたい(表5-5)．
　取締役会においては，16社(23%)の企業で取締役全員が創業者家族であった．また取締役の過半数を家族が占め，創業者一族による安定的支配を維持している企業が34社(48%)あった．一方執行役員会レベルでは，役員の過半数が創業者家族であるのはわずか6社(10%)で，家族が1人もいない場合22社(38%)を含め，家族が執行役員の5割未満の企業が52社(90%)と大半を占める．これらから，ファミリー支配は取締役会において

表 5-5　経営者に占めるファミリー・内部昇進者の割合別企業数
(社)

|  | 取　締　役 | | 執 行 役 員 | |
|---|---|---|---|---|
|  | ファミリー | 内部昇進者 | ファミリー | 内部昇進者 |
| 100% | 16 | 1 | 3 | 9 |
| 70〜99% | 6 | 4 | 0 | 13 |
| 50〜69% | 12 | 2 | 3 | 11 |
| 20〜49% | 15 | 20 | 23 | 11 |
| 1〜19% | 8 | 7 | 7 | 1 |
| 0% | 14 | 37 | 22 | 13 |
| 合　　計 | 71 | 71 | 58 | 58 |

注)　支配株主がベネズエラ人である75社中データが揃わない4社を除く71社．執行役員はそのうち執行役員設置企業について集計．
出所)　筆者作成．

より強く，執行レベルではファミリー外の人材登用がかなり進んでいる実態が明らかになった．

　同様に内部昇進者について見ると，64社(90%)の企業において取締役会における内部昇進者の割合が5割未満となっている．取締役会に内部昇進者が1人もいないケースが37社と半数を超えており，内部昇進者にとって取締役への昇進が限られていることがわかる．一方執行役員会では，全員が内部昇進者の企業が9社(16%)あるほか，役員の過半数が内部昇進者である企業が33社(57%)となっている．執行社長などの重要ポストは創業者家族が握っている場合が多いが，全体としては執行役員では内部市場が最大の人材供給源であることがわかる．

　内部昇進者の実質的天井が執行役員会であり，取締役会における内部昇進者が2割に満たないことは，ベネズエラの取締役会が日本のそれとかなり性格を異にするものであることを窺わせる．この点に関して，経営雑誌ヘレンテ(*Gerente*)が実施したファミリービジネスへのインタビュー調査は興味深い結果とエピソードを紹介している("Las empresas……[1989:9])．同特集が対象にした30ファミリービジネスでは，56%の企業において取締役会全員が家族，44%において家族とそれ以外の混合チームであると答えており，筆者の調査同様取締役会における家族のプレゼンスの大きさが示されている．またその中で，伝統的ファミリービジネスの一つ，マン

パ(Manpa, 製紙パルプ)のファミリー社長が,「資金が無くなったときに株主以上に痛みを被るものはいない．出資者は意思決定の場に参加すべきである」と発言している．このエピソードからも，ベネズエラの取締役会の位置づけが日本のそれとかなり異なることを改めて確認できる．

### 3.「実質ファミリービジネス」

以上，役職ごとに創業者一族の関わりを見てきた．しかし前節で述べたようにベネズエラ企業では経営執行が米国式の分離型，日本式の非分離型，それらの混合型と大きく分けて3つあり，会長や執行社長(CEO)といった役職のみを見ていては創業者家族の執行への関与が正確に把握できない．そのため次に，会長・執行社長ポストによる類型化ではなく，さまざまな状況で創業者家族が業務執行においてなんらかのかたちで実質的に権力を握っていると思われる「実質ファミリービジネス」を抽出してみたい．

まず執行役員会が設置されていない14社では，取締役会が執行も行っていると考えられる(日本式非分離型)．このうち会長が家族であるのは12社であり，これはファミリービジネス(以下F)であるといえよう．執行役員会が存在する61社のうち，その長である執行社長がファミリーであるのは36社(F)である．次に執行役員会が存在し執行社長がファミリーでない(不明も含む)場合でも，会長が経営執行に携わる(すなわち執行役員会と取締役会の双方が執行を担っている)混合型が15社あり，うちその会長が家族である場合が8社(F)ある．これらを総合すると，創業者家族が経営執行において権力をもつと考えられるファミリービジネスは12＋36＋8＝56社となる．

一方，ファミリーが経営執行に権力をもたない非ファミリー企業(以下N)についても確認しておこう．執行役員会が設置されておらず取締役会長が執行面においても最高責任者であると考えられる14社のうち，会長がファミリーでないのは2社(N)ある．次に執行役員会設置企業のうち執行社長がファミリーでないのは21社あるが，そのうち会長が執行に携わっていない，すなわち執行に関しては非ファミリー執行社長に一任されているのは9社(N)である(執行分離型)．また非ファミリー執行社長とともに

表 5-6 企業の新旧で見た執行社長(CEO)・会長ポストへの創業者家族の就任状況

| 会　　　長 | ファミリー | | 非ファミリー | | 不明 | 合計 |
|---|---|---|---|---|---|---|
| | (社) | (%) | (社) | (%) | (社) | (社) |
| 古い企業 | 39 | 80 | 10 | 20 | 0 | 49 |
| 新しい企業 | 18 | 75 | 5 | 21 | 1 | 24 |
| 執行社長(CEO) | (社) | (%) | (社) | (%) | (社) | (社) |
| 古い企業 | 30 | 61 | 17 | 35 | 2 | 49 |
| 新しい企業 | 16 | 67 | 7 | 29 | 1 | 24 |

注) 支配株主がベネズエラ人である75社中,設立年が不明な2社を除く73社について集計.
出所) 筆者作成.

会長が執行も担うが(混合型),その会長も非ファミリーの場合,すなわち創業者家族出身でない執行社長と会長がともに執行にあたると考えられるのは7社(N)である.これらを併せると,創業者家族が執行において権力を持たないと考えられる非ファミリー企業は 2+9+7=18 社となる.

これらからベネズエラ企業75社のうち56社(75%)がファミリービジネス,18社(24%)が所有家族が経営に関与しない非ファミリー企業という結果になった(不明1社).

## 4. 企業の歴史の長さ別でみたファミリー支配

企業のファミリー支配の濃淡は,企業の歴史の長さや世代交替の有無(あるいは回数)によって左右されると考えられる.歴史が長い企業ほど世代交替の可能性(あるいは回数)が多くなる.またバーリー/ミーンズ,チャンドラー説にのっとれば,企業の成長に伴う資本の分散や経営組織の階層化が所有と経営の分離へと導き,家族外の経営者の登用が増えると考えられる.

世代交替の可能性を考え現時点で設立後30年(設立年が1974年の前後)を目安に,支配株主がベネズエラ人である企業75社を古い企業(49社)と新しい企業(24社)の二つのグループに分け,経営陣への創業者家族の関わりを比較した(設立年不明企業2社を除く).まず会長と執行社長について企業の新旧で比較してみると(表5-6),いずれのグループも会長ポストでは創業者家族出身者は8割前後,執行社長では6-7割と大差がない.

表 5-7　経営陣に占めるファミリーの割合別企業数

|  | 100% | | 80-99% | | 50-79% | | 20-49% | | 1-19% | | 0% | | 不明 | 合計 |
|---|---|---|---|---|---|---|---|---|---|---|---|---|---|---|
| 取締役 | (社) | (%) | (社) | (%) | (社) | (%) | (社) | (%) | (社) | (%) | (社) | (%) | (社) | (社) |
| 古い企業 | 13 | 27 | 4 | 8 | 10 | 20 | 10 | 20 | 7 | 14 | 4 | 8 | 1 | 49 |
| 新しい企業 | 3 | 13 | 1 | 4 | 3 | 13 | 5 | 21 | 1 | 4 | 10 | 42 | 1 | 24 |
| 執行役員 | (社) | (%) | (社) | (%) | (社) | (%) | (社) | (%) | (社) | (%) | (社) | (%) | (社) | (社) |
| 古い企業 | 3 | 6 | 0 | 0 | 3 | 6 | 16 | 33 | 4 | 8 | 14 | 29 | 9 | 49 |
| 新しい企業 | 0 | 0 | 0 | 0 | 0 | 0 | 7 | 29 | 3 | 13 | 7 | 29 | 7 | 24 |

注)　支配株主がベネズエラ人である75社中，設立年が不明な2社を除く73社について集計．
出所)　筆者作成．

　次に執行役員会と取締役会の構成員に占める創業者家族の割合で比べてみよう(表5-7)．執行役員については企業の新旧にかかわらず創業者家族の関与は全体的に小さい．データ不備が多く正確な状況はわからないものの，若干古い企業の方がファミリー役員の割合が高く分布している．取締役についてみると，古い企業では13社(27%)において取締役全員が創業者家族で，取締役の過半数が家族である企業が27社(55%)である．一方新しい企業では取締役全員が創業者家族なのは24社中3社(13%)で，取締役の過半数を家族が占めるのも7社(29%)となっており，新しい企業よりも古い企業の方が取締役に占める創業者家族の割合が高いという，上述の仮説と逆の結果となった．これらの結果については次のような理由が考えられよう．

　第一に，企業の規模とファミリーの規模の相対的関係である．新しい企業群の方が古い企業群よりも企業規模が小さく，必要とされる経営者の数が少ないと考えられる．しかし一方で，新しい企業では家族内の経営者人材のプールも小さい．世代交替を経験していない若い企業では，家族が兄弟など多少横の広がりはあっても子供への縦の広がりがなく，ファミリー内で供給できる人材は少ない．とりわけベネズエラでは女性が取締役につくことが稀であるため，さらに限られる．そのため，経営ポストの数と家族が経営者として輩出できる人材の数の相対的関係で，新しい企業(とくに急成長した企業)では前者の方が相対的に大きく，そのため家族外から人材を登用する必要性がより高いのではないか．とすれば，子供たちが成人し経験を積む，あるいは結婚して娘婿ができれば，ファミリー内で人材が

表 5-8 業種別で見たファミリービジネス(執行社長と会長)

| | 伝統的製造業(19) | | その他製造業(12) | | 金融(13) | | 商業(11) | | サービス・その他(20) | |
|---|---|---|---|---|---|---|---|---|---|---|
| 会　　長 | (社) | (%) | (社) | (%) | (社) | (%) | (社) | (%) | (社) | (%) |
| ファミリー | 15 | 79 | 11 | 92 | 6 | 46 | 9 | 82 | 17 | 85 |
| 非ファミリー | 4 | 21 | 1 | 8 | 6 | 46 | 2 | 18 | 3 | 15 |
| 不明・無回答 | 0 | 0 | 0 | 0 | 1 | 8 | 0 | 0 | 0 | 0 |
| 執行社長(CEO) | (社) | (%) | (社) | (%) | (社) | (%) | (社) | (%) | (社) | (%) |
| ファミリー | 12 | 63 | 9 | 75 | 6 | 46 | 6 | 55 | 14 | 70 |
| 非ファミリー | 4 | 21 | 3 | 25 | 7 | 54 | 5 | 45 | 6 | 30 |
| 不明・無回答 | 3 | 16 | 0 | 0 | 0 | 0 | 0 | 0 | 0 | 0 |

注) 「伝統的製造業」は食品, 飲料, 繊維, 建築資材など, 「その他製造業」は機械, 化学, 製薬などを含む.
出所) 筆者作成.

揃い, 家族からより多くの取締役を出すことが可能になり, 取締役に占めるファミリーの割合が高くなる可能性も考えられる.

　第二に, 歴史の古い伝統的企業の方が経営を家族外の人間に任せることについて家族内の抵抗が強い可能性がある. 一方新しい企業は, 過去20年の長期経済危機やグローバル化により競争が激化するなか成長してきたため, ファミリー支配を固持するよりも家族の内外に関わらず優秀な経営者を迎え入れる重要性をより強く認識している可能性がある. 取締役や執行役員に多くの外部人材を入れたとしても会長や執行社長といった最高権力ポストを抑えていれば経営支配は守れるため, そこを堅持しながら優秀な人材を多方面から登用しているのではないだろうか.

　最後に, バーリー/ミーンズ, チャンドラー説が導くような結果にならなかった理由として, ベネズエラ企業の規模が全般的に小さく, 彼らが説くような資本, 人材面での資源制約がいまだ強く働く段階にないという, 根本的な問題があるかもしれない.

## 5. 業種とファミリー支配

創業者家族の経営支配の度合いは, 業種によって違いがみられるだろうか. 表5-8は業種別に執行社長(CEO), 会長それぞれが創業者家族であるか否かを示したものである. 執行社長については, 金融を除き, いずれもファ

表 5-9　業種別に見た経営者の内訳
(%)

|  | 伝統的製造業(19) | その他製造業(12) | 金融(13) | 商業(11) | サービス・その他(20) |
|---|---|---|---|---|---|
| 取締役 | | | | | |
| 家　　族 | 62.0 | 43.3 | 11.6 | 59.1 | 35.6 |
| 内部昇進 | 12.3 | 21.6 | 13.9 | 9.1 | 25.4 |
| 外部登用 | 25.7 | 35.1 | 74.6 | 31.8 | 39.0 |
| 執行役員 | | | | | |
| 家　　族 | 27.1 | 14.1 | 19.8 | 23.9 | 19.4 |
| 内部昇進 | 45.8 | 47.4 | 51.2 | 52.2 | 62.1 |
| 外部登用 | 27.1 | 38.5 | 29.1 | 23.9 | 18.4 |

注）　各産業グループのすべての企業の取締役・執行役員を類型別に集計したもの．「伝統的製造業」は食品，飲料，繊維，建築資材など，「その他製造業」は機械，化学，製薬などを含む．
出所）　筆者作成．

ミリーの割合が5割強-7割強と多い．会長についてはファミリーの割合は金融を除き8-9割とさらに高くなる．全般的に執行社長，会長ともにファミリーの割合が高いが，金融業においては家族外から登用している企業が多いのが注目される．

取締役の内訳でみると(表5-9)，金融業において家族のプレゼンスが他の産業と比べて著しく小さい．一方伝統的製造業や商業においてファミリー取締役のプレゼンスが6割近くと大きくなっている．執行役員についてはいずれの産業においてもファミリーの割合は2割前後と小さく，内部昇進者が5割前後，外部登用者が2-3割となっており，産業ごとにさほど大きな差は見られない．

会長，執行社長，取締役のいずれにおいても金融業企業におけるファミリーの経営への関与が小さいことが注目される．その理由としては，次のいくつかの要因が考えられよう．第一に，金融業においては高度な専門知識が要求され，家族では充足できない高い専門性をもつ経営者を外部から招きいれる必要がとくに高かったことである．とくに1990年代以降ベネズエラでは金融部門も含めた外資の自由化が進み，多くの国内銀行が外資の買収にあっており，それに対抗するためにも優秀な経営者を抱えることが重要になったと考えられる．第二に，ベネズエラでは1994年に20行近

い銀行が破綻する銀行危機が発生し，多くの銀行が清算に追い込まれたり，一時国有化を経て外国銀行などに売却された．本調査の対象企業は民族系企業であるため外資に売却された銀行は入っていないが，そのような大変革を経験し，危機感が高まった金融部門ではとくに専門性の高い経営者への要請が強いとも考えられる．第三に，上記二つとも関連するが，外資参入による競争激化や銀行危機を経験して1990年代にベネズエラの金融業界は合併や買収が相次いだ．その結果金融部門での経験が豊富な経営者人材が市場にはき出され，優秀な人材を外部で調達しやすい状況にあったとも考えられる．

## 6. ベネズエラ企業のファミリー支配：まとめ

以上，さまざまな角度からベネズエラ企業のファミリー支配について検証してきた．まとめると次のようになる．

1. 会長・執行社長（CEO）：ファミリービジネス　79％　非ファミリー企業　16％
2. 取締役：取締役に創業者家族が1人以上いる企業80％
   （過半数が創業者家族である企業48％）
   非ファミリー企業（ファミリー取締役が一人もいない企業）　20％
3. 執行役員：執行役員に創業者家族が1人以上いる企業62％，
   非ファミリー企業（ファミリー執行役員が1人もいない企業）38％
4. 実質ファミリービジネス：　ファミリー企業75％，非ファミリー企業24％

切り口によって多少の違いはあるものの，おおよそ7-8割の企業がファミリービジネスであると言え，ベネズエラではファミリービジネスが支配的であることが検証された．執行役員レベルでは創業者家族が関与しないケースが多くなるが，その場合も執行社長や会長を初めとする取締役会を創業者家族が支配することで，ファミリー支配を維持していると考えられる．またベネズエラでは歴史の長い伝統的大企業を中心に古い企業の方が新しい企業よりも創業者家族の経営への参加の度合いが大きいという結果になった．業種別では，金融業においては他の業種よりも経営における創

表5-10 非ファミリー企業の産業部門

| | (社) |
|---|---|
| 金融 | 4 |
| コンサルタント（経営・技術） | 4 |
| 製造業（食品） | 3 |
| 製造業（化学，製鉄，製薬） | 3 |
| 流通・小売り | 3 |
| マスコミ | 1 |

出所）筆者作成.

業者家族の関与が顕著に少ないことも示された．

その一方で，創業者家族が経営に関与しない企業がおよそ2割存在することもわかった．実質ファミリービジネスの分類（同節3.）で創業者家族の関与がない企業と分類された18社をみると[6]，設立時期，規模などで偏りは見られず，企業の歴史の長さや規模が非ファミリー企業化の要因としては重要ではないと考えられる[7]．産業分野でもとくに偏りはみられない（表5-10）．金融業とコンサルタント企業を併せると18社中8社となり高度専門知識が問われる業種の企業がやや多いが，一方で食品という伝統的製造業も3社ある．また18社中株式を上場しているのはわずか2社であり，バーリー/ミーンズがいう所有の分散による所有と経営の分離はベネズエラの場合非ファミリー企業誕生の要因として該当しないようである．

## 第4節　経営者のプロフィールとファミリービジネス

第2節では，ベネズエラ企業では実質的経営執行者は誰かということを，そして第3節ではそれを創業者一族が握るファミリービジネスがどれほど

---

[6] 表5-10は企業への調査票への申告通りに集計している．この18社の中にはある大企業グループの持株会社が入っているが，同社は持株会社の従業員数を申告しているため小企業に分類されている．また別の大ファミリービジネスの主要子会社（おそらく100％子会社）が単独で入っている．持ち株会社の経営者上位3ポストを創業者家族が占めるファミリービジネスだが，同子会社の経営陣には創業者家族は1人も関与しておらず，ここでは非ファミリー企業と分類されている．

[7] 非ファミリー企業の設立年は，1980年以前が13社，80年以降が4社となっており（設立年不明1社），回答企業の設立年の分布と比べて大きな違いは見られない．従業員数で見た規模別では，小企業（99人以下）が6社，中企業（100-999人）が9社，大企業（1000人以上）が3社となっており，こちらも回答企業の分布と比べて偏りはない．

第4節　経営者のプロフィールとファミリービジネス

の割合で存在するのかを検証してきた．それを受けて本節では次の二つを考察する．第一に，ベネズエラの一般的経営者像を明らかにすることである．そして第二に本章の最終的課題，すなわちファミリービジネスと非ファミリー企業では経営者の質に違いがあるのかという点について，経営者の学歴や経歴を比較することで考察してみたい．

## 1. 性別・年齢

　ベネズエラ企業の会長および執行社長(CEO)の性別をみると，6人の女性会長の例外があるものの，女性が上位経営ポストにつくのがきわめて稀なことがわかる．ここでは会長，執行社長のみのデータをとったが，主要企業の取締役リストを見ても一部の家族枠と考えられる代理取締役ポスト以外に女性の名前はほとんど見当たらない．息子とともに娘婿が後継者となる例はあるが[8]，娘が後継者となるケースはない．

　6人の女性会長のうち4人は高齢であること，また最終学歴が高卒であること，ベネズエラでは女性が経営ポストに就いたり起業することが稀なことを考慮すると，彼女らは実際にはほとんど経営には関与せず，家族枠として会長職についているのではないかと推測される．なかには高齢女性が会長で娘婿が執行社長を務める企業もあり，この場合は創業者の未亡人の可能性があるのではないかと考えられる．一般的にはベネズエラでは女性が実質的経営者に就任することはきわめて稀であると言ってよい．

　次にベネズエラの経営者の年齢分布を見てみよう．執行社長の年齢でもっとも多いのは40歳代(53%)で，30歳代の6人も含めると7割近い執行社長が50歳未満と若い．会長の年齢は執行社長よりも分布の山がほぼ10歳上方で50歳代がもっとも多く，60歳以下が過半数を超える．日本，米日本企業の社長の平均年齢は65.1歳，米国企業のCEOの場合は58.3歳となっており[9]，50歳未満が7割近いベネズエラの執行社長は日米の経営者よりも10-20歳ほど若い．

---

[8] 有名なのはコリモン(Corimon)の2代目であったフィリップ・エラルド(Philip Erard)のケースで，彼は創業者の姪の婿であった．
[9] 深尾・森田[1997: 150 表5-9]より．

表5-11 経営者の最終学歴

|  | 全体 | | ファミリー | | 非ファミリー | |
|---|---|---|---|---|---|---|
|  | (人) | (%) | (人) | (%) | (人) | (%) |
| 会　長 | | | | | | |
| 1. 高卒 | 14 | 16 | 11 | 18 | 3 | 11 |
| 2. 大卒 | 31 | 35 | 24 | 39 | 7 | 26 |
| 3. 大学院卒 | 41 | 46 | 25 | 40 | 16 | 59 |
| 不明・無回答 | 3 | 3 | 2 | 3 | 1 | 4 |
| 合　計 | 89 | 100 | 62 | 100 | 27 | 100 |
| 執行社長(CEO) | | | | | | |
| 1. 高卒 | 0 | 0 | 0 | 0 | 0 | 0 |
| 2. 大卒 | 20 | 48 | 9 | 56 | 11 | 42 |
| 3. 大学院卒 | 20 | 48 | 7 | 44 | 13 | 50 |
| 不明・無回答 | 2 | 5 | 0 | 0 | 2 | 8 |
| 合　計 | 42 | 100 | 16 | 100 | 26 | 100 |

出所) 筆者作成.

## 2. 学　歴

表5-11は会長と執行社長(CEO)の最終学歴の分布を，執行社長が創業者家族であるか否かの別で示したものである．執行社長に関しては全員が大学を卒業しており，しかもその半分(48％)が大学院卒と，非常に高学歴である．会長では90人中14人の高卒者がいるが，8割以上が学部卒，さらに半数近くの最終学歴が大学院卒と，やはり高学歴である．高卒の会長14人のうち11人はファミリービジネスの会長であり，創業者およびその未亡人が大半ではないかと考えられる．ファミリー経営者，非ファミリー経営者双方ともほぼ全員が大学卒でしかもその半数が大学院卒ときわめて高学歴であるが，大学院卒の割合は非ファミリー経営者の方が高い．

高等教育がさほど普及しておらず高学歴の経営者人材市場が未成熟な発展途上国では，企業創業者は後継人材を市場で確保するよりもみずからの子供達を優秀な経営人材に育てるべく教育投資する方が効率的であるとの見方がある．実際に発展途上国の大企業では経営権が世襲されるファミリービジネスが一般的であり，後継者(2代目，3代目のファミリー経営者)らが

第4節　経営者のプロフィールとファミリービジネス

おしなべて高学歴で，欧米の著名大学を卒業していることが多い．

ベネズエラの場合もファミリービジネスの後継者たちは高学歴で米国の有名大学の学位をもつものが多い．しかしその一方で，ベネズエラではファミリー経営者と同様あるいはそれ以上の高学歴をもつ非ファミリー経営者が数多く登用されていることも注目に値する．その背景として，ベネズエラでは国内外の有名大学を卒業した優秀な経営者人材が比較的豊富で，労働市場が機能しているのではないかと考えられる．

ベネズエラでは石油開発と政府主導の輸入代替工業化政策が1970年代末まで急速かつ長期的な経済成長をもたらし，そのもと無料の国立大学の設置が進んだ．その結果高等教育を受ける層が中間層にまで拡大し，高等教育が一部の有産階級の特権ではなくなった．それに加えて1970年代に国際石油価格が高騰した際に，将来の国の発展を支える専門家を育成するために，石油収入を原資にしたアヤクチョ奨学基金が設立され，多くの学生に対して国内外の大学・大学院に進学する機会が与えられた．同奨学金で進学の機会を得た学生は現在までに7万人を超えており，その半分はスタンフォード大学など米国を中心とした海外の大学・大学院に進学している[10]．過去30年間同奨学金が国内外の高学歴をもつ多くの人材を輩出してきたことが，ベネズエラ企業にとってファミリー外から優秀な経営人材の登用を可能とする土壌を作り出してきたといえる．とくに奨学金受給者の8割近くが中所得者層および低所得者層の出身者であり，幅広い層の優秀な人材に大学院も含めた高等教育の機会を与えたことは意味深い[11]．

国内では，学部レベルでは民間企業との結びつきが強い私立のカトリカ・アンドレス・ベジョ大学とメトロポリターナ大学の経済・経営学部，国立で理系が強いシモン・ボリバル大学が多くの経営者を輩出している．国内大学院では，IESA(高等経営研究所，私立[12])のMBAコース出身者が

---

10) 1974-91年の奨学金受給者の追跡調査では，54.2%が学部，24.9%が大学院，20.9%が技術学校に進学した．また進学先は国内が48.7%，海外は51.3%，大学院レベルでは海外留学組が69.7%(米国が44.3%，その他先進国が20.4%)となっている．(Fundayacucho[1991:10-11])

11) 奨学金受給者のサンプル調査(560人)の出身所得階層は以下のようになっている．低所得者層191人(34.1%)，中所得者層254人(45.3%)，高所得者層115人(20.5%)．(Fundayacucho[1991:38])

表 5-12　経営者の専攻分野

|  | 全体 (人) | 全体 (%) | ファミリー (人) | ファミリー (%) | 非ファミリー (人) | 非ファミリー (%) |
|---|---|---|---|---|---|---|
| **会　　長** | | | | | | |
| 経営学・経済学 | 35 | 39 | 25 | 40 | 10 | 37 |
| 工学・化学 | 20 | 22 | 15 | 24 | 5 | 19 |
| 法学部 | 10 | 11 | 5 | 8 | 5 | 19 |
| その他(数学・医学・歯学・薬学) | 5 | 6 | 4 | 6 | 1 | 4 |
| 不明・無回答 | 19 | 21 | 13 | 21 | 6 | 22 |
| 合　　計 | 89 | 100 | 62 | 100 | 27 | 100 |
| **Ｃ　Ｅ　Ｏ** | | | | | | |
| 経営学・経済学 | 24 | 57 | 11 | 69 | 13 | 50 |
| 工学・化学 | 14 | 33 | 3 | 19 | 11 | 42 |
| その他(歴史・心理学など) | 2 | 5 | 2 | 13 | 0 | 0 |
| 不明・無回答 | 2 | 5 | 0 | 0 | 2 | 8 |
| 合　　計 | 42 | 100 | 16 | 100 | 26 | 100 |

出所）　筆者作成.

多く，今回の調査でも国内教育機関ではIESA卒業生が多かった．

　経営者人材の労働者市場については，いくつかの人材紹介企業が活動している．執行社長を初めとする執行役員，取締役といったトップ経営者の紹介に特化しているA社では年間約120人を紹介している[13]．外資企業に対する紹介が主だが，うち40人ほどはベネズエラ企業への紹介である．また同社社長によると，近年の経済危機で企業合併や外資への売却，経営陣の交代が続いたため，高学歴かつ豊かな経営経験をもつ人材が豊富に市場に放出されており，供給面で市場は豊かになっているとのことである．

　表5-12は経営者の専攻分野を示している．会長，執行社長(CEO)ともに経営学・経済学が最も多く，それに工学系が続く．ファミリーCEOの方が非ファミリーCEOよりも経営学・経済学の割合が高く，その分非ファミリーCEOは工学系の割合が高い．ファミリービジネスにおいては後継者に対して経営学・経済学の知識が重要視されていること，非ファミリ

---

12)　同校は，1960年代に経営者人材の不足と育成の必要性を強く認識していた国内企業グループが中心となって設立されたもので，経営・経済に関する研究所および米国式のMBAスクールの機能をもつ．
13)　2004年7月，カラカスにて筆者がインタビュー．

表 5-13　経営者の海外留学経験

| | 全体 | | ファミリー | | 非ファミリー | |
|---|---|---|---|---|---|---|
| | (人) | (%) | (人) | (%) | (人) | (%) |
| 会　長 | | | | | | |
| あ　る | 44 | 49 | 31 | 50 | 13 | 48 |
| な　い | 32 | 36 | 23 | 37 | 9 | 33 |
| 不明・無回答 | 13 | 15 | 8 | 13 | 5 | 19 |
| 合　　計 | 89 | 100 | 62 | 100 | 27 | 100 |
| ＣＥＯ | | | | | | |
| あ　る | 23 | 55 | 9 | 56 | 14 | 54 |
| な　い | 17 | 40 | 6 | 38 | 11 | 42 |
| 不明・無回答 | 2 | 5 | 1 | 6 | 1 | 4 |
| 合　　計 | 42 | 100 | 16 | 100 | 26 | 100 |

出所）筆者作成．

－CEOでは経営学・経済学に加え，技術面での知識も含めて理系で高学歴の人材も求められていると考えられる．前述のアヤクチョ奨学金受給者の45.8％が工学系に進学していることも(Fundayacucho[1991 : 13])，非ファミリー経営者で工学系の比率が高いことと関係していると推測される．

　表5-13は会長，執行社長(CEO)の海外留学経験の有無を示している．会長，執行社長ともに半分以上の経営者が留学経験をもち，ファミリー経営者，非ファミリー経営者の間で有意な差はみられない．英語能力についてもファミリー，非ファミリー経営者ともに約9割の経営者が英語に堪能であり，英語でのコミュニケーション能力がベネズエラ経営者にとっては必須であることが窺える．

　このようにベネズエラ企業では国内外で高い教育を受けた人材が経営を担っており，それについてはファミリー経営者，非ファミリー経営者の間で差が見られなかった．前述のヘレンテ誌のファミリービジネス特集においても，競争激化やグローバル化が進む中，経営のプロフェッショナル化に対する意識が高まっていることが指摘されている("Las empresas……[1998 : 18, 22])．シベンサ(Sivensa，製鉄)，ODC(マスコミ，通信)，ポラール(Polar，食品・飲料)などの伝統的ファミリービジネスが，経営における家族支配を維持しながらも現実的必要性により外部から専門経営者を招き

表 5-14 経営者の勤続年数および役職の
経年数別の分布
(人)

| 経 年 数 | 会 長 | | CEO | |
|---|---|---|---|---|
| | 会 社 | 役 職 | 会 社 | 役 職 |
| 0〜 2 | 0 | 4 | 2 | 9 |
| 3〜 5 | 7 | 18 | 8 | 17 |
| 6〜10 | 9 | 15 | 10 | 10 |
| 11〜20 | 19 | 22 | 14 | 5 |
| 21〜 | 50 | 26 | 8 | 1 |
| 不明・無回答 | 5 | 5 | 1 | 1 |
| 合　　計 | 90 | 90 | 43 | 43 |

出所) 筆者作成.

入れていることを指摘している．また，カリスマ創業者が経営を支配していたファルマトド(Farmatodo，ドラッグストアチェーン)が創業者の死去によって危機に直面したものの外部から専門経営者を招聘することにより危機を脱したケース，反対に経営陣の専門化に着手せず，結果的に創業者家族の手を離れたバンコ・デ・ベネズエラ(Banco de Venezuela)のケースが反面教師として紹介されている[14]．

### 3. 勤続年数・入社時ポスト・前職の有無

表 5-14 は執行社長(CEO)，会長の勤続年数および役職での経年数を示している．43 人の執行社長の約半数(20 人)が勤続年数が 10 年以下，5 年以下も 10 人，2 年以下も 2 人いる．日本企業の社長の平均勤続年数が 34.3 年，米国企業の CEO のそれが 26.0 年[15]であるのと比較すると，ベネズエラ企業の執行社長の勤続年数の短さが際だっている．会長については 90 人中 50 人が勤続年数が 21 年以上と長いが，うち 26 人が会長ポスト経年数も同様に 21 年以上であることから，その多くが創業者であると推測される．

---

14) バンコ・デ・ベネズエラの取締役会は，小規模の家族メンバーと古参で忠誠心の強い従業員経営者によって形成されていたが，いずれも家族への忠誠心によって任命されたもので大学卒が 1 人もおらず，専門経営者とは言えなかった．そのため競争の激化やグローバル化に対応できず，レクーナ家(Lecuna)は同銀行を手放さざるを得なくなった，と分析している("Las empresas……[1998:30])．
15) 深尾・森田[1997:150 表 5-9]より．

表 5-15　執行社長(CEO)の入社形態(人)

|  | 大企業 | 中企業 | 合計 |  | ファミリー | 非ファミリー |
|---|---|---|---|---|---|---|
| 新　卒 | 2 | 3 | 5 | → | 4 | 1 |
| 中途採用 | 5 | 12 | 17 | → | 2 | 13 |
| 両方の可能性あり | 5 | 9 | 14 | | | |

注）　大企業，中企業のみについて集計．今回の調査では，経営者の年齢と勤続年数について幅をもたせた回答群から選択する方式をとった．それらを組み合わせ，入社時の年齢を推計した．また中途採用17人のうちファミリーか否かのデータがあるのは15人のみ．

出所）　筆者作成．

　執行社長の勤続年数が短いことと関連し，表5-15は経営者の入社形態について興味深いことを示している．調査票では年齢と勤続年数の選択肢にそれぞれ幅をもたせて設定してあったため14人については新卒，中途採用の両方の可能性が残るが，残る22人のうち17人が中途採用であり，当該企業に新卒で入社した執行社長はわずか5人であると考えられる．新卒で入社した5人の執行社長のうち4人がファミリーCEOであった．一方中途採用の執行社長17人のうちデータがある15人中13人が非ファミリーCEOである．

　次に経営者の前職の有無についてみてみよう（表5-16）．執行社長では7割以上が前職をもつ．非ファミリーCEOと比べると前職がある割合が若干低いとはいえ，ファミリーCEOの69%が前職をもつのが注目される．これは次の二つケースが考えられよう．一つは創業者CEOで，当該企業の創業前にほかでの職歴がある場合である．もう一つは，ファミリービジネスが後継者候補に外での経験を積ませている可能性である．会長については不明・無回答が多いため明らかな傾向は読み取れないが，ファミリー会長の方が前職をもつ人の割合が非ファミリー会長に比べて若干低い．

　さらに入社時のポストをみると（表5-17），ベネズエラの会長，執行社長には日本企業のような下からのたたき上げ経営者が少ないことがわかる．執行社長42人のうち執行社長ポストで入社したのが8人，執行社長以外のトップ・マネジャー，取締役での入社も含めると6割以上（28人）が外部からいきなり上位ポストに抜擢されている．下からの（ミドルおよびロウ・マネジャー）たたき上げ組は2割強と少ない．この傾向はファミリー，非フ

表 5-16　経営者のグループ外前職の有無

|  | 全体 (人) | 全体 (%) | ファミリー (人) | ファミリー (%) | 非ファミリー (人) | 非ファミリー (%) |
|---|---|---|---|---|---|---|
| **会　長** | | | | | | |
| あり | 53 | 60 | 35 | 56 | 18 | 67 |
| なし | 26 | 29 | 23 | 37 | 3 | 11 |
| 不明・無回答 | 10 | 11 | 4 | 6 | 6 | 22 |
| 合　計 | 89 | 100 | 62 | 100 | 27 | 100 |
| **執行社長(CEO)** | | | | | | |
| あり | 31 | 74 | 11 | 69 | 20 | 77 |
| なし | 9 | 21 | 4 | 25 | 5 | 19 |
| 不明・無回答 | 2 | 5 | 1 | 6 | 1 | 4 |
| 合　計 | 42 | 100 | 16 | 100 | 26 | 100 |

出所）筆者作成.

表 5-17　経営者の入社時のポスト

|  | 全体 (人) | 全体 (%) | ファミリー (人) | ファミリー (%) | 非ファミリー (人) | 非ファミリー (%) |
|---|---|---|---|---|---|---|
| **会長の入社時ポスト** | | | | | | |
| 1. 会　長 | 37 | 42 | 27 | 44 | 10 | 37 |
| 2. 正規取締役 | 11 | 12 | 8 | 13 | 3 | 11 |
| 3. 代理取締役 | 3 | 3 | 3 | 5 | 0 | 0 |
| 4. トップ・マネジャー | 19 | 21 | 13 | 21 | 6 | 22 |
| 5. ミドル・マネジャー | 9 | 10 | 6 | 10 | 3 | 11 |
| 6. ロウ・マネジャー | 3 | 3 | 2 | 3 | 1 | 4 |
| 7. その他・不明 | 7 | 8 | 3 | 5 | 4 | 15 |
| 合　計 | 89 | 100 | 62 | 100 | 27 | 100 |
| **執行社長(CEO)の入社時ポスト** | | | | | | |
| 1. 執行社長 | 8 | 19 | 3 | 19 | 5 | 19 |
| 2. 正規取締役 | 7 | 17 | 3 | 19 | 4 | 15 |
| 3. 代理取締役 | 0 | 0 | 0 | 0 | 0 | 0 |
| 4. トップ・マネジャー | 13 | 31 | 5 | 31 | 8 | 31 |
| 5. ミドル・マネジャー | 4 | 10 | 1 | 6 | 3 | 12 |
| 6. ロウ・マネジャー | 6 | 14 | 4 | 25 | 2 | 8 |
| 7. その他・不明 | 4 | 10 | 0 | 0 | 4 | 15 |
| 合　計 | 42 | 100 | 16 | 100 | 26 | 100 |

出所）筆者作成.

## 第4節　経営者のプロフィールとファミリービジネス

ァミリー，あるいは企業規模でも大きな差が見られない．

　会長の入社時ポストについてはファミリー会長，非ファミリー会長に関わらず，約4割が会長と答えている．ファミリー会長の場合は創業者が含まれることが考えられる．また，入社時ポストが会長である背景に，企業買収によって直接会長職についた可能性も想定される．今回の調査では買収経験の有無はたずねなかったが，筆者が知る限り回答企業リストに買収経験のある企業はさほど多くないと思われ，それをさし引いたとしてもとくに非ファミリー会長の場合，会長への直接登用(27人中10人)は注目される．会長についても，執行社長同様大半は会長を初めとする上級経営者に直接登用されており，下からのたたき上げ組(ミドル・マネジャー以下での入社)は1割強と少ない．

　このように，ベネズエラの取締役や執行役員のキャリアパスは，「中途採用者が多く，前職をもち，勤続年数が短く，上級ポストに直接採用されるケースが多い」という特徴があり，日本のそれとは大きくことなることがわかった．これらの特徴は，ファミリー企業，非ファミリー企業に関わらず見られる現象であり，企業のファミリー支配との関係性は考えられない．このような特徴の解釈として筆者は以下二つの仮説をもつ．第一に，ベネズエラでは1980年代からの長期的経済危機が続いており，企業社会も大きな変動を経験してきた．その中でリストラや企業再編などが進み，企業の内部労働市場が崩壊してしまっているというものである．そのため企業は内部で経営者人材を調達することができず，中途採用や上級ポストへの直接登用というかたちで外部から経営者を調達しているのではないか．一方市場にはリストラや企業再編ではき出された多くの経営者人材が存在するため，優秀な人材を比較的容易に確保することができた，あるいは内部労働市場が崩壊した一方外部市場での人材供給が豊かになったため，内部よりも外部の方がより優秀な人材を調達できる可能性が高くなった，ということかもしれない．

　第二の仮説は，ベネズエラの企業社会で要請される経営人材の資質が日本とは異なるのではないか，というものである．日本では新卒者を採用し，長期間かけて内部で様々な部署を経験させ，企業特殊の知識や能力，企業

表 5-18　グループ外企業の取締役の兼任

|  | 全体 | | ファミリー | | 非ファミリー | |
|---|---|---|---|---|---|---|
|  | (人) | (%) | (人) | (%) | (人) | (%) |
| 会　長 | | | | | | |
| している | 38 | 43 | 26 | 42 | 12 | 44 |
| していない | 46 | 52 | 34 | 55 | 12 | 44 |
| 不明・無回答 | 5 | 6 | 2 | 3 | 3 | 11 |
| 合　　計 | 89 | 100 | 62 | 100 | 27 | 100 |
| 執行社長(CEO) | | | | | | |
| している | 10 | 24 | 7 | 44 | 3 | 12 |
| していない | 32 | 76 | 9 | 56 | 23 | 88 |
| 合　　計 | 42 | 100 | 16 | 100 | 26 | 100 |

出所)　筆者作成.

文化，人的ネットワークを育ませ，経営人材を育成する．ベネズエラでは中途採用が多く企業での勤続年数は短い，換言すれば社内経験を積ませるよりも，国内外で高等教育を受け前職で優秀な経営手腕を発揮した人材を即戦力として登用することが多い．とすると，ベネズエラ企業では経営者に対して，会社独自の知識，ノウハウ，文化，社内ネットワークなど会社内経験の蓄積が相対的に重視されないとの仮説が浮かんでくる．先にファミリー CEO の過半数が前職をもつ(表5-16)ことを紹介したが，これも，ファミリービジネスが後継者育成において，自社内での経験にこだわらず，外部で多様な経験を積ませているとも考えられよう．

## 4. グループ外取締役の兼任

　ベネズエラ企業では経営者がグループ内企業のみならずグループ外企業の取締役を兼任するケースが多々見られる．日本でも6割近い取締役が役員を兼任しているが，兼務先企業の8割以上がグループ内企業であり，グループ外企業の役員を兼務する例は出資先企業である場合(8.7%)を除くとほとんどないといってよい(藤村[2000：157-158])．ベネズエラの場合，グループ内企業の取締役や社長の兼任も多いが，加えてグループ外企業の取締役兼任が多いのが注目される．

表5-18は執行社長，会長のグループ外企業の取締役兼任の状況を示している．執行社長では2割強，会長では4割強がグループ外取締役を兼任している．会長ではファミリー会長，非ファミリー会長それぞれ兼任率が4割強とほぼ同じだが，執行社長（CEO）については，ファミリーCEOの方が非ファミリーCEOよりも兼任率が明らかに高い．前述のように学歴，経歴などの面でファミリー経営者と非ファミリー経営者の間でさほど差がないことを考えると，ファミリー経営者の方がグループ外取締役の兼任率が高いのはどのように説明できるのだろうか．

グループ外取締役に期待される役割という意味でこの点は今後の重要な課題として残るが，現時点では以下の仮説が考えられる．第一に，非ファミリー経営者，すなわち雇われ経営者は本務に特化するようにとのオーナーからの圧力があり，本務以外の取締役を兼任しにくい．第二に，ベネズエラ企業は企業グループ間で株式の相互持ち合いをしており，株主としてお互いの取締役に就いている．取締役の歴年リストをみると，代々同じ家族が人を変えて取締役を送りこむケースが散見されるが，これも株の持ち合いを背景にそれぞれの取締役会の中に株主としての家族枠があるとも考えられる．ただしこの点については所有面での資料による裏付けが必要になるが，企業情報，とくに所有面での情報が入手困難であるベネズエラの状況を鑑みると，検証は難しい．第三に，取締役の兼任がファミリー経営者の方が多いのは，個人の経営能力よりもファミリーを背景にした社会的信用力や評判をあてにしているのではないかと考えられる．取締役リストにほかの伝統的ファミリーのメンバーの名前があることで，企業の社会的ステータスが高まる，あるいは融資を受ける際などに信用が高まるといった可能性も考えられないだろうか．

## むすびにかえて

本章ではベネズエラ企業の経営組織と経営者について，90社の企業調査をもとに分析を進めてきた．経営（とくに業務執行）の担い手については，米国式に意思決定と監督に特化する取締役と，CEOを中心とする執行役

員会が執行を担当する，執行分離型企業が大半である一方，執行役員会が設置されず取締役会が執行も兼ねる日本式非分離型，およびそれらの混合型が一部あることが明らかにされた．また経営執行の中心的担い手が創業者家族であるファミリービジネスが全体の7-8割ほどであること，創業者家族以外の俸給経営者が経営を担う非ファミリー企業が2割ほど存在することもわかった．またファミリービジネスにおいては，取締役会長，執行社長(CEO)といった権力ポストと取締役会については家族メンバーが押さえているが，執行役員会については大半をファミリー外の人材にまかせている状況が明らかになった．

次に経営者のプロフィールから，ファミリー経営者と非ファミリー経営者の違いを検証したが，学歴，経歴，入社形態などからは，有意な差は見られなかった．ベネズエラ企業では，ファミリー経営者，非ファミリー経営者に関わらず，経営者は大学や大学院卒の高学歴者で，英語に堪能であり，前職をもつ．入社に関しては中途採用が大半で内部昇進者は少なく，上級ポストに直接登用されるものも多い．このように日本の経営者とはまったく異なる経営者像が浮かび上がってきた理由としては，ベネズエラにおける企業内部労働市場と外部市場の相対的成熟度のバランスがもたらしたという仮説と，ベネズエラ企業社会で経営者に求められる資質によるという仮説を提示した．これら二つの仮説の検証は今後の課題として残るが，二つは必ずしも二者択一のものではなく，両方が成り立つ可能性もあると筆者は考える．

ベネズエラの企業経営者に関しては情報不足から今までほとんど知られてこなかったため，今回の企業調査ではベネズエラの企業経営者の実態がある程度明らかにされ，いくつかの仮説を提示できたのは収穫であったと考える．しかし企業サンプル数が90社と小さいこと，回答を得られなかった大企業も多いこともあり，今回の調査から導きだされた結果を裏付けるため，そして仮説を検証するには，さらに情報収集を進める必要がある．

また今回の調査で，新たな疑問も浮かび上がってきた．それは，ファミリービジネスが依然として支配的な企業社会の中で，またトップ経営者の多くが中途採用や上級ポストへの直接登用で内部昇進者が少ないとすれば，

従業員(とくにロウ, ミドル・マネジャー)は充分なインセンティブをもつことができるのか, という点である. この点については, 上級のみならず一般従業員, 中間管理職の採用システムや給与体系の分析も必要となろう.

〔参考文献〕

〔日本語文献〕

稲上毅・連合総合生活開発研究所編著[2000], 『現代日本のコーポレート・ガバナンス』東洋経済新報社.

近藤光男[2003], 「第3章　会社法と日本型資本主義」(宮本又郎他著, 『日本型資本主義』有斐閣).

坂口安紀[2004], 「ベネズエラのファミリービジネス試論——資金調達面からの考察」(星野妙子編[2004], 所収).

宍戸善一[1993], 「第8章　経営者に対するモニター制度——従業員主権論と株式会社法」(伊丹敬之他編『日本の企業システム　第1巻　企業とは何か』有斐閣).

チャンドラー, A. D. Jr.(鳥羽欽一郎・小林袈裟治訳)[1979], 『経営者の時代』(上下), 東洋経済新報社(Alfred D. Chandler, Jr., *The Visible Hand: The Managerial Revolution in American Business*, Cambridge: Harvard University Press, 1977).

バーリー, A. A./G. C. ミーンズ(北島忠男訳)[1958], 『近代株式会社と私有財産』文雅堂(A. A. Berle and G. C. Means, *The Modern Corporation and Private Property*, New York: McMillan, 1932).

深尾光洋・森田泰子[1997], 『企業ガバナンス構造の国際比較』日本経済新聞社.

藤村博之[2000], 「第3章　経営者のキャリアと報酬の実態」(稲上毅他編著[2000], 所収).

星野妙子編[2004], 『ファミリービジネスの経営と革新——アジアとラテンアメリカ』アジア経済研究所.

三輪芳郎[1998], 「3章　取締役会と取締役」(三輪芳郎・神田秀樹・柳川範之編『会社法の経済学』東京大学出版会).

森川英正[1996], 『トップ・マネジメントの経営史——経営者企業と家族企業』有斐閣.

「米企業，消える「会長兼CEO」」(『日本経済新聞』，2004年3月29日)

〔外国語文献〕

Francés, Antonio y Lorenzo Dávalos [1992], *La corporación en 4 dimensiones*, Caracas: Ediciones IESA.

Fundayacucho [1991], *Los becarios del Mariscal : balance de una política*, Caracas: Fundayacucho.

Gonzalez, Maximiliano [2002], *Corporate Governance in Venezuela : The Case of CEO and Director's Turnover*, September.

La Porta, Rafael, F. Lopez-de-Silanes, and A. Shleifer [1999], "Corporate Ownership Around the World," *Journal of Finance*, Vol. LIV, No. 2, April, pp. 471-517.

Naím, Moises comp. [1988], *Las empresas venezolanas : su gerencia*, Caracas: Ediciones IESA.

Rangel, Alberto [1996], *La Oligarquía del dinero*, 5a edición actualizada (1a edición en 1971), Maracaibo: D.R. Editorial de la Universidad del Zulia.

"Las empresas familiares," *Gerente* (septiembre de 1998), pp. 8-32.

"Ranking de empresas," *Dinero* (noviembre de 2002) (www.dinero.com.ve), 2003年1月20日閲覧.

## 第6章

## ペルーにおけるファミリービジネスの経営者
——世代交代と俸給経営者の進出——

清 水 達 也

## はじめに

　途上国のファミリービジネスに関する最近の研究関心の一つとして，それまで保護された市場で優位に立っていたファミリービジネスが，経済自由化により企業間の競争が進む中でどのようにして競争力を維持して生き残るか，という点があげられる．所有主家族による所有と経営支配が行われているファミリービジネスは，人材・資金・技術などの経営資源に制約があり，中長期的には淘汰が進むと考えられる．しかし一方，淘汰されずに生き残る企業や，新たに拡大しつつあるファミリービジネスも存在する．アジアとラテンアメリカのファミリービジネスを対象とした星野らの研究は，所有主家族の教育・訓練による経営能力の向上，俸給経営者の広範な登用，事業の選択と集中，継承の制度化などによりファミリービジネスが競争力を維持・向上していることを明らかにした(星野編[2004：16-23])．

　1990年代にペルーでは経済自由化改革が実施され，国有企業の民営化や規制緩和，為替の自由化や関税の削減・簡素化が進められた．そのため，それまで保護された市場の中で政府からのレントを利用しながら，事業規模の拡大や多角化を進めてきたファミリービジネスは経営方針の変更を余儀なくされた．経済自由化改革におけるペルーのファミリービジネスの動向に注目するデュランによると，民営化による外資の参入，企業の統合・分割を促進するための税制優遇，経済危機などによる企業の吸収合併や倒産などにより，国内のファミリービジネスの勢力図が大きく変わった(Durand[2002])．しかし2001年における企業の売上高ランキング上位100社のうち確認できただけでもファミリービジネスは30社，売上高の4分の1弱を占め，依然としてペルー経済の中で重要な位置を占めている(清水

第6章 ペルーにおけるファミリービジネスの経営者

[2004：307]）．

　デュランの調査では，ファミリービジネスの中には，環境変化に適応して生き残り拡大するグループがある半面，所有主家族による経営に固執し減少傾向の政府からのレントに依存を続けて消滅しつつあるグループもある．1980年代末に影響力を持っていた18グループのうち，2002年までに3つが消滅，6つが規模を縮小し，規模を維持または拡大し現在も影響力を持ち続けているのは半数の9つのファミリービジネスにすぎない．デュランは新たな経済環境に適応して生き残ったのは，経営陣が事業と資金調達を刷新し外資と戦略提携を組んだ企業であるとしている（Durand[2002][2004]）．

　社会学者コトラーは経済自由化改革における企業家層[1]の変容に関する研究の中でファミリービジネスの変化について述べている．それによると，1990年から10年間続いたフジモリ政権は利権をもとめる業界団体とは距離をおいて改革を進めたが，これにより企業は規制などさまざまな束縛から解放されて，事業再編や新たな方法による資本調達など経営改革を実施することが可能になった．その中で一部の企業は経営の近代化を進めるのに成功した．例えば，余剰人員や能力が十分でない従業員を整理するなど伝統的な所有主家族を中心とした組織を捨て，それまで取締役の地位に慣れていた所有主家族やその関係者を能力があり資格を備えた若い専門職に置き換え，同時に研修や採用，昇進の制度を整えた．一方，保護主義時代からの経営様式を引きずったままの企業は不安定な状態に置かれた（Cotler[1998：13-16]）．

　このほか，ペルーの主要ファミリービジネスの1980年代までの歴史をまとめたバスケスの研究は，1990年以降についても主に産業別に企業動向をまとめており，各企業が具体的にどのような戦略を採用し，それにより拡大，または消滅に向かったかを描いている（Vásquez[2000：385-475]）．

　これらの先行研究は，経済自由化改革が進展する中で，ファミリービジネスは競争力維持のために変化を余儀なくされたと結論づけている．しか

---

[1] コトラーの研究では，企業家（empresario）は所有主家族経営者を指している．

し，その変化がどのようなものであるのかについては，詳しくは示されていない．コトラーが主張した所有主家族から専門職への交代など経営の近代化は，主にインタビューをした企業家からの情報に基づいたものであり，それを客観的に示す具体的なデータの検討に欠けている．

　本章では，ペルーのファミリービジネスが人材面での経営諸資源の制約をどのようにして乗り越えているかに注目し，それを各企業から得られる資料を用いて具体的に検討することで明らかにしたい．最近の経済自由化改革の進展とそれに伴う企業の情報公開により，公開企業の中には取締役や支配人の名前だけでなく学歴や経歴を公表する企業も出始めている．今回の研究は，年次報告書などに記載されたこれらの情報を証券取引委員会 (Comisión Nacional de Supervisora de Empresas y Valores：CONASEV) や各企業のホームページを通じて入手し，分析したものである．先行論文 (清水 [2004]) ではペルーの主要な3つのファミリービジネスを取り上げ，所有構造と取締役を中心とする経営者に焦点を当てたが，本章は13のファミリービジネスを分析対象とし，取締役だけでなく，業務の執行を指揮する支配人[2]も分析対象に加えた．また，所有主家族だけでなく，所有主家族以外の経営者(本章では「俸給経営者(salaried manager)」と呼ぶ)も分析対象に加えている．これは，後述するようにペルーのファミリービジネスでは現在においても取締役は所有者の代表という性格が強く，企業の競争力を高めるという点では経営における支配人の役割が重要だと考えたからである．

　第1節では，今回分析対象とするファミリービジネスの定義と，それらの一般的な経営構造についてみる．第2節では所有主家族がファミリービジネスの経営にどのように関わっているかを分析する．第3節では，俸給経営者を取り上げて学歴や経歴などからその特質を明らかにする．おわりに，これらの分析をふまえて，現代ペルーのファミリービジネスが人材という経営資源の制約をどのようにして乗り越え競争力を維持しているかを

---

[2] 支配人とは，証券取引委員会(CONASEV)に登録されている企業情報において，管理職(plana gerencial)として名前が登録されている人を指す．具体的には総支配人(gerente general)のほか，各部門担当の支配人(gerente)を含む．総支配人は業務執行の責任者で，ゼネラル・マネジャーにあたる．

第6章 ペルーにおけるファミリービジネスの経営者

考察する．

## 第1節　ペルー企業の経営構造

### 1. 分析対象のファミリービジネス

　先行論集である星野編[2004]ではファミリービジネスを「創業者一族に連なる親族の所有・経営支配のもとにある企業群」と定義している．しかし，本章では創業者一族に連なる親族に限定せず，「特定の家族が所有・経営を支配する企業群」という比較的幅広い定義を用いる．つまり，現在支配する家族が創業者一族でない場合や創業者企業もファミリービジネスに含めている．これはペルーの主要企業のいくつかにおいて，現在の所有主家族が創業者一族ではなく，買収などを経てその企業の所有・経営支配を手に入れた場合があるからである．また，創業者企業の場合でも創業者の個人企業ではなくその家族が所有や経営に関わっており，個人より家族としてその企業を支配しているためファミリービジネスとして分析対象に入れている．

　具体的には後に示す表6-2で示されている13ファミリーの15企業グループ[3]を分析対象とした．これはペルーの主要民間企業グループで清水[2004：310]に掲載した売上高上位30グループのうち，ペルーのファミリービジネスである16の企業グループを抽出したものである[4]．ここから外資に売却された1グループと情報が入手できない2グループを除き，代わりに1990年代に大規模な事業再編を行いファミリービジネスの変化をみるのに適していると思われる2グループを加えた．各所有主家族が一つ

---

[3] ペルーでは grupo económico（「経済グループ」）という用語が使われるが，ここでは一般に用いられている「企業グループ」を用いる．中心となる企業の名前がグループ名として使われている．証券取引委員会の定義では，企業Aが企業Bの議決権つき株式の過半数以上を保有，ないしは信託など何らかの手段によって過半数の議決権を行使できる場合，または過半数の議決権が行使できなくても取締役の過半数を選任できる場合に，BはAの企業グループに属するとしている．本章では主に証券取引委員会の企業情報に記載される企業グループの分類を用いているが，一部実情と異なる場合には Peru Top Publications[2003]による企業グループの分類を用いている．

[4] 清水[2004：310]の表2の16位の「CONTINENTAL」は外資として分類されているが，本章ではブレシアのファミリービジネスの1つとして取り扱っている．

の企業グループを支配しているが，ロメロとブレシアだけは業種と所有構造が大きく違う2つの企業グループを支配している．また，過去の企業情報や取締役・支配人の経歴に関する情報は一部の企業のみについて得ることができたため，表6-1や表6-4においては分析対象となった企業が限られている．そのため，これらの表では現在は外資に売却された1グループも参考のために分析対象に含めている．

## 2. 会社法の規定と経営構造

それでは，これらのファミリービジネスの経営は誰が担っているのであろうか．それを考える手がかりとして，まず法律で規定された会社の経営構造とペルー企業の実際を照らし合わせてみたい．

1997年に改正された会社法(Ley de Sociedades Generales)[5]は，株式会社を閉鎖株式会社(Sociedad Anónima Cerrada：S.A.C.)と公開株式会社(Sociedad Anónima Abierta：S.A.A.)に分けて規定している．公開株式会社には取締役会の設置，少数株主の代表の取締役への選任，年次外部監査，証券取引委員会への経営・財務情報の登録を義務づけている．閉鎖会社の場合には取締役会の設置や外部監査は義務とはなっていない．いずれの場合にも会社の経営については取締役会と1人以上の支配人に任されるとのみ規定している．

取締役会や支配人が担う経営には大きく分けて意思決定，経営監督，業務執行の3つの機能が考えられるが，ペルーの場合，組織上は取締役会が意思決定と経営監督を担い，支配人以下が業務を執行する体制となっている．具体的な役職としては，図6-1のように取締役会に会長，副会長，取締役，代理・補欠取締役[6]があり，取締役会が支配人を選任する．支配人には，業務執行の最高責任者である総支配人のほか，財務・管理担当支配人，販売担当支配人，人事担当支配人，情報システム担当支配人などの役

---

5) 法律26887(Ley 26887)．ペルー議会のデジタル法律アーカイブ(www.congreso.gob.pe)から入手可能．
6) 代理取締役，補欠取締役は，正規の取締役が不在の時にその代わりをする役職である．一般に，特定の取締役の代理として決められているのが代理取締役で，いずれかの取締役が不在の時に上位の者から順に代わりとなるのが補欠取締役となっている．

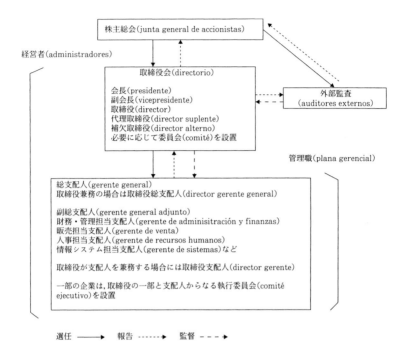

出所）会社法（Ley General de Sociedades）と主要ファミリービジネスの年報を参照に筆者作成

図6-1 ペルーの公開企業の経営組織とその名称

職がある．事業所が複数あって複数の階層の支配人がいる場合には，本社の支配人が上級（本社）支配人と呼ばれることもある．取締役と支配人の兼務が認められており，その場合には取締役支配人となる．創業から世代交代を経ていないファミリービジネスの場合には，取締役総支配人としてオーナー経営者自らが日々の経営執行に関わる場合が多い．また取締役会会長と総支配人が親子であるケースもみられる．

　本章ではファミリービジネスの取締役だけでなく支配人も分析対象に含めたが，具体的に支配人はどのような権限を持っているのだろうか．会社法によると，支配人の権限は企業の定款で定めるとしているが，一般的には総支配人の権限として(1)業務の執行，契約の締結，(2)民法上の代表，(3)取締役会への出席（発言はできるが議決権はない），(4)株主総会への出席

(発言はできるが議決権はない), (5)会計書類の証明, (6)株主総会, 取締役会の秘書, を挙げている. また, 支配人の責任として, 会計書類が真実であること, 会社の資産を適正に運用し保全すること, 株主や取締役に対して正しい情報を提供すること, 法を遵守し定款や, 株主総会や取締役会の決定事項を遂行することを挙げている.

ただし, この文面からだけでは総支配人は取締役会の方針に従い与えられた業務をこなすという受け身的なイメージしか得られず, 経営者としての支配人の重要性についてはよくわからない. そこで, 最近ペルーでも議論が行われているコーポレート・ガバナンス改革について見ることで, ファミリービジネスにおける経営構造を明らかにする手がかりとしたい.

### 3. コーポレート・ガバナンス改革

近年コーポレート・ガバナンスに関して, 株主の権利を守り経営の健全性を保つために, 経営の監督と執行を分離する議論がされている. 特に英米では公開企業において所有と経営の分離が進んでおり, 取締役会は経営の意思決定と監督, 執行役は業務の執行, という役割分担が求められている. これに応えて多くの企業では, 取締役会内に監査, 報酬, 指名委員会などを設置するほか, 独立取締役をその委員に選任するなど取締役会の監督機能を強化している[7].

ラポルタらの研究で示されているように, 少数株主の保護が進んでいるいくつかの国を除いて企業の所有と経営の分離は進んでおらず, 特定の家族や国が企業の所有を支配することが一般的である. このような支配株主は, キャッシュフロー権以上に経営を支配している. そのためコーポレート・ガバナンス上の問題として, 支配株主による少数株主の搾取の問題が指摘されている(La Porta et al.[1999]).

このような問題を解決し, 資本市場の発展のために経済協力開発機構

---

7) 英国では大手企業の多くで取締役会会長と最高執行責任者(CEO)を別の人が務めて経営と執行の分離を図っている(経済産業省[2003:30-37]). 米国では取締役会が選任した執行役(オフィサー)が業務を執行するが, 約8割の公開企業で取締役会会長が執行役の責任者であるCEOを兼務しており, 権限が強大なために取締役会による経営監視が有効でないことが指摘されている(深尾・森田[1997:81-86]).

(OECD)の定めた方針に従って，コーポレート・ガバナンス改革への取り組みがラテンアメリカ各国で始まっている(OECD[2003])．ペルーにおいても2002年7月には，証券取引委員会が「ペルー企業のグッド・ガバナンスの基本方針」[8]を発表した．2004年12月現在，リマ証券取引所に上場している約200社のうち，19社がグッド・ガバナンスの原則を遵守していることを公表している[9]．この中でファミリービジネスと考えられ，かつ年次報告書に原則の遵守について述べている4社について見てみると，3社が取締役会を毎月開催，2社が独立取締役を選任，2社が普通株のみの発行，1社が監査委員会の設置を明らかにしている．

これらの企業の中で，英米の大手企業のように取締役会による経営監視と執行役(ペルーでは支配人)による業務執行が明確に分離していると考えられるのは，スペインの銀行BBVAとブレシア・ファミリーが半分ずつ出資しているコンチネンタル銀行のみである．同社では9人の取締役のうちブレシア・ファミリーが会長，副会長，取締役2名に就いているものの，支配人には誰も就いていない．取締役会とは別に，BBVA出身の取締役総支配人と9人の非取締役支配人が幹部会(comité de dirección)を形成している．同社の場合には，所有主家族と出資者である外資の代表からなる取締役会が経営の監視を，俸給経営者からなる幹部会が意思決定の多くの部分と業務の執行を担当していると考えられる．

このように経営の監視と業務の執行が明確に分離されている例は全体からみるとごくわずかである．例えばグッド・ガバナンスの基本方針の遵守について明示している企業の一つであるブエナベンチュラ社の場合，取締役7人のうち，所有主家族であるベナビデス家の総帥と兄弟が会長と取締役を占め，このほか外資の鉱山会社の元重役や経済学者ら5人が独立取締

---

[8] この基本方針では次の5点を指摘している．①株主の権利の尊重，②株主間の取り扱いの公正，③利害関係者(従業員，取引先，債権者など)の権利の尊重，④投資家向け情報の公開，⑤取締役会の責任の規定．例えば，②では議決権つきの普通株のみの発行やそれへの転換を推奨しているほか，⑤では，独立取締役で構成される指名・報酬・監査・戦略立案委員会の設立や，会長と総支配人の役割分担の明確化や，権限集中の回避，総支配人への権限の移譲による独立性の維持などを勧めている．
[9] リマ証券取引所がこれらの企業を同取引所のホームページ(http://www.bvl.com.pe/)に掲載している．

役として就任している．取締役会内には独立取締役からなる監査委員会と報酬委員会が設置されている．しかし，総支配人と開発担当支配人には会長の息子2人が就いているため，経営監視と業務執行が明確に分離されているとは言い難い．そのほか大手ファミリービジネスの中には，ロメロ・ファミリーのクレディト銀行やパシフィコ・ペルアノ・スイサ保険のように取締役会のほかに執行委員会(comité ejecutivo)を設置している企業もあるが，その構成員の全てが取締役で占められており，監督と執行を分離するものではない．

以上から判断して，現在でも多くのファミリービジネスにおいて，実際には経営の監視と業務の執行が明確に分離されていないことがわかる．そのため，コンチネンタル銀行の例を除いては，取締役と支配人の間で意思決定，監督，業務執行をどのように分担しているのかを知ることができない．次節以降では取締役と支配人の両方について詳しくみることで，ファミリービジネスが人材の制約をどう克服しているかについて考える．

## 第2節　世代で異なる所有主家族の経営関与

経営における意思決定と業務執行で取締役会と支配人が実際にどのような役割を果たしているか，それぞれがファミリービジネスの競争力の向上にどのような重要性を持つのかについては，企業ごとに異なることが予想されるし，公開されている企業情報から直接推察するのは難しい．そこで本節と次節では，ポスト（取締役，支配人など）と属性（所有主家族かどうか，所有主家族との関わり，学歴，経歴など）を見ることで，それぞれがどのような役割を果たしているのかを考えたい．まず本節では所有主家族を，次節で俸給経営者を取り上げる．

### 1. 所有の代表者としての取締役

ペルーのファミリービジネスにおける経営者について明らかにするために，次の3つの作業を行った．第1に経済自由化が実施される前の1980年代後半と現在を比べ，主要ファミリービジネスの取締役がどう変わって

第6章 ペルーにおけるファミリービジネスの経営者

いるかを確認する．第2に所有主家族の取締役と支配人への現在の就任状況を確認する．第3に所有主家族経営者と俸給経営者の両方について学歴・経歴からその特徴を見いだす．これらの作業を行って得た情報をもとに，まず本節で所有主家族の経営への関わりを，次節で俸給経営者の特徴を分析する．

表6-1はペルーの13の主要なファミリービジネスについて1987年と2003年の2時点における取締役の役職と，それぞれの取締役の属性（所有主家族との関係と株の所有）を示したものである．2003年の取締役が1987年にも同じ企業の取締役を務めていた場合には，当時の役職も記した．企業によっては統合などによって名称が変わっているものの，事業を継承している場合には同一企業と見なした．まず1987年の取締役をみると，一部属性が確認できない取締役がいるがその大部分が株主であることがわかる．これらのうち，ペルー・パシフィコ産業やパルマ・デ・エスピノ，ホセ・リンドレイは所有主家族が取締役をほぼ独占する「ファミリーの独占事業」(清水[2004：333])である．一方，クレディト銀行，リマック保険，ビールのバックス＆ジョンストン，セメントス・リマ，ロス・ポルタレス不動産などは，一つのファミリーが株式の多くを所有して経営を支配しながらも，他のファミリーの出資を受け入れる「ファミリーの中核事業」(清水[2004：333])の形をとっている．いずれの場合でも所有者の代表が取締役を占めている．

次に1987年と2003年の取締役を比べると4つの点について指摘できる．第1に同じ人物が取締役を務める場合が少なくない．表6-1の「1987年の役職」の列に示されているとおり，クレディト銀行，リマック国際保険，鉱山のブエナベンチュラ，ロス・ポルタレス不動産ではファミリーの総帥である同じ人物が1987年から引き続き会長を務めている．それ以外でも両方の時点において取締役を務めているケースがいくつもある．第2に一部の企業で世代交代が行われている．アリコープ(1987年はペルー・パシフィコ産業)，パルマ・デ・エスピノではロメロ・ファミリーの3代目から4代目へ完全に交代しているほか，パシフィコ・ペルアノ・スイサ保険(1987年はペルー・スイサ保険)，リマック保険，観光開発のINTRUSA，セ

メントス・リマ，飲料水製造のホセ・リンドレイ，ロス・ポルタレス不動産では取締役会内に新しい世代が入っている．ブエナベンチュラのように3代目は取締役，4代目は支配人という形で世代交代が進みつつある企業もある．第3に企業によって経営を支配する所有主家族のプレゼンスが拡大している場合と，外資や別のファミリーの代表者が取締役に就任する場合の2つの傾向が見られる．前者としてリマック保険，INTRUSA，ロス・ポルタレス不動産，後者としてアリコープやバックス＆ジョンストン，ホセ・リンドレイが挙げられる．後者の場合，1990年代以降の企業の再編で吸収された企業や受け入れた外資の代表者が取締役に就いている．

以上より，経済自由化改革が始まってから15年が経ち，それに伴う企業の再編が進むなどファミリービジネスを取り巻く環境が大きく変わったにもかかわらず，取締役は所有主家族や外資の代表者など，所有者の代表が占めていることが確認できる．

## 2. 取締役として意思決定

次に，現在のファミリービジネスにおいて，所有主家族が会長，取締役，支配人に就任している状況を，証券取引委員会が規定する企業グループごとにまとめたのが表6-2である．

これによると13ファミリービジネスの236社の中で，約4分の3の企業で所有主家族が取締役を，4分の1の企業で支配人を務めていることがわかる．逆の見方をすれば，4分の3の企業で支配人を俸給経営者に任せている．また，家族が取締役も支配人も務めていない企業は全体の4分の1である．ファミリー別に詳しくみると，ラフォ，ウォン，シヨニス，ロドリゲス・バンダ，ブレシア（INTRUSAグループ）において，所有主家族が支配人に就任している企業が4割を超えている．逆にロメロ（クレディコープ・グループ），ブレシア（コンチネンタル銀行グループ），グラニャ＆モンテロ，ガルスキーでは所有主家族は1人も支配人に就任していない．特にガルスキー・ファミリーは取締役への就任も全体の3分の1と低い．

これらの企業グループには家族の持株会社に相当する企業や，実態が明らかでない企業も含まれるため，この中からリマ証券取引所に上場してい

表 6-1 主要ファミリービジネスの取締役の変化(1987 年、2003 年)

| 所有主家族産業 | 企業名(1987 年) | 取締役の属性[1] | 企業名(2003 年) | 取締役の属性[1] | 1987 年の役職[2] |
|---|---|---|---|---|---|
| ロメロ・ファミリー | | | | | |
| 銀　　　行 | BANCO DE CREDITO DEL PERU　クレディト銀行<br>会　長<br>副会長<br>取締役 10 人 | <br>ロメロ家 3 代目(株主)<br>ラフォ家(株主)<br>ロメロ家 3 代目(株主)<br>ロメロ家協力者 2 人<br>ニコリーニ家(株主)<br>ブレンシア家(株主)2 人<br>デ・オスマ家(株主)<br>ギオ家(株主)<br>外資 2 人 | BANCO DE CREDITO DEL PERU<br>会　長<br>副会長<br>取締役 10 人 | <br>ロメロ家 3 代目<br>ニコリーニ家<br>ロメロ家 4 代目<br>ロメロ家協力者 3 人<br>ベーメ家<br>前経済財政相<br>不明 4 人 | <br>会長<br>取締役<br>うち 2 人は取締役 |
| 食品製造 | CIA INDUSTRIAL PERU PACIFICO　ペルー・パシフィコ産業<br>会　長<br>副会長<br>取締役 3 人 | <br>ロメロ家 3 代目(株主)<br>ロメロ家 3 代目 2 人(株主)<br>ロメロ家協力者 | ALICORP S. A. A アリコープ<br>会　長<br>副会長<br>取締役 7 人<br>代理取締役 3 人 | <br>ロメロ家 4 代目<br>ロメロ家 4 代目<br>ロメロ家 4 代目 2 人<br>ニコリーニ家 2 人<br>外資 2 人<br>不明 1 人<br>ロメロ家 4 代目 3 人 | |
| 保　　　険 | CIA DE SEGUROS Y REASEGUROS PERUANO-SUIZA S. A.<br>ペルー・スイサ保険<br>会　長<br>副会長<br>取締役 8 人 | <br><br>ラフォ家(株主)<br>ロメロ家 3 代目(株主)<br>モレイラ家(株主)<br>ラフォ家(株主)<br>株主 2 人 | PACIFICO PERUANO SUIZA　パシフィコ・ペルアノ・スイサ保険<br>会　長<br>副会長<br>取締役 11 人 | <br>ロメロ家 3 代目<br>ロメロ家 4 代目 2 人<br>ロメロ家協力者 2 人<br>ラフォ家<br>リン・パトロン家 | <br><br>副会長<br><br>取締役 |

| | | | |
|---|---|---|---|
| 農産物加工 | PALMA DE ESPINO ペルマ・デ・エスピノ | | PALMA DE ESPINO ニコリーニ家 |
| | 会　長 | 外資 | 会　長　不明4人 |
| | 副会長 | 不明2人 | 副会長　ロメロ家4代目 |
| | 取締役2人 | ロメロ家3代目(株主) | 取締役3人　ロメロ家4代目 |
| | | ロメロ家3代目(株主) | 　　　　　　ロメロ家4代目2人 |
| | | ロメロ家3代目(株主) | 　　　　　　元通商次官 |
| | | ロメロ家協力者 | |

**ブレンチ・ファミリー**

| | | | |
|---|---|---|---|
| 保　険 | COMPAÑIA DE SEGUROS RIMAC リマック保険 | | RIMAC-INTERNACIONAL COMPAÑIA DE SEGUROS Y REASEGUROS |
| | | | リマック国際保険（左の2社が統合） |
| | 会　長 | ブレンチ家2代目(株主) | 会　長　ブレンチ家2代目　ペルー国際保険の会長 |
| | 副会長 | ブスタマンテ・ロメロ家 | 副会長　ブレンチ家2代目　リマック保険の会長 |
| | 取締役10人 | ブレンチ家2代目(株主) | 取締役8人　ブレンチ家3代目4人　リマック保険の取締役 |
| | | ベーグマイヤー家(株主) | 　　　　　ショニース家 |
| | | ピカソ・サリナス家(株主) | 　　　　　不明2人 |
| | | レッツ家(株主)2人 | |
| | | 不明5人 | |
| 保　険 | COMPAÑIA INTERNACIONAL DE SEGUROS DEL PERU | | |
| | ペルー国際保険 | | |
| | 会　長 | ブレンチ家2代目(株主) | |
| | 取締役7人 | アスビャガ家(株主) | |
| | | ショニース家(株主) | |
| | | 不明5人 | |
| 観光開発 | INVERSIONES NACIONALES DE TURISMO(INTRUSA) | | INVERSIONES NACIONALES DE TURISMO S.A.(INTRUSA) |
| | 会　長 | ブスタマンテ・ロメロ家 | 会　長　ブレンチ家2代目　取締役 |
| | 取締役5人 | ブレンチ家2代目2人(株主) | 副会長　ブレンチ家2代目　取締役 |
| | | デ・ラ・フエンテ家 | 取締役5人　ブレンチ家3代目4人 |
| | | 株主 | 　　　　　デ・ラ・フエンテ家　取締役 |
| | | 不明1人 | |

| 所有主家族産業 | 企業名(1987年) | 取締役の属性[1] | 企業名(2003年) | 取締役の属性[1] | 1987年の役職[2] |
|---|---|---|---|---|---|
| **ベンティン・ファミリー** | | | | | |
| ビール | CERVECERIA BACKUS & JOHNSTON<br>会長<br>副会長<br>取締役9人<br><br><br><br><br><br>総支配人 | バックス&ジョンストン家2代目(株主)<br>ベンティン家2代目(株主)<br>ベークマイヤー家2人<br>プレンシア家2人<br>ベンティン家3代目<br>オラエチェア家3代目(株主)<br>ベルド家(株主)<br>ラフォ家<br>ロメロ家(株主)<br>トゥデラ家(株主)<br>不明1人<br>ベンティン家3代目 | UNION DE CERVECERIAS PERUANAS BACKUS & JOHNSTON[3]<br>会 長<br>副会長<br>取締役12人<br><br>総支配人 | ベンティン家3代目<br>ベンティン家3代目<br>ベンティン家4代目<br>外資11人<br>ベンティン家4代目 | 総支配人<br>取締役 |
| **ベナビデス・ファミリー** | | | | | |
| 鉱 山 | COMPAÑIA DE MINAS BUENAVENTURA S.A<br>会 長<br>副会長<br>取締役5人 | フェナベンチュラ<br>ベナビデス家3代目(株主)<br>ベナビデス家3代目(株主)<br>株主<br>外資1人<br>不明3人 | COMPAÑIA DE MINAS BUENAVENTURA S. A. A.<br>会 長<br>取締役6人<br><br><br>総支配人<br>支配人 | ベナビデス家3代目<br>ベナビデス家3代目<br>独立取締役5人<br>ベナビデス家4代目<br>ベナビデス家4代目 | 会長<br>副会長<br>うち1人は外資の取締役 |
| **フェレイロス・ファミリー** | | | | | |
| 産業機器輸入販売 | ENRIQUE FERREYROS S. A. フェレイロス<br>会 長<br>副会長<br>取締役10人 | フェレイロス家2代目<br>フェレイロス家3代目<br>フェレイロス家2人<br>フェレイロス家2代目2人(株主)<br>株主2人<br>モンテロ家<br>不明3人 | FERREYROS S. A. A.<br>会 長<br>副会長<br>取締役5人 | フェレイロス家3代目<br>モンテロ家<br>フェレイロス家<br>不明4人 | 副会長<br>取締役<br>取締役<br>うち2人は取締役 |

| リソ・パトロン・ファミリー | | | |
|---|---|---|---|
| セメント | CEMENTOS LIMA | セメントス・リマ | |
| | 会長 | 株主 | |
| | 副会長 | リソ・パトロン家3代目(株主) | |
| | 取締役9人 | デ・ラ・ピエドラ家(株主) | |
| | | ベラシオ/モレイラ家(株主) | |
| | | プギレ・ロカ家(株主)2人 | |
| | | 株主1人 | |
| | | 開発金融公社代表3人 | |

| リンドレイ・ファミリー | | | |
|---|---|---|---|
| 飲料水製造 | JOSE LINDLEY E HIJOS S. A. | ホセ・リンドレイ | |
| | 会長 | リンドレイ家2代目 | |
| | 取締役4人 | リンドレイ家2代目2人 | |
| | | リンドレイ家3代目 | |
| | | リンドレイ家 | |

| ラフォ・ファミリー | | | |
|---|---|---|---|
| 不動産 | INMOBILIARIA LOS PORTALES S. A. ロス・ポルタレス不動産 | | |
| | 会長 | ラフォ家3代目 | |
| | 副会長 | ロメロ家 | |
| | 取締役7人 | ロメロ家協力者 | |
| | | ベンティン家 | |
| | | デ・プエンテ家 | |
| | | デ・オスマ家(株主)2人 | |
| | | 株主 | |

| | | |
|---|---|---|
| CEMENTOS LIMA | | |
| 会長 | リソ・パトロン家2代目 | 副会長 |
| 副会長 | リソ・パトロン家3代目2人 | 取締役 |
| 取締役10人 | デ・ラ・トーレ家 | 会長 |
| | デ・ラ・ピエドラ家 | 取締役 |
| | 不明6人 | |

| | | |
|---|---|---|
| CORPORACION JOSE R. LINDLEY | | |
| 会長 | リンドレイ家3代目 | 取締役 |
| 取締役6人 | リンドレイ家4代目2人 | |
| | 不明4人 | |
| 代理取締役2人 | 不明2人 | |

| | | |
|---|---|---|
| LOS PORTALES S. A. | | |
| 会長 | ラフォ家3代目 | 会長 |
| 副会長 | 外資 | |
| 取締役2人 | ラフォ家4代目 | |
| | ラフォ家 | |
| 代理取締役2人 | ラフォ家4代目 | |
| | 不明1人 | |

注) 1. 所有主家族の世代、所有主家族との関わり、確認できた株の所有などMalpica[1989]に名前が出てくる国内でも知られている企業家ファミリーについては、ファミリー名を記した。取締役の人数には会長、副会長を含まない。
2. 1987年と2003年が同一人物の場合、87年の役職。
3. 2002年にコロンビア企業に買収されたため、現在はペルーのファミリービジネスではないが、買収による取締役、支配人の構成の変化をみるために取り上げた。

出所) 1987年についてはMalpica[1989]、2003年については各社の年次報告書の情報を参照し筆者作成。

表 6-2 所有主家族の取締役・支配人への就任[1]

| 所有主家族 | 中心企業（グループ名）[2] | 主要な業種 | 全企業数 | ファミリーがそれぞれの役職を務める企業数と割合 | | | | | | |
|---|---|---|---|---|---|---|---|---|---|---|
| | | | | 会長 | | 取締役[3] | | 支配人 | | |
| ロメロ | クレディコープ | 金融、保険 | 28 | 16 | 57% | 16 | 57% | 0 | 0% | |
| ブレシア | アリコープ | 食品、日用品製造、流通、農業 | 26 | 21 | 81% | 25 | 96% | 3 | 12% | |
| | コンチネンタル銀行 | 金融 | 6 | 1 | 17% | 4 | 67% | 0 | 0% | |
| | INTRUSA | 観光開発、鉱山、保険、不動産 | 28 | 21 | 75% | 21 | 75% | 12 | 43% | |
| ウォン | パラモンガ | 小売り、不動産、農産物加工 | 27 | 24 | 89% | 25 | 93% | 15 | 56% | |
| ベナビデス | ブエナベンチューラ | 鉱山 | 18 | 12 | 67% | 16 | 89% | 4 | 22% | |
| ロドリゲス・パンダ | グロリア | 乳業、流通、セメント | 20 | 14 | 70% | 14 | 70% | 9 | 45% | |
| フェレイロス | フェレイロス | 産業機器輸入販売 | 7 | 3 | 43% | 3 | 43% | 1 | 14% | |
| グラニャ&モンテロ | グラニャ・イ・モンテロ | 建設、石油 | 16 | 8 | 50% | 12 | 75% | 0 | 0% | |
| リン・パトロン | セメントス・リマ | セメント | 11 | 5 | 45% | 8 | 73% | 2 | 18% | |
| ショーネス | アレキパ鉄鋼 | 鉄鋼 | 2 | 0 | 0% | 2 | 100% | 1 | 50% | |
| ヴィセ | ネゴシオス・エ・インムエブレス | 不動産 | 10 | 5 | 50% | 9 | 90% | 2 | 20% | |
| ガルスキー | SIPESA | 漁業、水産物加工 | 21 | 6 | 29% | 7 | 33% | 0 | 0% | |
| リンドレイ | ホセ・リンドレイ | 飲料水製造 | 6 | 3 | 50% | 4 | 67% | 1 | 17% | |
| ラフォ | LPホールディング | 不動産、繊維 | 10 | 10 | 100% | 10 | 100% | 6 | 60% | |
| | | 合計 | 236 | 149 | 63% | 176 | 75% | 56 | 24% | |

注）
1. 役職の一部が確認できない企業も含まれるため、所有主家族の関与が確認できた最低限の企業数と割合を示す．
2. 各企業グループの中心企業の名前がグループ名として使われている．
3. 取締役には代理・補欠取締役も含む．

出所）CONASEVの企業情報（2005年2月）を元に筆者作成．

る36社を抽出して表6-3を作成した．この表では所有主家族の就任状況に応じて，所有主家族が取締役かつ支配人に就任している企業，取締役のみに就任している企業，取締役にも支配人にも就任していない企業に分類した．これによると全体の約3分の1の企業で所有主家族が取締役かつ支配人に就任，約半分の企業で取締役のみに就任していることが確認できる．表6-2と比べると，所有主家族が支配人まで務めている企業の割合は若干多いものの，支配人を俸給経営者に任せている割合はほぼ同じである．

　この2つの表から判断すると，現在のファミリービジネスにおいては，所有主家族は取締役として経営に参加する場合が多いと言える．支配人については過去の情報が得られなかったため，所有主家族の支配人としての経営参加が減少しているとは断言できない．しかしこれまでの情報から，創業者からの世代交代や多角化によって事業範囲が広がるとともに，取締役として意思決定は行うものの，業務の執行は俸給経営者の支配人に任せていると考えられる．特に，ロメロ，ブレシア・ファミリーの金融・保険関連企業のように，所有主家族は取締役，支配人のいずれにも就任していないか，取締役のみに就任している場合には，業務の執行は支配人である俸給経営者に任せていると考えられる．

### 3．若手世代が支配人として経験を積む

　表6-2，6-3が示すようにファミリービジネスにおいて所有主家族が支配人を務めるのは少数であるが，大手企業にもかかわらず所有主家族が支配人を務めて業務執行にまで関わるのには2つの場合が考えられる．まず一つは創業者企業の場合である．表6-2で所有主家族の支配人への就任が多いウォン，ロドリゲス・バンダがその例である．両社とも厳密に言えばファミリービジネスとしては2代目にあたる．しかし，雑貨屋だったウォンが拡大するきっかけとなったスーパー・マーケットを開店したのは創業者の息子たちであった．また，ペルー南部のアレキパ市の資産家出身で運輸業をファミリービジネスとしていたロドリゲス・バンダの場合，その息子たちであるロドリゲス・ロドリゲス兄弟が地元にあったネスレの工場を買収し，国内最大手の乳業メーカーに育てた．この両社は実質的には創業

表 6-3　上場企業における所有者

| 所有主家族 | 企　　　業 |
|---|---|
| ベナビデス | COMPAÑIA DE MINAS BUENAVENTURA S. A. A. |
| ロドリゲス・バンダ | GLORIA S. A. |
| ラフォ | LP HOLDING S. A. |
| ラフォ | LOS PORTALES S. A. |
| ブレシア | RIMAC-INTERNACIONAL COMPAÑIA DE SEGUROS Y REASEGUROS |
| ロドリゲス・バンダ | YURA S. A. |
| ショニス | CORPORACION ACEROS AREQUIPA S. A. |
| ロメロ | ALICORP S. A. A. |
| ブレシア | MINSUR S. A. |
| フェレイロス | FERREYROS S. A. A. |
| リンドレイ | CORPORACION JOSE R. LINDLEY S. A. |
| ラフォ | TEXTIL SAN CRISTOBAL S. A. |
| ロメロ | CREDICORP LTD. |
| ロメロ | BANCO DE CREDITO DEL PERU |
| ロメロ | CREDIFONDO S. A. SOCIEDAD ADMINISTRADORA DE FONDOS |
| ロメロ | CREDITITULOS SOCIEDAD TITULIZADORA S. A. |
| ロメロ | CREDITO LEASING S. A. |
| ロメロ | PACIFICO PERUANO SUIZA |
| ロメロ | RANSA COMERCIAL S. A. |
| ブレシア | BANCO CONTINENTAL |
| ブレシア | COMPANIA MINERA RAURA S. A. |
| ブレシア | EXSA S. A. |
| ブレシア | INVERSIONES NACIONALES DE TURISMO S. A. INTURSA |
| ウォン | AGRO INDUSTRIAL PARAMONGA S. A. A. |
| ウォン | EMPRESA AZUCARERA EL INGENIO S. A. |
| グラニャ＆モンテロ | GRAEÑA Y MONTERO S. A. A. |
| リソ・パトロン | CEMENTOS LIMA S. A. |
| ヴィセ | INVITA SEGUROS DE VIDA |
| ヴィセ | NEGOCIOS E INMUEBLES S. A. |
| ガルスキー | GRUPO SINDICATO PESQUERO DEL PERU S. A. |
| リンドレイ | EMBOTELLADORA LATINOAMERICANA S. A.-ELSA |
| ベナビデス | SOCIEDAD MINERA CERRO VERDE S. A. A. |
| ロメロ | CREDIBOLSA SOCIEDAD AGENTE DE BOLSA S. A. |
| ロメロ | EL PACIFICO VIDA COMPANIA DE SEGUROS Y REASEGUROS |
| ブレシア | AFP HORIZONTE. |
| ブレシア | CONTINENTAL SOCIEDAD TITULIZADORA S. A. |

注）　1.　所有主家族の役割が大きい順に並べた．同じ就任状況の場合にはファミリービジネスとしての規模が大きい順（清水［2004：310］）に並べた．
　　　2.　取締役には代理・補欠取締役を含む．

家族の取締役・支配人への就任[1]

| 業　種 | 所　有　主　家　族　の　就　任　状　況 | | | | 所有主家族が |
|---|---|---|---|---|---|
| | 会　長 | 取締役[2] | 総支配人 | その他支配人 | |
| 鉱　　　業 | ○ | ○ | ○ | ○ | 取締役かつ支配人<br>12社　33% |
| 乳　　　業 | ○ | ○ | ○ | ○ | |
| 不　動　産 | ○ | ○ | ○ | ○ | |
| 不　動　産 | ○ | ○ | ○ | ○ | |
| 保　　　険 | ○ | ○ | ○ | × | |
| セ メ ン ト | ○ | ○ | ○ | × | |
| 鉄　　　鋼 | × | ○ | ○ | × | |
| 食 品 製 造 | ○ | ○ | × | ○ | |
| 鉱　　　業 | ○ | ○ | × | ○ | |
| 産業機器販売 | ○ | ○ | × | ○ | |
| 飲料水製造 | ○ | ○ | × | ○ | |
| 繊　　　維 | ○ | ○ | × | ○ | |
| 金　　　融 | ○ | ○ | × | × | 取締役のみ<br>20社　56% |
| 銀　　　行 | ○ | ○ | × | × | |
| 金　　　融 | ○ | ○ | × | × | |
| 金　　　融 | ○ | ○ | × | × | |
| 金　　　融 | ○ | ○ | × | × | |
| 保　　　険 | ○ | ○ | × | × | |
| 物　　　流 | ○ | ○ | × | × | |
| 銀　　　行 | ○ | ○ | × | × | |
| 鉱　　　業 | ○ | ○ | × | × | |
| 化　　　学 | ○ | ○ | × | × | |
| 観　　　光 | ○ | ○ | × | × | |
| 農産物加工 | ○ | ○ | × | × | |
| 農産物加工 | ○ | ○ | × | × | |
| 建　　　設 | ○ | ○ | × | × | |
| セ メ ン ト | ○ | ○ | × | × | |
| 保　　　険 | ○ | ○ | × | × | |
| 不　動　産 | ○ | ○ | × | × | |
| 水産物加工 | ○ | ○ | × | × | |
| 飲料水製造 | ○ | ○ | × | × | |
| 鉱　　　業 | × | ○ | × | × | |
| 金　　　融 | × | × | × | × | 就任せず<br>4社　11% |
| 保　　　険 | × | × | × | × | |
| 年 金 基 金 | × | × | × | × | |
| 金　　　融 | × | × | × | × | |

合計36社

出所）CONASEVの企業情報（2005年2月）を元に筆者作成．

表 6-4 主要ファミリービジネスの取締

| 所有主家族 | 企業(産業) | 取　締　役[1] | |
|---|---|---|---|
| ロメロ | クレディコープ(金融)[2] | 所有主家族1人 | 3代目でファミリーの総帥が会長．スタンフォード大MBA． |
| | | その他5人 | 所有主家族の協力者2名ほか，以前よりクレディト銀行の取締役を務める． |
| | パシフィコ・ペルアノ・スイサ保険 | 所有主家族4人 | 3代目が会長(スタンフォード大MBA)，その兄弟のファミリー総帥が副会長，副会長の息子(スタンフォード大MBA)と会長の従兄弟の子(バブソン大MBA)が取締役． |
| | | その他9人 | 他の家族や外資(米AIU)などの少数株主の代表者．1970年代からの取締役が3人，1980年代からの取締役が3人． |
| | アリコープ(食品) | 所有主家族7人(うち代理取締役3人) | いずれも4代目で，スタンフォード大MBA，ケロッグMBA，バブソン大MBA，バブソン大経済学士，ボストン大学士など．2001年に3代目から交代して就任 |
| | | その他5人 | 1990年代半ばに吸収した企業の所有主家族や投資銀行の代表者． |
| | ランサ(物流) | 所有主家族4人 | いずれも4代目で，アリコープの取締役と重なる． |
| | | その他1人 | 元関連会社の総支配人でロメロの協力者． |
| ブレシア | コンチネンタル銀行 | 所有主家族4人 | 2代目の兄弟が会長，副会長，3代目の2人が取締役(うち1人がMBA)． |
| | | その他5人 | スペインBBVA銀行の代表者．うち1人は取締役兼総支配人でBBVA関連銀行でキャリアを積む． |
| | ミンスール(鉱山) | 所有主家族6人 | 2代目の兄弟が会長，副会長．もう1人の2代目と合わせて1977年年から取締役．3代目は2002年から取締役． |
| | | その他なし | |
| | エクサ(化学) | 所有主家族4人 | 2代目の3人が会長と取締役2人．3代目の1人が取締役． |
| | | その他3人 | 少数株主家族の代表． |
| ベンティン | バックス＆ジョンストン(ビール)(買収前)[3] | 所有主家族3人 | 会長(農学士)，副会長，取締役1人(うち1人はMBA・外科医)． |
| | | その他11人 | 少数株主家族の代表． |

役と支配人――学歴・経歴(2002, 2003年)

| | 支配人 |
|---|---|
| 所有主家族 1 人 | 執行委員会(Executive Committee)を設置．会長が委員長． |
| 俸給経営者 5 人 | 会長兼委員長以外は非取締役．1 人を除いて外国銀行の勤務経験がある．4 人はクレディト銀行に勤務．1 人はグループの保険会社勤務．学歴は 2 人がワートン MBA，1 人がメキシコのコレヒオ・デ・メヒコ経済学修士など． |
| 所有主家族なし | |
| 俸給経営者 15 人 | 総支配人は同社に 25 年以上勤務．他の支配人のうち 8 人が 10 年以上同社に勤務するか，保険業界での同等の経験をもつ．国内大学卒業者がほとんどで，国内 MBA(ESAN)を取得した人が 3 人．国外(チューリッヒ，ニューヨーク)も含めて保険に関する専門教育を受けた人が 6 人． |
| 所有主家族 2 人 | 代理取締役兼支配人の 2 人．財務・総務・システムと販売の担当．ボストン大学士，バブソン大修士． |
| 俸給経営者 7 人 | 総支配人は元商務省次官でチリ・カトリカ大卒，ケロッグ・スクールでコース履修．支配人は 2 人が外国大学(米国経営学士，ドイツ化学修士)，4 人が国内大学卒(うち 2 人が ESAN などで MBA)． |
| 所有主家族なし | |
| 俸給経営者 1 人 | 総支配人は海軍学校出身，国内(パシフィコ大学)・スペインの大学で経営，情報工学修士号を取得． |
| 所有主家族なし | |
| 俸給経営者 10 人 | 幹部委員会(Comté de Dirección)を構成する主要な支配人は 10 人．委員長は BBVA 出身の取締役総支配人．副総支配人の 1 人はベネズエラ IESA の MBA で系列の年金基金 AFP ホリゾンテ総支配人を務めた．別の副総支配人は AFP ホリゾンテの取締役を兼任． |
| 所有主家族 1 人 | 3 代目の 1 人が取締役兼副総支配人． |
| 俸給経営者 5 人 | 総支配人は 1977 年から勤務．その他の 2 人も 20 年以上勤務． |
| 所有主家族なし | |
| その他 6 人 | 少数株主である取締役の息子(化学修士)が総支配人．俸給経営者は 5 人．1980 年代から勤務する支配人が 3 人(鉱山・金属工学専攻)，94 年，2001 年から勤務する支配人がそれぞれ 1 人(いずれも経営学)． |
| 所有主家族 1 人 | 会長の従兄弟が総支配人(モンテレー工科大 MBA)． |
| 俸給経営者 9 人 | 6 人が 20 年以上同社または関連のビール会社に勤務．国内大学卒でモンテレー工科大 MBA2 人，国内 MBA(ピウラ大学，ESAN)5 人． |

| 所有主家族 | 企業(産業) | 取締役[1] | |
|---|---|---|---|
| ベネビデス | ブエナベンチュラ(鉱山) | 所有主家族2人 | 会長は64年から86年まで同社の総支配人. |
| | | その他5人 | 5人とも独立取締役. 元アーサーアンダーセンのパートナー, 元外資鉱山会社副社長, 経済学者など. 取締役会内に独立取締役からなる報酬委員会と監査委員会を設置. |
| ロドリゲス・バンダ | グロリア(乳業) | 所有主家族3人 | 3兄弟が会長, 副会長, 取締役. 2代目だが事業を拡大した実質的な創業者. 2人は外国大学の学士, 修士. |
| | | その他1人 | 米大学で金属工学, 経営学修士. 外資鉱山会社, 国営鉱山会社, 民営化されたセメント会社を経て1996年から2000年までグロリアの総支配人. |
| フェレイロス | フェレイロス(産業機器販売) | 所有主家族2人 | 会長, 取締役. |
| | | その他5人 | |
| ショニス | アレキパ鉄鋼 | 所有主家族2人 | 取締役兼支配人(MBA), 取締役(財政修士, 米国で金融アナリスト). |
| | | その他11人 | 少数株主の家族の代表. 2人が60年代から, 残りは80年代から取締役を務める. |
| ラフォ | LPホールディング(不動産) | 所有主家族4人 | 3代目の会長と4代目の取締役2人. 4代目のうち1人は財政学修士, もう1人は外国大学卒, 国内大学MBA(ピウラ大). |
| | | その他2人 | ロメロの協力者と, 保険会社の元総支配人. |
| | ロス・ポルタレス不動産 | 所有主家族4人 | 3代目の会長と取締役3人. |
| | | その他1人 | 少数株主であるメキシコ企業の代表. |
| | サン・クリストバル繊維 | 所有主家族4人 | 会長と取締役3人. 03年に会長が3代目から4代目(MBA)に交代. |
| | | その他1人 | 弁護士. |

注) 1. 取締役には代理・補欠取締役を含む.
　　2. クレディコープについてはCOVASEVや年次報告書には支配人について情報の掲
　　　表6-2, 6-3においては所有主家族の会長兼執行委員会委員長を支配人としては数え
　　3. 2002年にコロンビア企業に買収されたが, ここでは買収前の取締役, 支配人の構成
出所) 各社の年次報告書をもとに筆者作成.

| | 支配人 |
|---|---|
| 所有主家族2人 | 会長の息子が総支配人(外国大学 MBA). 支配人は外国大学の修士. 2人ともハーバードの経営プログラムを受講. |
| 俸給経営者4人 | 財務・管理担当がパシフィコ大 MBA, ハーバード大コース履修, 鉱山関連の国営銀行勤務. 会計担当者がカトリカ大卒会計士, ピウラ大コース履修. オペレーション担当がコロラド鉱山大学卒, 関連鉱山勤務. 探査担当がリバプール大博士(地質学). |
| 所有主家族2人 | 会長が総支配人兼務, 副会長が支配人兼務. |
| 俸給経営者3人 | 食料部門の支配人は国内 MBA(ESAN), 国内大手企業の総支配人を経験. |
| 所有主家族なし | |
| 俸給経営者10人 | 総支配人は国営銀行, 開発金融公社, 世界銀行に勤務. 同社での勤務経験が長い人が多い(20年以上6人, 15年以上3人). 国内大学卒, 国内経営大学院(ESAN)でコースを受講した人が2人. |
| 所有主家族1人 | 取締役兼支配人(MBA). |
| 俸給経営者5人 | それぞれ, 旧国営製鉄会社, 食品製造会社, 通信会社などで勤務経験あり. |
| 所有主家族1人 | 4代目(外国大学卒, 国内大学 MBA)が総支配人. |
| 俸給経営者2人 | 総務・財務担当がパシフィコ大 MBA, 法律担当がカトリカ大卒弁護士. |
| 所有主家族2人 | 4代目が取締役兼総支配人(MBA)と副総支配人(外国大学 MBA). ともにグループ企業で勤務経験あり. |
| 俸給経営者3人 | 2人はそれぞれパシフィコ大, ESAN で MBA やディプロマを取得. もう1人はカナダ人でネバダ大ホテル経営科卒, ホテル業界の経験長い. |
| 所有主家族なし | 03年に3代目の会長兼総支配人が辞任, 後任の総支配人は未定. |
| 俸給経営者4人 | それぞれ外資日用品メーカー(P&G), コンサルタント会社(アーサーアンダーセン)での勤務経験あり. |

載がないため, 米証券取引委員会に提出された Form 20-F の情報を参考にした. ただし, ていない.
をみるために取り上げた.

者企業で，両社とも兄弟で取締役，支配人のポストを分け合っている．

　もう一つの例外はそれぞれのファミリービジネスの中で所有主家族が創業するなどその産業について豊かな知識と経験を持ち，規模が大きい中核会社の場合である．表6-3で所有主家族が取締役かつ支配人に分類されている企業で，ベナビデスのブエナベンチュラ，ラフォのロス・ポルタレス不動産，ロメロのアリコープ，ブレシアのミンスールがこれにあたる．表6-1から6-3と，取締役と支配人の学歴・経歴の特徴をまとめた表6-4を合わせてみると，既に指摘した世代交代が進んでいる企業では若い世代が取締役，代理・補欠取締役のほか，総支配人や各業務の担当支配人に就いていることがわかる．さらにそれらの所有主家族は，主に外国の大学や経営学大学院でMBAなどの教育を受けている．

　例えばロメロ・ファミリーの食品企業であるアリコープの場合，2003年に取締役に就いている所有主家族は全て4代目であるが，このうち代理取締役に就いている2人はそれぞれ財務・総務・システムと販売の支配人も兼任している．これら所有主家族の経営者は，スタンフォード大，ケロッグ，バブソン大のMBAやそのほか米国大学の学士号を取得している．

　鉱山企業であるベナビデス・ファミリーのブエナベンチュラの場合，2003年には4代目が総支配人と支配人を務めている．両人とも外国の大学で教育を受けたほか，ハーバード・ビジネス・スクールで経営者養成プログラムを履修している．

　ラフォ・ファミリーのロス・ポルタレス不動産では，2003年には4代目の2人が取締役，代理取締役に就いている．1人は財政学修士号を取得，総支配人を兼ねているもう1人は米国の大学を卒業した後に国内の経営学大学院でMBAを取得している．

　このように，各ファミリーの中核会社では，所有主家族の若い世代が外国で高等教育を受けた後，ファミリービジネスに取締役や支配人として関わって実務経験を積んで経営能力を向上していると理解できる．同時に，このようなファミリービジネスの中心となる企業については，支配人への就任を通じて経営の執行に関わる細かい情報も把握し，所有主家族によるファミリービジネスへの強い経営支配力を維持しているものと考えられる．

## 第3節 教育と経験を積む俸給経営者

### 1. 支配人の学歴・経歴

既に見たように，ファミリービジネスの多くにおいて支配人に就いているのは俸給経営者である．本節ではこれらの経営者に焦点をあててその特徴を明らかにする．ここで行った作業は，主要ファミリービジネスの経営者（取締役と支配人）の属性（所有主家族か俸給経営者か），学歴，経歴の確認である．表6-1から6-3で取り上げた企業のうち，2002年または2003年の各社の年次報告書から情報が入手できたのべ約230人について，企業別にまとめたものを表6-4に示した．

この表から全体の傾向として言えることは，多くの俸給経営者の支配人が，国内の大学を卒業しているだけでなく，国内で経営学大学院を持つESAN，パシフィコ大学，ピウラ大学でMBAを取得したり，経営関連のコースを履修（ディプロマを取得）していることである．表6-4のパシフィコ・ペルアノ・スイサ保険，食品のアリコープ，ビールのバックス＆ジョンストン，鉱山のブエナベンチュラ，乳業のグロリア，産業機器輸入販売のフェレイロス，ロス・ポルタレス不動産などで大学院レベルの教育を受けている支配人の存在が確認できる．また，わずかではあるが俸給経営者の中にも外国留学経験のある支配人がいる．コンチネンタル銀行の副総支配人はベネズエラIESA（高等経営研究所）のMBA，バックス＆ジョンストンの支配人の2人はメキシコ・モンテレー工科大学のMBAを取得している．

経歴をみると，その企業に長期間勤務して現在は支配人に就いている人と，他の企業の勤務経験を持っている人の両方が存在している．例えば，ミンスールとブエナベンチュラでは3人が20年以上，フェレイロスでは6人が20年以上，3人が15年以上と長期間その会社に勤務していることから，内部昇進によって支配人の地位に就いたと考えられる．

一方，他の企業の勤務経験を持っている人を支配人に採用している例もある．例えばアレキパ鉄鋼では，事業開発担当支配人に旧国営の製鉄会社

出身者，マーケティング担当支配人にビール会社や食品会社のマーケティングや流通の経験者，システム担当支配人には外資通信会社の元支配人が就任している．また，ホテル業の強化を図るロス・ポルタレス不動産では，外国のホテル業界で25年の経験を持つ専門家が担当支配人に就任している．同グループで米国への衣料品輸出で成功しているサン・クリストバル繊維では外資の日用品製造大手企業(P&G)やビジネス・コンサルタント企業(アーサー・アンダーセン)の出身者が支配人に就いている．また，保険と鉱山については，それぞれの分野の専門教育を行う学校で教育を受けた支配人が複数確認できる[10]．これらの支配人については，支配人として採用されたのか，中途採用の後に昇進して支配人に就いたのかは確認できなかったが，いずれの場合でもその企業外で得た職種や産業に特有な知識と経験を評価されたと考えられる．次に，このような俸給経営者の外部労働市場についてみてみる．

## 2. 外部労働市場とMBA教育の拡大

ヘッドハンティングなどを行うコンサルティング会社 Drake, Beam & Morin Peru は，ペルー国内における企業の経営者[11]を対象とした転職状況についてまとめている．それによると同社が扱った2002年の転職者の平均年齢は43歳，前職での勤務期間が7年，47%がMBAを保持しているという．1998年の48歳，16年，MBA保持34%と比べると，年齢が若く，勤務期間が短く，MBA保持率が高くなっている(*El Comercio*[3 de agosto del 2003])．転職者のうち75%が前とは別の産業で職を得たとしている．また，ペルーのビジネス情報誌 *Peru Business* が2004年半ばに「マネージャー」と呼ばれる支配人クラスを対象に行ったアンケート調査「ビジネス・エグゼクティブ調査」によると，現在のポストに就いている期間は平均4.7年で，この数字は1996年の8.3年から一貫して短くなる傾

---

10) 例えば保険では College of Insurance at St. John's Univerisity, Centro Suiza de Formación de Aseguradores en Zurich(Swiss Center of Education for Insurers in Zurich), College of Insurance of New York など．鉱山では School of Mines of Montana, School of Mines of Colorado など．
11) 記事の中では対象となる経営者として altos directivos(幹部，役員)，candidato ejecutivo(エグゼクティブ候補)などの用語を用いている．

向にあるという(*Peru Business*[2004]). このように支配人クラスの俸給経営者の流動性が高まっている背景として考えられるのが,1990年代に進んだ民営化や企業再編である. 旧国営企業や撤退した外資企業,統合された民間企業からの人材が供給面において,民営化で進出した外資企業が需要面において,外部労働市場の拡大に寄与したと考えられる. また,転職先が同じ産業ではないことが多いことから考えると,例えば財務やシステムなど,職種固有の知識や能力が重視されつつあることが推測できる.

ファミリービジネスの俸給経営者支配人のうち,上述したとおり多くが国内の経営学大学院で教育を受けているが,これに対応して各大学でも最近になってMBAを始め経営学に関する教育を充実させ,1990年代後半以降,MBAブームともいえる状況が起きている(*Peru Business*[2003]). 表6-4の支配人の学歴としてよく名前が出てくるのがEscuela de Administración de Negocios para Graduados(大学院生のための経営学校,ESAN), Universidad del Pacífico(パシフィコ大学), Universidad de Piura(ピウラ大学)の3つである. ESANは1963年に企業経営を担う人材の養成を目的としてペルー政府と米国政府が共同で出資して設立した経営学大学院で,米スタンフォード大学ビジネス・スクールのカリキュラムを取り入れた. 現在は私立大学となっている. パシフィコ大学は1962年に企業家グループがイエズス会の協力を得て設立した経済・経営専門の単科大学で,この分野ではペルーで最も評価が高い. 78年には経営学(MBA),財政学の修士号課程を開講した. ピウラ大学は1969年にカトリックの一派であるオプス・デイによってペルー北部のピウラ市に設立された大学で,1973年に経営学部,90年代初めに経営学大学院を設立したほか,90年代半ばに経営者向けの課程をリマに設置した. 国内で最もレベルの高い総合大学の一つである私立カトリカ大学も2000年に経営学大学院CENTRUMを設立した. このほかの私立大学でもビジネス・スクールを設立し,外国の有名ビジネス・スクールと提携している. これらの大学ではフルタイムのコースのほか,仕事をしながらでも学べるように夜間や週末に講義を受けるパートタイムのコースを用意している.

ビジネス情報誌*Peru Business*が2003年に行った調査によれば,ペル

第6章　ペルーにおけるファミリービジネスの経営者

一国内でMBAプログラムを履修する学生の平均年齢はフルタイムで31歳，パートタイムで35歳，平均の勤務経験は6年となっている．大学時代の専攻は工学部が50％，経営学や経済学が40％である．工学部出身者が多いのは現場の勤務経験を積んだエンジニアが，管理職を目指してMBAの取得を目指すケースが多いからだという（*Peru Business*[2003]）．

このように，外部労働市場を通してファミリービジネスの支配人クラスの俸給経営者に対する需要が高まるとともに，そこへ人材を供給する人材育成の体制もMBAコースを中心に整ってきているといえる．

## む　す　び——ファミリービジネスを担う経営者

以上のペルーのファミリービジネスにおける経営構造，所有主家族経営者，俸給経営者に関する分析から，ファミリービジネスを担う経営者について以下のようにまとめることができる．

ペルーでもコーポレート・ガバナンス改革の動きが始まっているものの，経営組織を見る限りにおいてはほとんどの企業において経営の監視と業務の執行について明確な分離はみられない．また，取締役は所有主家族を中心とした所有者の代表という性質は現在でも変わっていない．しかし，経営者として分析する対象を取締役だけでなく支配人まで広げ，かつ，所有主家族の新しい世代や俸給経営者の学歴や経歴に注目すると，ファミリービジネスの人材という経営資源に変化が現れていることがわかる．

まず所有主家族経営者については，現在世代交代が進みつつある．最近ファミリービジネスの経営に携わり始めた新しい世代は，主に米国を中心とする外国の大学で経営学や経済学を勉強し，そのうち何人かは有名ビジネス・スクールでMBAを取得している．これらの所有主家族経営者は，取締役としてだけでなくファミリービジネスの中核会社では支配人としても業務の執行に関わっている．これにより，経営者としての経験を積むとともに，所有主家族の経営支配力を確保している．ただし家族内の人材には限りがあるため，中心となる企業以外では業務執行は俸給経営者の支配人に任せ，所有主家族は取締役として経営を監視する．また，外国の子会

社や他の企業と共同で出資した子会社では，親会社の俸給経営者の支配人が取締役に就任し，所有主家族は株主として間接的に経営を支配するにとどまる．

次に俸給経営者については，1990年代の経済自由化による国営企業の民営化，外資の参入，企業の統廃合により外部労働市場が流動化するなかで，支配人としてファミリービジネスの業務執行を担当していることが確認できる．これらの俸給経営者のほとんどが国内大学の卒業であるが，その多くは国内の経営学大学院でMBAを取得し，短期の経営者養成コースを履修するなど，自ら知識の向上に努めている．社内での昇進だけでなく，子会社の取締役への就任や外部でよりよいポストを見つけられる機会が増えたことがMBA取得を始めとする能力向上のインセンティブになっていると考えられる．このような経営者養成への需要の拡大に応えて，国内の大学でも最近になりMBA課程を充実させている．

結論として現在のペルーのファミリービジネスは，主に外国で高等教育を受け支配人として経験を積んだ新しい世代の所有主家族経営者が主に取締役として，そして経済的上昇に向けて国内の経営学大学院などで能力向上に努める俸給経営者が支配人として経営に携わることで，人材面での経営資源の制約を克服し，競争力の維持・向上を可能にしている．


〔参考文献〕

〔日本語文献〕

遅野井茂雄[1989]，「ペルーの経済法制」(中川和彦・矢谷道朗『ラテンアメリカ諸国の経済法制』アジア経済研究所，292-334ページ)．
経済産業省[2003]，『2003年度版通商白書』経済産業省．
清水達也[2004]，「ペルーのファミリービジネス——共同事業による拡大と生き残り」(星野妙子編『ファミリービジネスの経営と革新』アジア経済研究所)．
深尾光洋・森田泰子[1997]，『企業ガバナンス構造の国際比較』日本経済新聞社．
星野妙子編[2004]，『ファミリービジネスの経営と革新』アジア経済研究所．

## 第6章 ペルーにおけるファミリービジネスの経営者

〔外国語文献〕

Anaya, Eduardo[1990], *Los grupos de poder económicos : Un análisis de la oligarquía financiera*, Lima : Editorial Horizonte.

CONASEV(ペルー証券取引所)(http://www.conasev.gob.pe/)2003年12月-2004年12月閲覧.

Cotler, Julio[1998], *Los empresarios y las reformas económicas en el Perú*, Documento de Trabajo No 91, Lima : IEP.

Durand, Francisco[2002], "Backus y la desaparición de los apóstoles," *Quehacer*, No. 138.

――[2004], *Fuego y humo : Reconfiguración de la clase empresarial y cambios políticos en la globalización*, Aportes al debate No 11, Lima : Fundación Friedrich Ebert.

*El Comercio*[2003], "Los cambios en el mercado de ejecutivos," 3 de agosto del 2003.

La Porta, Rafael, Florencio Lopez-de-Silanes and Andrei Shleifer[1999], "Corporate Ownership Around the World," *The Journal of Finance*, Vol. LIV, No. 2.

Malpica, Carlos[1974], *Los dueños del Perú*, Lima : Ediciones PEISA.

――[1989], *El poder económico en el Perú* (Tomo I : Los bancos nacionales y sus filiales. Tomo II : Accionistas de financieras, seguros, bancos regionales y otros empresarios nacionales.), 2a edición, Lima : Mosca Azul Editores.

OECD[2003], *White Paper on Corporate Governance in Latin America*, Paris : OECD.

*Peru Business*[2003], "Proyecto MBA," Maro 2003.

――[2004], "Perfil del manager peruano : Excluxiva IX encuesta ejecutiva business," Octubre 2004.

Peru Top Publications[2003], *Peru : The Top 10,000 Companies*, Lima : Peru Top Publications.

Vásquez Huamán, Enrique[2000], *Estrategias del poder : Grupos económicos en el Perú*, Lima : CIUP.

## 終　章

## ファミリービジネスと経営者企業

末　廣　　昭

### 1. ファミリービジネス論の系譜

　ファミリービジネスやその発展形態である財閥に関する議論は，この20年間のなかで三度，大きな波を迎えたといえる．

　第一の波は，1980年代の「経営者資本主義論」をめぐる議論である(Chandler and Daems eds.[1980]；安部[1994])．もちろん，欧米諸国でも日本でも，経営史学の観点から，個別企業や特定産業における「家族企業」もしくはファミリービジネスに関する研究の蓄積は着実に進んでいた(Rose ed.[1995]；工藤[1995])．しかし，日本にひきつけて言えば，何といっても転機になったのは，経営史学会(1965年)が欧米の経営史研究者と協力して1974年から開始した定期的な経営史国際会議(通称，富士コンファレンス)の開催であった(経営史学会編[1985]；同編[2005：30-31])．

　この会議の目的は日本の企業経営史研究者，とりわけ財閥研究者が海外との国際交流を図ったもので，1998年の最終回を迎えるまで合計25回の国際会議を重ね，多くの成果を挙げた．そこでの議論は，まず何より欧米諸国に十分紹介されてこなかった日本における財閥研究の高い水準を英文で紹介することであり，次いでチャンドラーを中心とする「経営者資本主義論」に対して，日本に特異と思われた「財閥」の企業経営形態の特質を，国際比較研究の視点から位置づけ直す作業であった(Okochi and Yasuoka eds.[1984]；Kobayashi and Morikawa eds.[1986]；Wray ed.[1989])．

　第二の波は，1990年前後から生じるファミリービジネスに対する新たな意義付けの試みである．メルクマールは，経営者資本主義論の主導者であったチャンドラーが，その大著『スケール・アンド・スコープ』でアメリカの「競争的経営者資本主義」(Competitive Managerial Capitalism)に対比させて，イギリスを「個人資本主義」(Personal Capitalism)と定義したこ

終　章

とに対する，ヨーロッパの企業経営史研究者からの批判で始まった．1990年の *Business History Review* におけるロイ・チャーチなどの『スケール・アンド・スコープ』に対する総合的検討特集(Church[1990])がそれである．

次いで，1993年10月号における *Business History*（第35巻）の斬新な「家族資本主義」(Family Capitalism)に関する特集と，同時並行的に刊行されたジョーンズとローズの『家族資本主義』と題する本の刊行(Jones and Rose eds.[1993])，さらには，95年におけるローズの目配りのきいた『ファミリービジネス』に関するリーディングスの刊行(Rose ed.[1995])が続いた．そこでの議論は，ファミリービジネスが必ずしも「経営者企業」(Managerial Enterprise)に向かっていないこと，ファミリービジネスはそれなりのヴァイタリティと競争力を維持しながら，かつ多様な組織形態(divergent forms of family enterprise)をとっていることが論点となった(Church[1993: 26-29])．

同時に注目すべき点は，こうした議論と並行して，1988年にファミリービジネスの経営者に対する助言や改革を提言する専門経営雑誌 *Family Business Review* が刊行されたことである(星野編[2004: 12])．そして，1990年にスイスで，文化人類学者，社会学者，企業コンサルタンツの共同による Family Business Network が発足し，ファミリービジネスに対する見直しの動きが始まったのである(Gersick et al.[1997])．

第三の波は，1997年のアジア通貨・金融危機を契機とするファミリービジネスに関する新たな関心である．IMF・世界銀行を中心とする国際金融機関やこれに繋がるエコノミストは，実物経済で好調な実績を挙げていたアジア諸国の「危機」の原因を，各国の金融制度と企業経営の「アジアに固有の制度的脆弱性」に求めた(Suehiro[2001: 3-5])．その際に標的となったのが，政治家と癒着し，銀行借入に過度に依存し，企業ガバナンスに無頓着なアジア地場企業の経営形態，つまりファミリービジネスであった．その結果，アジア諸国をはじめ世界各国の大企業の所有と経営に関する調査が開始され，アメリカとイギリスを除く世界各地で依然として支配的な「ファミリービジネス」「家族所有企業」の存在が浮き彫りになる(CDL

[1999］; La Porta *et al.*[1999]）.

　そこでの問題意識は，通貨・金融危機の新たな発生を防止するために，いかにファミリービジネスを中心とする地場企業の経営内容を改善し（Corporate Restructuring），法的に規制するかであった．別言すれば，アングロ・アメリカ的な意味での「グッド・コーポレート・ガバナンス」の概念をいかに定着させるかが課題となった．韓国，タイ，インドネシアといった，危機の影響をもろに受けた国で，地場企業とりわけ「ファミリービジネス」の実態の解明が注目を集めたのは，そのためであった（CDFL[1999]）.

## 2. ファミリービジネス論の論点整理

　こうした三つの波のなかで，繰り返し研究者の関心を集めてきたファミリービジネスについて，ここではアジアとラテンアメリカの二つの地域を中心に，次の点に注意して議論を進めることにしたい．

　まず，出発点は経営者資本主義論が想定する「ファミリービジネスの趨勢的な衰退」に反して，私たちの共同研究が対象としてきた二つの地域では，依然としてファミリービジネスが大企業群のなかで重要な地位を占めている事実を確認しておきたい．問題は激変する国際環境のもとで，引き続き国民経済のなかで重要な地位を占めるファミリービジネスの存在をどのように分析し，評価するかという点に関わる．整理すると次の4点が問題になる.

(1) なぜ，多くの国でファミリービジネスは存続するのか？　そこに固有の論理なり経済的合理性はあるのか？

(2) なぜ，「経営者資本主義論」が想定する産業資本主義の段階（資本市場の発展や企業法制の進展を含む）をへても，ファミリービジネスは引き続き発展し，しかも各国の産業構造の高度化や金融の深化のなかで，主導的な役割を果たし続けることができるのか？

(3) なぜ，経済の自由化や通貨・金融危機をへても，ファミリービジネスは生き残るのか？　生き残ったファミリービジネスはどのような変容を遂げているのか？

(4) グローバル化や自由化のもとでの「ポスト・ファミリービジネス」の企業形態は何であるのか？　ファミリービジネスは結局，衰退して「経営者企業」へと発展的に解消されていくのか？

以上の論点に対して，ここでは各国の工業化のレベルや資本主義の発展段階に着目して，三つの問いを設定したいと思う．つまり，発展途上国が工業化の進展のなかで直面するさまざまな条件のもとで，なぜ，ファミリービジネスは存続，さらなる発展を遂げるのか，その点を検討してみたい．具体的な設問は次のとおりである．

(1) 発展途上国の工業化の初期段階(後発工業国の初期段階)における，ファミリービジネスの存在の固有の論理とその経済的合理性は何か？

(2) 発展途上国(中進国)の競争制限的な市場条件のもとで，かつ政府が産業構造の高度化を図るなかで，ファミリービジネスが発展を続けてきた理由は何か？　ここでは，政府の保護政策と企業自身の経営改革に依拠したファミリービジネスの「経営的臨界点」の引き上げの試みが問題となる．

(3) 発展途上国(中進国)を取り囲む新たな環境，とりわけ経済のグローバル化と自由化の進展のもとで，ファミリービジネスの間に何が起きているのか？　ここでは，ファミリービジネス内部の二極分解と，新たな戦略にもとづく事業の再編が問題となる．

以上の3点を検討したうえで，最後に第4の課題である「ポスト・ファミリービジネス」の企業形態について考えてみたい．

## 3. ファミリービジネスの存続
―― その固有の論理と経済的合理性 ――

ファミリービジネス存続の議論を代表するのは「市場の未発達」，とりわけ情報の非対称性や取引コストの問題から，その経済的合理性を説明するものである．例えば，カッソンは，市場機構が未発達な国では，企業経営に必要な情報が市場を通じて十分取得できない．そのために，特定の社会集団(家族・同族・地縁組織)や地域コミュニティの内部で「信頼」(trust)にもとづく取引が発達し，これがファミリービジネスの存続に貢献したと

する(Casson[1982]；Rose ed.[1995：Introduction])．したがって，情報のやり取りが市場を通じてなされるようになれば，ファミリービジネスはおのずと衰退すると想定する．

　一方，同じ「市場の未発達」を議論の出発点にすえつつ，発展途上国ではファミリービジネスが「多角的な企業集団」へと発展していくことを主張したのが，レフの議論である(Leff[1978])．レフは市場が未発達のために不確実性やリスクが高い企業環境のもとでは，「多角的な企業集団」こそが，稀少である人的資源や資金を最大限に活用する合目的的な企業形態であったと主張している．

　こうした議論に対して，ファミリービジネスもしくは家族企業の経営的優位性(合理性)を，経済の発展段階もしくは後発工業国の国民経済的特質から説明しようとしたのが，比較経営史の立場をとる中川敬一郎[1968]である．中川は，後発工業国が急速な成長や激しい経済変動に直面するとき，迅速で機動的な意思決定が可能で，かつフレキシブルな資金動員が可能な家族企業は，工業化の一定の段階では経営面で優位性を発揮できると考え，ファミリービジネスの新しい意味付けを行った．ほぼ同様の観点から，工業化の過程でファミリービジネスが果たす積極的な役割を再評価したものに，タイ(末廣[1993])やメキシコ(星野[1998])の事例研究がある．また最近では中村[2004]が，戦前期の日本の「地方財閥」の活動にも視野を広げながら，ファミリービジネスの多様性とダイナミズムについて，興味深い検討を行っている．

　もっともこうした議論は，市場の未発達や工業化の後発性といった一定の条件のもとでこそ，ファミリービジネスは経営的優位性や合理性を発揮するとみなしている点で共通している．逆に言えば，市場が発達し，資本市場が整備され，産業構造が高度化していけば，ファミリービジネスが国民経済にしめる役割は次第に小さくなっていくことを，暗黙のうちに想定していた．その点では，「経営者資本主義論」の立場と大きく異なっているわけではない．しかし，経済の発展段階が「中進国」に進み，産業構造が高度化していく中でも，ファミリービジネスや財閥は引き続きアジアやラテンアメリカで存続し，それどころか工業的発展の重要な担い手として

終　章

活動を続けてきた．そこで，なぜさらなる発展を続けるのかという，新たな問いが浮上してくる．これに答えるのが「ファミリービジネスの経営的臨界点」という概念である．

### 4. ファミリービジネスの発展
──継承の制度化と経営的臨界点の引き上げ──

ファミリービジネスには整理すると二つの大きな制約がある．一つはファミリービジネスに固有の世代交替からくる制約であり，もう一つはファミリービジネスが事業を拡大し多角化する過程で直面せざるを得ない経営諸資源の制約である．

ファミリービジネスを個人企業(Personal Enterprise)と区別する最大の特徴は，創業者とその一族が，その所有と経営の支配体制を，世代を超えて続けようとする点にある．そうだとすると，ファミリービジネスは世代交替の時点で二つの危機を迎えることになろう．

一つ目の危機は，仮に相続法などで「均分相続」が定められている場合，株式などの金融資産が相続者の間で分割され，「所有の分散」が起こることである．「経営者支配」(Management Control)の優位を，アメリカの大企業調査にもとづいて提唱したバーリー／ミーンズ［邦訳1958］やハーマン(Herman[1981])が，創業者企業や家族企業の傾向的低落の根拠としたのが，この世代交替に伴う「所有の分散」であった．

二つ目の危機は，世代交替時における経営支配権をめぐる家族内部の対立，あるいは「三代目の企業衰退説」と呼ばれる後継者の問題である．イギリスにおける19世紀末からの家族企業の衰退を論じたランデスは，創業者の企業家精神が世代をへて弱まり，三代目になると企業経営そのものが縮小するか消滅すると論じた(Landes[1965: 596]; Church[1993: 25])．最近の韓国における「現代グループ」が示すように，創業者の死去が家族間の利害対立やグループの事業分割につながる例は，現在でも少なくない(星野編[2004: 第1章])．

それでは，アジアやラテンアメリカのファミリービジネスは，二つの危機にどのように対応してきたのか．一つ目の「所有の分散」については，

家族投資会社，財団などを設立して家族保有株式を集団的にプールするやりかた，グループ内企業の株式相互持合いとピラミッド型所有構造を組み合わせて，少ない株式所有で経営支配を行使するやりかた，創業者や所有主家族の中核人物が取締役会の会長と社長(もしくは経営執行委員会のトップ)を兼任するやりかたなどをとり，「所有の分散」がただちに「所有と経営の分離」へと発展することを抑止することに努めてきた．

一方，二つ目の「後継者の問題」については，「財産の相続」(inheritance of the property)と「事業の継承」(succession of the office)を明確に区分し，事業の継承については早くから長男などを任命したり，あるいは後継候補者の学歴，キャリア，能力などを判定基準にし，場合によっては外部の審査機関も導入することで，いわば「継承の制度化」を図ってきたことが重要である．以上のような危機への対処の実例は，星野編[2004]で各国別に詳しい紹介がなされているので参照されたい．

さてもう一つの制約，つまり経営諸資源の制約は三つの側面に分けることができる．第一は巨額化する投資資金をどのように調達するのかという資金の制約，第二は事業範囲の拡大や企業組織の複雑化に応じて必要とされる専門家や経営管理者層をどのように確保するのかという人材の制約，第三は事業の拡大や多角化のもとで必要とされる新しい生産技術や製品・市場情報をどのように取得するのかという技術・知識の制約の，三つがそれである．こうした制約は，ファミリービジネスの本来的性格に起因する限界ではなく，ファミリービジネスが事業規模を巨大化させ，事業範囲を多角化させていく過程で顕在化する制約であり，ここでは一括して「経営的臨界点」と呼んでおきたい(末廣[2004])．

臨界点というのは，水が蒸気に変わる沸騰点のように，物質がその本来の性質を変えてしまうぎりぎりの境界を指す．したがって，ファミリービジネスはその臨界点を克服することはできない．越えてしまえば，経営者企業など別の企業形態に変化するからである．しかし，臨界点はファミリービジネス自身の主体的な努力や対応でその境界線を上に引き上げることができる．じつは，中進国におけるファミリービジネスが発展を遂げてきた大きな理由は，この経営的臨界点の引き上げにあった．

## 終　章

　より具体的にいえば，資金の制約については，所有主家族の手元資金だけではなく，グループ内の企業間相互信用や銀行借入の活用によって投資資金を調達していった．さらに，ローカルの資本市場が発達すると傘下企業の一部を上場してプレミアム収入を確保し，あるいはプロジェクトごとに設定される国際的なシンジケート・ローンを活用して巨額化する投資資金をまかなった．経済の発展や金融の深化はファミリービジネスの資金調達手段を明らかに広げたのである．

　次に人材の制約については，何よりも創業者一族の中の新世代が，海外留学などで専門的な経営知識を身につけ，一定期間の経験と訓練をグループ内企業で積むことで，「脱アマチュア経営者化」していった．また，経営管理者層や専門知識を必要とする分野には，家族外から人材を登用し，企業経営組織も事業部制などを導入するなど，経営改革を進めている．アジアとラテンアメリカ諸国におけるその実態は，本書の各章で明らかにしたとおりである．最後に技術・知識の制約については，外国企業との合弁事業や政府の支援が，ファミリービジネスの臨界点を上に引き上げるうえで貢献した．

　このようにファミリービジネスは，経済の発展段階のもとで，所有と経営の排他的支配という伝統的な企業形態にとどまっていたのでは決してなく，主体的な改革やイノベーションを繰り返すことで，さらなる発展を遂げてきた事実が重要である．それがわたしたちの共同研究の一つの結論である．

　ただし，経営的臨界点の引き上げが可能となり，ファミリービジネス自身の主体的な対応が事業の拡大や多角化に結びつくためには，重要な条件が不可欠となる．国内市場と地場企業が保護され，政府が政策的手段を使って市場に一定介入することが許されるという条件がそれである．銀行借入に大きく依存した企業金融，特定産業における寡占的地位の享受，政府による税制面での恩典，外国企業との相互利益的な合弁事業などは，ファミリービジネスの事業拡大を後押ししてきたが，これらは競争制限的な環境があってこそ成り立つ条件であった．ところが，1980年代初めのラテンアメリカにおける債務累積危機とその後の経済自由化の圧力，そして

終　章

1997年にアジアを直撃した通貨・金融危機とこれに踵を接する一連の制度改革などは，まさにこうした条件を根底から掘り崩すことになった．

### 5. ファミリービジネスの二極分解
　　——グローバル化・経済自由化への対応——

　アジアとラテンアメリカを襲った債務累積危機や金融危機が，各国のファミリービジネスの経営に与えたインパクトは次のようなものである(星野編[2002]；末廣[2003])．

　第一に，銀行借入とりわけ外貨建ての借入に依存して事業の多角化を進めてきたファミリービジネスは，現地通貨の切り下げや金融危機を契機に深刻な過重債務に陥り，債務の再構築と同時に，事業展開の見直しと再編を迫られた．

　第二に，ラテンアメリカでは危機のあと，経済の自由化(金融の自由化，産業投資の自由化，外国直接投資の自由化，国営企業の民営化)が進められたが，これは経済のグローバル化現象と重なって，外国企業との間に激しい競争を引き起こした．アジアの場合には，危機に先立って部分的に経済の自由化政策が開始されたものの，1997年の危機を契機に一段と自由化の圧力が高まり，この流れは同じ金融危機に直面したラテンアメリカにも波及した．その結果，ラテンアメリカでもアジアでも「開かれた市場における競争」が激化し，外国企業による地場企業の買収も急増していった．

　例えば，企業の売却金額を1995年から97年までと，通貨危機後の98年から2000年までの二期間に分けて集計すると，アルゼンチン，ブラジル，チリ，メキシコの4カ国では457億ドルから1175億ドルへ(2.6倍)，韓国，タイ，インドネシアの3カ国では43億ドルから309億ドルへ(7.2倍)，それぞれ金額が大きく膨らんだ(末廣[2003：68])．まさしく「弱肉強食の時代」が始まったのである．

　第三に，危機後に国際機関の指導を受けて導入された金融制度改革や，「グッド・コーポレート・ガバナンス」の概念にもとづく企業改革は，銀行貸出に対するモニタリングの強化，国際基準にもとづく会計・監査制度の導入，独立役員の任命，企業情報の開示などを通じて，ファミリービジ

終　章

ネスにその企業経営の再編を迫った．政府はもはやファミリービジネスの保護者ではなく，これを監視する機関へと変わったのである．

　以上の三つを契機として，ファミリービジネスは文字通り岐路に立たされている．簡単に言えば，上記の新しい国内外の環境に適応できるグループと適応できないグループの間で，二極分解が生じつつある．二極分解のなかで「生き残り組」にほぼ共通してみられる特徴は，本書の序章でも指摘しているように，①専門経営者（俸給経営者）のより積極的な登用，②「選択と集中」の戦略にもとづく事業基盤の再編（多角化路線の修正）と，競争力を発揮できる分野への経営資源の集中，③政府の制度改革に呼応した企業組織の改革と企業経営の「透明性」の改善の三つであった．経済の自由化や制度改革は，「経営的臨界点」をかつてのように上に引き上げるのではなく，むしろファミリービジネスの活動範囲をより限定する圧力として働いているのである．そのような事例は，韓国の財閥（チェボル）の再編過程の中に明確に見出すことができるだろう．

　それでは，グローバル化，経済自由化の時代のファミリービジネスは，かつてチャンドラーたちが想定したように「経営者企業」へと転化していくのか．これについて最後に検討しておきたい．

### 6. ポスト・ファミリービジネス論

　「ポスト・ファミリービジネス」を論じる場合には，まず国民経済レベルと特定のファミリービジネス・レベルの議論を区別することが肝要である．というのも，ある国でファミリービジネスの地位が低下し，企業の専門経営者化が進むという場合，所有・経営形態別からみた大企業の構成が変わることと，特定のファミリービジネスの内部で所有と経営の形態が変わることは，まったく次元の異なる話だからである．

　国民経済レベル，もしくは大企業の所有・経営形態別構成についていえば，今後，アジアやラテンアメリカで「経営者企業」の比重が高まっていくことは間違いない．ただし，大企業の中で地位を上昇させていく「経営者企業」は，①外国企業（とりわけ多国籍企業）の子会社，②民営化され，俸給経営者に経営が委ねられた旧国営・公企業，③事業分割され，ファミリ

終　章

ービジネスの所有主家族の支配から切り離された独立会社の三つのグループである可能性が高く，大規模なファミリービジネスの中核企業やグループ傘下企業が「経営者企業」へと自ら変容していく蓋然性はいまのところ少ないと思われる．

　その理由は，アジアやラテンアメリカの場合，本書の各章でも確認したように，ファミリービジネスの創業者一族や所有主家族が，「所有支配」について依然として強い執着心をもっているからである．仮に傘下の上場企業の株式の過半を外国人投資家(もしくは機関投資家)が保有するようになっても，経営権を外部にわたす可能性は低い．彼らは引き続き，所有を根拠に経営の支配権を維持しようとするだろう．

　一方，金融危機や経済自由化後，ファミリービジネスの間で専門経営者の登用が積極化した，と先に指摘した．しかし，企業の経営を戦略的な意思決定レベル(とりわけ経営トップの任命と新規の投資決定)，業務の執行レベル，業務の監督レベルに分けると，創業者一族や所有主家族が外部に委ねているのは後者の二つであり，戦略的な意思決定レベルでは，彼らが強い影響力を行使している場合が大半であった．タイの事例でもみたように，所有主家族から俸給経営者へと権限が委譲しているのではなく，所有主家族，内部昇進者，外部リクルート者の間で一定の相互補完関係が成立しているのが実態なのである．

　その意味で，経済の自由化と企業法制の強化が進むなかで，ファミリービジネスが解体し，「経営者企業」へと転化していくとみるのは早計である．むしろ，韓国の三星経済研究所のチョンとカンが「ポスト・チェボル(財閥)」のシナリオとして提示した「三者構図」，つまり，①所有経営者(ビジョンを提示し，専門経営者を監視)，②専門経営者(経営の意思決定と執行を担当)，③市場監視者(所有経営者のモラルハザードの監視)の三つのプレイヤーが織り成す協調と対立の関係が，今後の中進国のファミリービジネスや財閥の動向を規定していくという議論のほうが，より現実的であろう(チョン/カン[2005])．

　もう一つの可能性は，ラテンアメリカの一部の国が示唆するように，家族投資会社(トラスト)が事業運営から手を引き，出資会社からの配当にの

み関心をもつような「所有と経営の分離」のシナリオである．タイの電気通信や芸能・コンテンツ産業のような新興産業の一部でも，出資者と経営者が分離しながら事業を運営するという新しい動きが生じている．ただし，この場合には「所有と経営の分離」は生じても，「所有の分散」は一定抑制されることに注意する必要がある．

いずれにせよ，ファミリービジネスは過去の遺物ではなく「進化する企業体」であり，今後も発展途上国や中進国で重要な役割を果たし続けることは間違いない．

〔参考文献〕

〔日本語文献〕

安部悦生[1994]，「チャンドラー・モデルと森川英正氏の経営者企業論」（『経営史学』第28巻第4号）．

工藤章[1995]，「ドイツ同族企業の運命」（東京大学社会科学研究所『社会科学研究』第46巻第4号），1月．

経営史学会編[1985]，『経営史学の二十年――回顧と展望』東京大学出版会．

――[2005]，『外国経営史の基礎知識』有斐閣．

小池賢治・星野妙子編[1993]，『発展途上国のビジネスグループ』アジア経済研究所．

末廣昭[1993]，「タイの企業組織と後発的工業化――ファミリービジネス試論」（小池・星野編[1993]，所収）．

――[2003]，『進化する多国籍企業――いま，アジアでなにが起きているのか？』岩波書店．

――[2004]，「タイのファミリービジネスと経営的臨界点――存続，発展，淘汰・生き残りの論理」（星野編[2004]，所収）．

チャンドラー（安部悦生ほか訳）[1993]，『スケール・アンド・スコープ――経営力発展の国際比較』有斐閣 (Chandler, Alfred D., Jr., *Scale and Scope : The Dynamics of Industrial Capitalism*, Harvard University Press, 1990).

チョン・グヒョン／カン・ウォン[2005]，「韓国の大企業集団の変化」(9月22日，23日の国際ワークショップ「日本の財閥と韓国のチェボルの国際比較」東

〔参考文献〕

京・学士会館に提出されたハングル語のペーパーの邦語訳).
中川敬一郎[1968],「経済発展と家族的経営」(同『比較経営史研究1』東京大学出版会, 1981年に再録).
中村尚史[2004],「戦前期日本のファミリービジネス——寡占化・多角化・ネットワーク化」(星野編[2004], 所収).
バーリー, A. A./G. C. ミーンズ(北島忠男訳)[1958],『近代株式会社と私有財産』(現代経済学名著選集V), 文雅堂書店(Adolf A. Berle, Jr. & Gardiner C. Means, *The Modern Corporation and Private Property*, New York : The Macmillan Company, 1932).
星野妙子[1998],『メキシコの企業と工業化』アジア経済研究所.
星野妙子編[2002],『発展途上国の企業とグローバリゼーション』アジア経済研究所.
——[2004],『ファミリービジネスの経営と革新——アジアとラテンアメリカ』アジア経済研究所.

〔外国語文献〕

Casson, M.C.[1982], *The Entrepreneur*, London : Mark Robertson.
Chandler, Alfred D., Jr.[1976], "The Development of Modern Management Structure in the US and UK," in Hanah Leslie ed. *Management Strategy and Business Development : As Historical and Comparative Study*, London : Macmillan.
Chandler, Alfred D., Jr. and H. Daems eds.[1980], *Managerial Hierarchies*, Harvard University Press.
Church, Roy[1990], "The Limitation of the Personal Capitalism Paradigm," in Roy Church et al., "Scale and Scope : A Review Colloquium," *Business History Review*, Vol. 64(Winter), pp. 703-710.
——[1993], "The Family Firm in Industrial Capitalism : International Perspectives on Hypotheses and History," in G. Jones & M. B. Rose eds. *Family Capitalism*.
Claessens, Stijn, Simeon Djankov and Larry Lang(CDL)[1999], "Who Controls East Asian Corporations?" World Bank Policy Research Working Paper No. 2054, February.
Claessens, Stijn, Simeon Djankov, Joseph Fan, and Larry Lang(CDFL)[1999], "Expropriation of Minority Shareholders : Evidence from East Asia,"

終　章

World Bank Policy Research Working Paper No. 2088, March.

Colli, Andrea [2003], *The History of Family Business 1850-2000*, Cambridge : Cambridge University Press.

Gersick, Kelin, E. John, A. Davis, Marion McCollom Hampton, and Ian Lansberg [1997], *Generation to Generation : Life Cycle of the Family Business*, Boston, Mass. : Harvard Business School Press.

Herman, E. S. [1981], *Corporate Control, Corporate Power*, New York : Cambridge University Press.

Jones, Geoffrey & Mary B. Rose eds. [1993], *Family Capitalism*, London : Frank Cass & Company.

Kobayashi, Kesaji and Hidemasa Morikawa eds.[1986], *Development of Managerial Enterprises*, Tokyo : University of Tokyo Press.

La Porta, Rafael, Florencio Lopez-de-Silanes and Andrei Shleifer[1999], "Corporate Ownership aound the World," *The Journal of Finance*, Vol. LIV, No. 2, April, pp. 471-517.

Landes, David S.[1965], "Technological Change and Development in Western Europe, 1750-1914," in H.J. Habakkuk and M. Postan eds., *The Cambridge Economic History of Europe Volume VI : The Industrial Revolutions and After*, Cambridge : Cambridge University Press.

Leff, Nathaniel H. [1978], "Industrial Organization and Entrepreneurship in the Developing Countries : The Economic Groups," *Economic Development and Cultural Change*, Vo. 26, No. 4, pp. 661-675.

Okochi, Akio and Shigeaki Yasuoka eds.[1984], *Family Business in the Era of Industrial Growth : Its Ownership and Management*, Proceedings of the Fuji Conference, Tokyo : University of Tokyo Press.

Rose, Mary B. ed.[1995], *Family Business*, The International Library of Critical Writings in Business History Vol.13, Aldershot, UK : Edward Elgar.

Suehiro, Akira [2001], *Family Business Gone Wrong? Ownership Patterns and Corporate Performance in Thailand*, ADB Institute, Working Paper 19, May.

Wray, William D. ed. [1989], *Managing Industrial Enterprise : Case from Japan's Prewar Experience*, Cambridge Mass. : Harvard University Press.

## 索　引

### 欧　文

56-1 形式報告書　132
ALFA（メキシコ）　165, 174, 179
BBVA　250
BEC World 社（タイ）　142-145
B-T-O 方式　127
CP グループ（タイ）　133-137
DESC（メキシコ）　176
ESAN（Escuela de Administración de Negocios para Graduados）　267, 269
IBM タイランド社（タイ）　140, 150
IESA（Instituto de Estudios Superiores de Administración：高等経営研究所）　205, 231
INTRUSA（ペルー）　252
IPADE（Instituto Panamericano de Alta Dirección de Empresa）　175
ITESM（Instituto Tecnológico de Estudios Superiores de Monterrey）　174
MBA（経営学修士）　113, 115, 268
SHIN グループ（タイ）　102, 137-140
SK（韓国）　19
　　──株式会社　36, 58
　　──グループ　36, 44, 61
　　──グローバル　39, 45
　　──ケミカル　36, 59
　　──テレコム　39, 59
SKC（韓国）　39, 59
SUPEX 追求委員会　45
TIPCO（タイ）　21, 123-126

### あ　行

アグロインダストリー　117, 133, 136
アジア通貨危機（アジア通貨・金融危機）　1, 2, 9, 133, 136, 274, 281
天下り経営者　105
アヤクチョ奨学基金　231, 233
アリコープ（Alicorp）（ペルー）　266
李健熙（Lee Geon-Hee）　34, 42
李鍾基（Lee Jong-Gi）　34
李鶴洙（Lee Hak-Soo）　41, 44
李秉喆（Lee Byeong-Cheol）　34, 41
ウォン（Wong）　253, 259
エイサー（台湾）　21, 70, 82
エウヘニオ・ガルサ・サダ（Eugenio Garza Sada）　176
エージェンシー問題　9
エクスパンション誌（Expansión）　184
遠東グループ（台湾）　74
王永慶　73, 100
王永在　73, 100
王振堂　82
オーナー経営者　109
岡崎哲二　10

### か　行

会社法　161, 247
会長秘書室　31, 41, 56
外部登用　18, 177, 195, 200, 210, 219
外部リクルート組　107, 117, 132, 136, 140, 150
外部労働市場（外部市場）　20, 83, 150
学縁　148
加護野忠雄　11
何寿川　73
家臣団　136
家族投資会社　279
カッペーリ＝ハモリ（Cappelli and Hamori）　14
カトリカ大学（Pontificia Universidad Católica del Perú）　269
ガルスキー（Galski）　253
環球セメント（台湾）　88
韓国移動通信（韓国）　21, 59
監査委員会　250
幹部会　250
企業内 OJT　109, 119, 122, 143
橘川武郎　10
奇美実業（台湾）　75
キムドンウン（Kim Dong-Woon）　62
許勝雄　100

287

索 引

許文龍　75
グッド・ガバナンス　250
グラニャ&モンテロ(Graña & Montero)　253
グラミー社(タイ)　143, 146-148
グループ
　——運営委員会　42
　——会長　34, 40, 46, 61
　——経営　42, 45, 61
　——最高協議機関　42, 45, 61
　——統括組織　41, 45, 61
クレッセンス　9
クレディコープ(Credicorp, ペルー)　253
クレディト銀行(Banco de Crédito, ペルー)　251
経営改革　280
経営階層組織　42, 62, 106
経営企画室　44, 60
経営史国際会議　273
経営執行委員会　106
経営者
　——企業　209
　——選抜の制度化　107, 122
　——のプロフィール　228
経営者企業論　107, 140, 274, 282-283
経営者資本主義論　106, 275-277
経営諸資源の制約　103, 245
経営能力　107, 109, 122
経営の三機能　11, 15
継承　118, 279
携帯電話事業　133
系列企業　41, 46, 61
兼任　213, 279
　会長と執行社長の——　213
　グループ外取締役の——　238
侯雨利　88, 90
黄継俊　73
高清愿　74, 84-92
黄世恵　74
構造調整委員会　42
構造調整本部　42, 45, 57, 60
光宝グループ(台湾)　82
コーポレート・ガバナンス(企業統治)　9, 161, 208, 249, 275, 281
呉欽仁　76
呉三連　88

呉修斉　74, 88-90
呉舜文　73-74
呉尊賢　88-90
辜仲諒　73
コトラー, フリオ(Cotler, Julio)　244
コングロマリット　141
混合型　212
コンチネンタル銀行(Banco Continental, ペルー)　16, 250
コンテンツ産業　141-148

さ 行

サイアムセメント社(タイ)　107, 126, 150
財閥研究　273
蔡明忠　71
サップサーコン家　123-126
佐藤博樹　13
三星(samusung：サムスン, 韓国)　19
　——グループ　31, 41, 54
　——建設　55
　——重工業　31, 55
　——電子　21, 34, 47, 54, 57
　——半導体通信　35, 55, 57
　——物産　34, 44, 54
三者結合　109, 126, 137, 142, 149, 283
三陽工業(台湾)　73, 81
ジーメンス　140
施振栄　70
執行委員会　251
執行社長(CEO)　213
執行役員会　211
実質ファミリービジネス　222
支配人　247
社外重役(独立役員)　132, 133, 137, 142, 148
社外理事　36, 63
小グループ制　42
少数株主搾取　9
情報公開　132
常務会　213, 216
徐旭東　73
徐重仁　21, 76, 83-88, 90-93
ショニス(Cilloniz)　253
所有者企業家　105
所有と経営の分離　104, 137, 140, 157, 279

所有の分散　278-279
人材紹介企業　232
新世代ビジネスリーダー　110-113
スペシャリスト型経営者　105, 108, 117, 140
精英コンピュータ(台湾)　71
成長の経済　90-91
政府
　　――とのコネクション　132
　　――の許認可権　108, 127
　　――の市場介入　280
戚維功　76, 81
世代交代　27
セルビッツェ(Servitje)　190, 192, 197, 199
専門経営者　3, 26, 209, 210
　　――の属性　108-109, 114-116
　　――の定義　104-105
戦略的意思決定　105, 132, 150, 283
創業者一族(家族)　31, 46, 61, 113, 116-117, 133, 142
創業者企業　246
総経理　67-68
総支配人　247
ソーポンパニット家　118-122
蘇慶陽　81
蘇秉海(Seo Byeong-Hae)　41
孫吉丞(Son Gil-Seun)　36, 45
孫永埼(Son Yeong-Gi)　34

### た 行

第一毛織(韓国)　34, 54
第一製糖(韓国)　34, 54
タイ通信公団(CAT, タイ)　132
タイ電話電信公団(TAT, タイ)　132
大同(台湾)　71, 74-75
台南幇(台湾)　84, 88-93
台南紡織(台湾)　88-89
代理取締役　214, 247
台湾セルラー(台湾)　76, 81
台湾ドリーム　65
台湾プラスチック・グループ(台湾)　71, 74
脱アマチュア経営者　149, 280
タンマサート大学　126, 143
チアラワノン家　133-136
崔鍾賢(Choe Jong-Hyeong)　36, 44

崔泰源(Choe Tae-Won)　37, 46, 60
財閥(choebol, チェボル)　25, 62
チナワット家　137-140
チャンドラー(Chandler, Alfred D.)　4, 62, 105-106, 157, 273-274
張孝威　76, 81
中国生命保険(台湾)　71
中信グループ(台湾)　71
中途採用　18, 107, 177, 235
チュラーロンコン大学　102, 148
張国安　73-74
鄭在恩(Jeong Jae-Eun)　35
陳国栄　81
陳瑞聡　82, 100
鄭高輝　89
デュラン，フランシスコ(Durand, Francisco)　243
テレコムアジア社(TelecomAsia Corp.)　133-137
テレビ放送事業　142-143
デロッシ(Derossi)　159, 184
電気通信業　127-129
統一(台湾)
　　――企業　74, 84-85, 87-90
　　――グループ　86-89, 91
　　――超商　76, 86-91
ドール社　123, 126
独立取締役　249
杜書伍　82, 100
トップ経営陣　109, 103-104
　　――の学歴と専攻分野　111, 113, 115
　　――の6つの類型　108
取締役会　106

### な 行

ナイネックス社(タイ)　136-137
内部昇進　18, 26, 51, 61, 76, 82-83, 91, 113, 117, 149, 195, 200
内部労働市場　20, 149-150, 177
日本式非分離型　209

### は 行

バーリー＝ミーンズ(Berle and Means)　4, 105, 157, 210, 278
生え抜き組　107
パシフィコ大学(Universidad del Pacífico)　269

289

索引

パシフィコ・ペルアノ・スイサ保険（Pacífico Peruano Suiza, ペルー） 251
バスケス，エンリケ（Vázquez Enrique） 244
バックス＆ジョンストン（Backus & Johnston, ペルー） 252
服部民夫 25
バンコク銀行（タイ） 21, 118-122
ピウラ大学（Universidad de Piura） 269
非関連多角化 26
引き抜き戦略 123, 136, 140
非常任理事 34, 39
非登記役員 36, 39
非ファミリー企業 211
非ファミリー経営者 211
苗豊強 100
ピラミッド型所有構造 164
ビンボー（Bimbo, メキシコ） 21, 189
ファミリー支配 223, 225
ファミリービジネスの経営的臨界点 103, 279-280, 282
ブエナベンチュラ社（Buenaventura, ペルー） 250
深尾光洋 13
藤村博之 12
富邦損害保険（台湾） 71-72
ブレシア（Brescia, ペルー） 250, 253
プロフェッショナル企業人 105
米国式分離型 209
ベナビデス（Benavides, ペルー） 250
ベンチャー型企業 117, 148
ベンチャロングン家 129-132
俸給経営者 3, 12, 31, 40, 47, 61, 113, 117, 136, 210, 245
報酬委員会 251
補欠取締役 247
ポスト・チェボル論 283
ポスト・ファミリービジネス論 282-284

洪瑾基（Hong Jin-Gi） 34

ま 行

マーリーノン家（タイ） 142-145
マヌエル・センデロス（Manuel Senderos） 176
宮本又郎 5
民主化運動 101
持株会社 164, 168
森川英正 3, 23, 26, 62, 105, 107, 157, 209
モンテレイ（Monterrey, メキシコ） 159, 160, 175, 178

や 行

裕隆グループ（台湾） 74, 81
油公（韓国） 36, 39
輸入代替型産業 127
輸入代替工業化 165, 184, 190

ら 行

ラフォ（Raffo） 253
ラポルタ（La Porta） 157, 249
理事会 31
李詩欽 82, 100
李志村 76, 81
リマック保険（Compañía de Seguros Rímac, ペルー） 252
梁次震 82, 100
霖園グループ（台湾） 75
林行憲 82
林信義 81
林蒼生 74, 89-90
林隆義 74
ロス・ポルタレス不動産（Inmobiliaria Los Portales, ペルー） 252
ロドリゲス・バンダ（Rodríguez Banda） 253, 259
ロメロ（Romero） 251, 253

わ 行

ワンダーフォーゲル型 26

■岩波オンデマンドブックス■

アジア経済研究所叢書2
ファミリービジネスのトップマネジメント
──アジアとラテンアメリカにおける企業経営

2006年3月24日　第1刷発行
2016年12月13日　オンデマンド版発行

編　者　星野妙子　末廣　昭

発行者　岡本　厚

発行所　株式会社 岩波書店
〒101-8002　東京都千代田区一ツ橋2-5-5
電話案内　03-5210-4000
http://www.iwanami.co.jp/

印刷／製本・法令印刷

Ⓒ 日本貿易振興機構アジア経済研究所 2016
ISBN 978-4-00-730544-3　Printed in Japan